야나두 현지 일본어 첫걸음

지은이 다락원&야나두 콘텐츠 팀, 김다혜
펴낸이 정규도
펴낸곳 (주)다락원

초판 1쇄 발행 2021년 10월 10일
초판 5쇄 발행 2024년 2월 15일

총괄책임 정계영
기획·편집 신재민, 변솔기, 정은영
디자인 장미연
감수 야나두 콘텐츠 연구소

다락원 경기도 파주시 문발로 211
내용문의: (02)736-2031 내선 322
구입문의: (02)736-2031 내선 250~252
Fax: (02)732-2037
출판등록 1977년 9월 16일 제406-2008-000007호

Copyright © 2021, DARAKWON & YANADOO

저자 및 출판사의 허락 없이 이 책의 일부 또는 전부를 무단 복제·전재·발췌할 수 없습니다. 구입 후 철회는 회사 내규에 부합하는 경우에 가능하므로 구입문의처에 문의하시기 바랍니다. 분실·파손 등에 따른 소비자 피해에 대해서는 공정거래위원회에서 고시한 소비자 분쟁 해결 기준에 따라 보상 가능합니다. 잘못된 책은 바꿔 드립니다.

ISBN 978-89-277-1251-0 13730

야나두 현지 일본어 첫걸음

패턴으로 배우는 쉬운 일본어

100일 완성

야, 너두 일본어 할 수 있어

야나두 × 다락원

머리말

100% 일본 현지에서 건너온 리얼 회화
쉬운 패턴으로 일본어 첫걸음 떼기

1 말이 트이는 가장 빠른 방법인 '패턴' 학습을 기반으로 제작되었습니다.

단어와 문법을 무작정 암기하는 것은 일본어 회화를 학습하는 데 큰 도움이 되지 않습니다. 일본어 말문이 트이기 위해서는 가장 중심이 되는 '패턴'을 외우고, 쉬운 단어를 바꿔 가면서 학습하는 것이 가장 효과적입니다. "사과를 먹어요." "사과를 먹지 않아요." "사과를 먹었어요." "사과를 먹지 않았어요."와 같이 말문 트기에 최적화된 예문들을 통해 훈련하면 일본어를 자유롭게 구사할 수 있습니다. 이 책은 일본어 회화 첫걸음의 길라잡이가 되어 여러분이 일본어 회화를 훈련하는 데 큰 도움이 될 것입니다.

2 100% 리얼 일본 생활 에피소드를 담았습니다.

"오후에 같이 밥 먹어요."
"마지막 데이트는 언제였어요?"
"사진 찍어 줄 수 있나요?"

이 책은 주인공 유리 씨가 일본에서 생활하면서 원어민들과 나눈 대화를 수록했습니다. 선배 다나카와 동기 스즈키, 아르바이트 선배 기무라 씨와 친해지면서 동아리 모임을 하고, 쇼핑도 하고 이상형에 대해 묻기도 하고 한국 드라마를 보면서 궁금했던 점을 묻고 답하기도 합니다. 이렇게 실생활과 밀접한 주제로 공감하면서 학습할 수 있어 이해하기 쉽고, 현지에서 실제 사용하는 활용도 높은 문장들을 배울 수 있습니다.

일본어의 문자부터 기초 패턴, 실전 회화까지 단계별 학습으로 구성하였으니, 100일 동안 꾸준히 학습하여 일본어의 기초를 탄탄히 다져 보세요.

이 책의 구성과 활용법

이 책은 일본어를 처음 시작하거나 재도전하는 분들을 위한 교재입니다.
MP3 음성을 들으며 함께 공부해 보세요.

일본어 문자와 발음

일본어 문자를 각 행별로 알기 쉽게 설명해 두었고, 쓰기 연습 공간을 마련하여 정확한 획순에 맞게 써 볼 수 있도록 했어요.
어휘들도 그림과 함께 확인해 보세요.

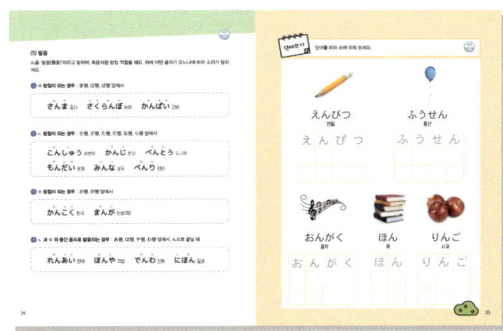

문자를 모두 학습하면, 실제 사진과 함께 단어를 써 볼 수 있어요.

탁음, 반탁음, 요음, 촉음, 발음, 장음 등 일본어 발음에 대해서도 이해하기 쉽게 설명했어요.

기본 인사말

일상생활에서 많이 사용되는 기본 인사 표현을 익혀 보세요.

말문이 트이는 기초 패턴

인트로
오늘 배울 패턴에 대한 전반적인 설명과 짧은 예문, 함께 알아두면 도움되는 TIP을 제시해요.

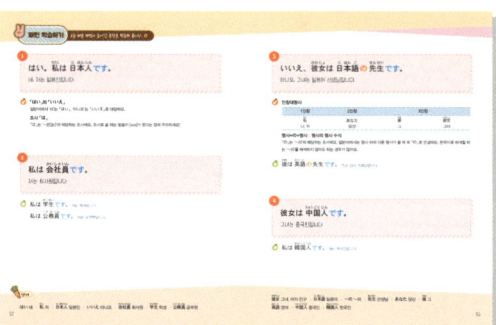

패턴 학습하기
말문이 트이는 4가지 패턴(현재 긍정, 현재 부정, 과거 긍정, 과거 부정)이 들어간 문장과 문법을 학습해요. 곳곳에 등장하는 TIP과 대체 연습을 위한 예문도 꼭 읽어 주세요.

패턴 확인하기
앞에서 학습한 패턴 문장을 중심으로 구성된 회화문이에요. 빈칸을 채워 넣으며, 리얼 현지 에피소드를 확인해 보세요. MP3로 현지 음성을 들으며 반복해서 연습하면 실력이 쑥쑥 늘겠죠?

현지에서 통하는 실전 회화

인트로
실제 현지에서 접할 수 있는 다양한 상황을 제시해요.
오늘의 미션을 확인하고, 단어 HINT를 보며 유리 씨가
어떻게 미션 문장을 말했을지 상상해 보세요.
하단에는 일본 생활 꿀팁도 알려 주니 놓치지 마세요~!

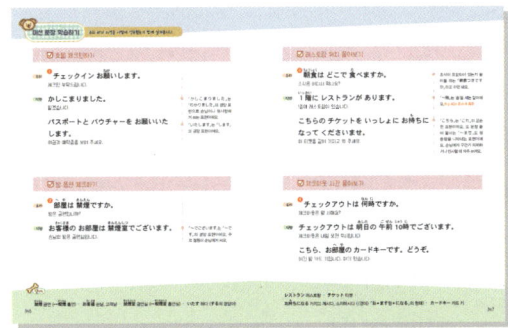

미션 문장 학습하기
유리 씨가 미션을 어떻게 성공했는지
함께 살펴보아요. 미션 문장 이외에도
점원이 어떻게 대답하는지, 문장에 대한
추가 설명과 단어까지 체크해 주세요.

미션 문장 확인하기
유리 씨의 미션 성공기를 전체적으로 들어 보며,
빈칸에 문장을 채워 보세요.
MP3로 현지 음성을 들으며 반복해서
연습하면 실력이 쑥쑥 늘겠죠?

일러두기
- 일본어 입문자가 일본어 글자에 익숙해질 수 있도록 DAY 8 '기본 인사말'까지는 한자를 사용하지 않고, 가나 위에 한글로 독음을 표기하였습니다.
- DAY 9부터는 한자를 표기하고, 한자 위에는 히라가나로 해당 독음을 표기하였습니다.
- 한글 독음은 외래어 표기법을 따르지 않고, 최대한 원어민 발음에 가깝게 표기하였습니다.
- 본래 일본어에는 띄어쓰기가 없으나, 일본어 문장 구조에 대한 이해를 높이기 위하여 띄어쓰기를 하였습니다.

7

🗣 일본어 문자와 발음 & 기본 인사말

DAY 1	히라가나 50음도 1	017
DAY 2	히라가나 50음도 2	019
DAY 3	탁음, 반탁음, 요음	026
DAY 4	촉음, 발음, 장음	032
DAY 5	가타카나 50음도 1	038
DAY 6	가타카나 50음도 2	039
DAY 7	기본 인사말 1	045
DAY 8	기본 인사말 2	047

 ## 말문이 트이는 기초 패턴

DAY 9	~です	~입니다	051
DAY 10	~じゃないです	~이 아닙니다	055
DAY 11	~でした	~이었습니다	059
DAY 12	~じゃなかったです	~이 아니었습니다	063
DAY 13	명사 4패턴		067
DAY 14	~いです	~(습)니다	071
DAY 15	~くないです	~(하)지 않습니다	075
DAY 16	~かったです	~(았)습니다	079
DAY 17	~くなかったです	~(하)지 않았습니다	083
DAY 18	い형용사 4패턴		087
DAY 19	~です	~(합)니다	091
DAY 20	~じゃないです	~(하)지 않습니다	095
DAY 21	~でした	~(했)습니다	099
DAY 22	~じゃなかったです	~(하)지 않았습니다	103
DAY 23	な형용사 4패턴		107
DAY 24	동사의 종류와 동사의 ます형		111
DAY 25	~ます	~(합)니다	115

DAY 26	~ません	~(하)지 않습니다	119
DAY 27	~ました	~(했)습니다	123
DAY 28	~ませんでした	~(하)지 않았습니다	127
DAY 29	동사 4패턴		131
DAY 30	~く, ~に	~(하)게	135
DAY 31	~で	~(하)고, ~(해)서	139
DAY 32	~くて	~(하)고, ~(해)서	143
DAY 33	~から	~(하)기 때문에	147
DAY 34	~けど	~지만	151
DAY 35	각 품사+명사	~한…, ~의…	155
DAY 36	의문사		159
DAY 37	가족 호칭		163
DAY 38	위치·장소 말하기		167
DAY 39	숫자 읽기		171
DAY 40	조수사 정리		175
DAY 41	います	있습니다	179
DAY 42	あります	있습니다	183
DAY 43	好きです	좋아합니다	187
DAY 44	嫌いです	싫어합니다	191
DAY 45	上手です, 得意です	잘합니다	195
DAY 46	下手です	잘 못합니다	199
DAY 47	~に します	~로 하겠습니다	203
DAY 48	できます	할 수 있습니다	207
DAY 49	ほしいです	갖고 싶습니다	211
DAY 50	あげます	줍니다, 드립니다	215

"私に運転を教えてくれませんか。"

운전 가르쳐 줄래요?

"いいですよ。"

좋아요.

DAY 51	くれます	줍니다	219
DAY 52	もらいます	받습니다	223
DAY 53	~と 思います	~라고 생각합니다	227
DAY 54	~ことが できます	~(하는) 것이 가능합니다	231
DAY 55	~から…まで	~부터 …까지	235
DAY 56	~より…の 方が	~보다 …쪽이	239
DAY 57	こと・もの・の	것	243
DAY 58	~く なります, ~に なります	~(하)게 됩니다, ~이 됩니다	247
DAY 59	~ませんか, ~ましょう, ~ましょうか	~(하)지 않겠습니까?, ~(합)시다, ~(할)까요?	251
DAY 60	~たいです	~(하)고 싶습니다	255
DAY 61	~に 行きます[来ます]	~(하)러 갑니다[옵니다]	259
DAY 62	~ながら	~(하)면서	263
DAY 63	~方	~(방)법	267
DAY 64	~すぎます	너무 ~합니다	271
DAY 65	~やすいです, ~にくいです	~(하)기 쉽습니다, ~(하)기 어렵습니다	275
DAY 66	동사의 て형		279
DAY 67	~て ください	~(해) 주세요	283
DAY 68	~て います, ~て みます	~(하)고 있습니다, ~(해) 보겠습니다	287
DAY 69	~ても いいです, ~ては いけません	~(해)도 괜찮습니다, ~(해)서는 안 됩니다	291
DAY 70	~て しまいます	~(해) 버립니다	295
DAY 71	동사의 た형		299
DAY 72	~た 後で	~(한) 후에	303
DAY 73	~た ことが あります	~(한) 적이 있습니다	307
DAY 74	~たり…たり します	~(하)거나 …(하)거나 합니다	311
DAY 75	~た 方が いいです	~(하)는 편이 좋습니다[낫습니다]	315
DAY 76	동사의 ない형		319
DAY 77	~ないで ください	~(하)지 말아 주세요	323
DAY 78	~ない 方が いいです	~(하)지 않는 편이 좋습니다	327
DAY 79	~なくても いいです	~(하)지 않아도 괜찮습니다	331
DAY 80	~て くれます	~(해) 줍니다	335
DAY 81	~て もらいます	~(해) 받습니다	339

현지에서 통하는 실전 회화

DAY 82	호텔 체크인하기	345
DAY 83	호텔에 짐 맡기기	349
DAY 84	길 묻기	353
DAY 85	식당에서 주문하기	357
DAY 86	옷 가게에서 쇼핑하기	361
DAY 87	일본 길거리 음식 사 먹기	365
DAY 88	일본 편의점 탐방하기	369
DAY 89	지하철 이용하기	373
DAY 90	이자카야에서 혼술하기	377
DAY 91	기모노 렌털하기	381
DAY 92	무한 리필 고깃집에서 먹방하기	385
DAY 93	일본 전통술 구매하기	389
DAY 94	관광지 입장하기	393
DAY 95	라멘집에서 주문하기	397
DAY 96	카페에서 음료 주문하기	401
DAY 97	스티커 사진 찍기	405
DAY 98	잡화점에서 기념품 사기	409
DAY 99	100엔 스시 주문하기	413
DAY 100	드러그스토어에서 물건 구매하기	417

부록

요일과 때를 나타내는 말 / 의문사+조사 / 가족 호칭 / 숫자 읽기 / 조수사 정리 / 시간 읽기 / 날짜 읽기   422

"彼のどんな部分が好きでしたか。"
그의 어떤 점을 좋아했어요?

"優しいところが好きでした。"
상냥해서 좋아했어요.

100일 학습 플랜

100일 동안 학습 일자를 체크해 보세요. 꾸준히 학습하면 원하는 문장을 일본어로 말할 수 있어요!
배운 내용을 모두 파악했는지 스스로 체크해 보세요~!

DAY 1 /	DAY 2 /	DAY 3 /	DAY 4 /	DAY 5 /	DAY 6 /	DAY 7 /
DAY 8 /	DAY 9 /	DAY 10 /	DAY 11 /	DAY 12 /	DAY 13 /	DAY 14 /
DAY 15 /	DAY 16 /	DAY 17 /	DAY 18 /	DAY 19 /	DAY 20 /	DAY 21 /
DAY 22 /	DAY 23 /	DAY 24 /	DAY 25 /	DAY 26 /	DAY 27 /	DAY 28 /
DAY 29 /	DAY 30 /	DAY 31 /	DAY 32 /	DAY 33 /	DAY 34 /	DAY 35 /
DAY 36 /	DAY 37 /	DAY 38 /	DAY 39 /	DAY 40 /	DAY 41 /	DAY 42 /
DAY 43 /	DAY 44 /	DAY 45 /	DAY 46 /	DAY 47 /	DAY 48 /	DAY 49 /

DAY 50 /	DAY 51 /	DAY 52 /	DAY 53 /	DAY 54 /	DAY 55 /	DAY 56 /
DAY 57 /	DAY 58 /	DAY 59 /	DAY 60 /	DAY 61 /	DAY 62 /	DAY 63 /
DAY 64 /	DAY 65 /	DAY 66 /	DAY 67 /	DAY 68 /	DAY 69 /	DAY 70 /
DAY 71 /	DAY 72 /	DAY 73 /	DAY 74 /	DAY 75 /	DAY 76 /	DAY 77 /
DAY 78 /	DAY 79 /	DAY 80 /	DAY 81 /	DAY 82 /	DAY 83 /	DAY 84 /
DAY 85 /	DAY 86 /	DAY 87 /	DAY 88 /	DAY 89 /	DAY 90 /	DAY 91 /
DAY 92 /	DAY 93 /	DAY 94 /	DAY 95 /	DAY 96 /	DAY 97 /	DAY 98 /
DAY 99 /	DAY 100 /					

등장인물 소개

 유리 ユリ

일본 대학에서 유학 중인 한국 대학생

"학교생활, 동아리 활동, 아르바이트, 취미, 연애 모두 포기할 수 없어요."

 다나카 田中

IT 회사에서 근무 중

"여자 친구와 헤어진 저를 위로해 주는 유리에게 빠져 버렸어요."

 스즈키 鈴木

유리의 과 동기

"유리가 일본에서 사귄 첫 번째 친구가 저예요."

 기무라 木村

한국 드라마를 사랑하는 워킹맘

"유리와 같은 곳에서 아르바이트 중이에요."

일본어 문자와 발음 & 기본 인사말

일본어의 기본! 문자와 발음을 알아보고
기본 인사말을 배워 보아요.

일본어 문자와 발음,
시작해 볼까요?

일본어 문자와 발음

일본어 문자와 발음

일본어 문자는 히라가나, 가타카나, 한자, 3가지로 이루어져 있어요. 히라가나는 부드러운 곡선 모양, 가타카나는 각진 모양이에요. 그리고, 일본어의 발음은 청음, 탁음, 반탁음, 요음, 촉음, 발음(撥音), 장음으로 구분해요.

히라가나	ひらがな	가장 기본이 되는 글자
가타카나	カタカナ	외래어, 의성어, 의태어
한자	漢字	한자 문화권

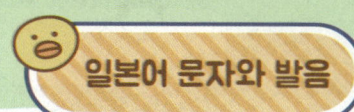 일본어 문자와 발음을 학습하고, 쓰면서 연습해 보세요.

1. 히라가나

한자와 함께 일본어의 일상 언어를 사용하는 데 가장 기본이 되는 문자예요. 5단 10행씩 줄 세워 놓은 표를 '오십음도'라고 하는데, 현재는 쓰이지 않는 글자도 있어서 정확한 개수는 46음이에요.

행＼단	あ단	い단	う단	え단	お단
あ행	あ 아[a]	い 이[i]	う 우[u]	え 에[e]	お 오[o]
か행	か 카[ka]	き 키[ki]	く 쿠[ku]	け 케[ke]	こ 코[ko]
さ행	さ 사[sa]	し 시[shi]	す 스[su]	せ 세[se]	そ 소[so]
た행	た 타[ta]	ち 치[chi]	つ 츠[tsu]	て 테[te]	と 토[to]
な행	な 나[na]	に 니[ni]	ぬ 누[nu]	ね 네[ne]	の 노[no]
は행	は 하[ha]	ひ 히[hi]	ふ 후[fu]	へ 헤[he]	ほ 호[ho]
ま행	ま 마[ma]	み 미[mi]	む 무[mu]	め 메[me]	も 모[mo]
や행	や 야[ya]		ゆ 유[yu]		よ 요[yo]
ら행	ら 라[ra]	り 리[ri]	る 루[ru]	れ 레[re]	ろ 로[ro]
わ행	わ 와[wa]				を 오[o]
	ん ㄴ/ㅇ[n]				

(1) 청음

❋ 읽으면서 획순에 맞게 써 보세요.

あ행 모음 あ, い, う, え, お는 우리말 '아, 이, 우, 에, 오'와 발음이 비슷하지만, う는 '으'와 '우'의 중간 발음이며, 입술을 동그랗게 모으지 않고 발음해요.

あ	い	う	え	お
아 [a]	이 [i]	우 [u]	에 [e]	오 [o]
あ	い	う	え	お

か행 우리말 '카, 키, 쿠, 케, 코'를 조금 약하게 발음하면 되는데, か행의 음이 단어의 첫머리에 올 때는 'ㄱ'과 'ㅋ'의 중간 발음이고, 단어의 중간이나 끝에 올 때는 'ㄲ'에 가까워요. く는 입술을 동그랗게 모으지 않고 발음해요.

か	き	く	け	こ
카 [ka]	키 [ki]	쿠 [ku]	케 [ke]	코 [ko]
か	き	く	け	こ

단어

 あい 사랑

 おう 왕

 くうき 공기

 こうこう 고등학교

✽ **읽으면서 획순에 맞게 써 보세요.**

さ행 우리말 '사, 시, 스, 세, 소'와 비슷하게 발음하되, し는 영어의 'she'와 비슷한 음이며, す는 입술을 동그랗게 모으지 않고 '스'에 가깝게 발음해요.

さ	し	す	せ	そ
사 [sa]	시 [shi]	스 [su]	세 [se]	소 [so]
さ	し	す	せ	そ

た행 우리말 '타, 치, 츠, 테, 토'로 발음하면 되는데, 단어 첫머리에 올 때는 'ㄷ'과 'ㅌ'의 중간 발음이고, 단어의 중간이나 끝에 올 때는 'ㄸ'에 가까운 발음이에요. つ는 '츠'와 '쯔'의 중간 발음이며, 영어의 'it's me'라고 할 때의 't's'와 발음이 비슷해요.

た	ち	つ	て	と
타 [ta]	치 [chi]	츠 [tsu]	테 [te]	토 [to]
た	ち	つ	て	と

단어

 かさ 우산

 すいか 수박

 て 손

 さとう 설탕

* 읽으면서 획순에 맞게 써 보세요.

な행 우리말 '나, 니, 누, 네, 노'로 발음하면 돼요. ぬ는 입술을 동그랗게 모으지 않고 발음해요.

な	に	ぬ	ね	の
나 [na]	니 [ni]	누 [nu]	네 [ne]	노 [no]
な	に	ぬ	ね	の

は행 우리말 '하, 히, 후, 헤, 호'와 발음이 비슷해요. ふ는 '흐'와 '후'의 중간 발음이며, 입술을 동그랗게 모으지 않고 발음해요.

は	ひ	ふ	へ	ほ
하 [ha]	히 [hi]	후 [fu]	헤 [he]	호 [ho]
は	ひ	ふ	へ	ほ

단어: **いぬ** 개 **ねこ** 고양이 **はな** 꽃 **ほし** 별

✿ 읽으면서 획순에 맞게 써 보세요.

ま행 우리말 '마, 미, 무, 메, 모'와 발음이 비슷해요. む는 입술을 동그랗게 모으지 않고 발음해요.

ま	み	む	め	も
마 [ma]	미 [mi]	무 [mu]	메 [me]	모 [mo]
ま	み	む	め	も

や행 や행은 や, ゆ, よ 세 개뿐이고, 이를 반모음이라고 해요. 우리말 '야, 유, 요'와 발음이 비슷하며, ゆ는 입술을 동그랗게 모으지 않고 발음해요.

や		ゆ		よ
야 [ya]		유 [yu]		요 [yo]
や		ゆ		よ

단어

 もも 복숭아

 あめ 사탕

 やま 산

 ゆき 눈

❋ 읽으면서 획순에 맞게 써 보세요.

ら행 우리말 '라, 리, 루, 레, 로'와 발음이 비슷하고, 실제로는 혀끝으로 조금 튕기듯이 내는 소리예요. る는 입술을 동그랗게 모으지 않고 발음해요.

ら	り	る	れ	ろ
라 [ra]	리 [ri]	루 [ru]	레 [re]	로 [ro]
ら	り	る	れ	ろ

わ행 わ행에는 わ, を가 있고, 우리말 '와, 오'와 발음이 비슷해요. を는 あ행의 お와 발음이 거의 같지만, 주로 목적격 조사(〜을[를])로만 쓰이며 자세히 들어 보면 '오'와 '워'의 중간 발음이에요. ん은 청음이 아니고 발음(撥音)인데, 뒤에 오는 음에 따라 'ㄴ, ㅁ, ㅇ' 받침과 가깝게 발음해요.

わ		を		ん
와 [wa]		오 [o]		ㄴ/ㅇ [n]
わ		を		ん

단어 さくら 벚꽃   りす 다람쥐   わに 악어   みかん 귤

23

단어쓰기

단어를 따라 쓰며 외워 보세요.

いか
오징어

い	か

すし
초밥

す	し

うに
성게

う	に

たこ
문어

た	こ

かさ
우산

か	さ

ひよこ
병아리

ひ	よ	こ

단어쓰기

단어를 따라 쓰며 외워 보세요.

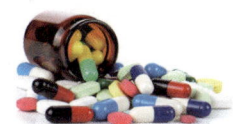
くすり
약

く	す	り

いす
의자

い	す

もち
떡

も	ち

ふね
배

ふ	ね

なす
가지

な	す

きつね
여우

き	つ	ね

(2) 탁음, 반탁음

1 탁음 탁음은 か, さ, た, は행 오른쪽 위에 탁점(゛)을 붙여 만든 글자로, 탁한 음(콧소리)이 나요.

が행	が 가 [ga]	ぎ 기 [gi]	ぐ 구 [gu]	げ 게 [ge]	ご 고 [go]
ざ행	ざ 자 [za]	じ 지 [ji]	ず 즈 [zu]	ぜ 제 [ze]	ぞ 조 [zo]
だ행	だ 다 [da]	ぢ 지 [ji]	づ 즈 [zu]	で 데 [de]	ど 도 [do]
ば행	ば 바 [ba]	び 비 [bi]	ぶ 부 [bu]	べ 베 [be]	ぼ 보 [bo]

2 반탁음 반탁음은 は행의 오른쪽 위에 반탁점(゜)을 붙여 만든 글자로, 'ㅃ'와 'ㅍ'의 중간 발음이 나요.

ぱ행	ぱ 파 [pa]	ぴ 피 [pi]	ぷ 푸 [pu]	ぺ 페 [pe]	ぽ 포 [po]

✤ 읽으면서 획순에 맞게 써 보세요.

が행 우리말 '가, 기, 구, 게, 고'와 발음이 비슷해요. ぐ는 입술을 동그랗게 모으지 않고 발음해요.

が	ぎ	ぐ	げ	ご
가 [ga]	기 [gi]	구 [gu]	게 [ge]	고 [go]
が	ぎ	ぐ	げ	ご

ざ행 영어의 'z', 우리말 '자, 지, 즈, 제, 조'와 발음이 비슷하지만 조금 더 부드러운 발음이에요. 혀끝을 최대한 앞쪽, 즉, 잇몸 부근에 살짝 대고 발음해야 해요. ず는 입술을 동그랗게 모으지 않고 발음해요.

ざ	じ	ず	ぜ	ぞ
자 [za]	지 [ji]	즈 [zu]	제 [ze]	조 [zo]
ざ	じ	ず	ぜ	ぞ

だ행 だ, で, ど는 영어의 'd' 발음이며, ぢ, づ는 じ, ず와 발음이 똑같아요. づ는 입술을 동그랗게 모으지 않고 '즈'에 가깝게 발음해요.

だ	ぢ	づ	で	ど
다 [da]	지 [ji]	즈 [zu]	데 [de]	도 [do]
だ	ぢ	づ	で	ど

❋ 읽으면서 획순에 맞게 써 보세요.

ば행 우리말 '바, 비, 부, 베, 보'와 발음이 비슷해요. ぶ는 입술을 동그랗게 모으지 않고 발음해요.

ば	び	ぶ	べ	ぼ
바 [ba]	비 [bi]	부 [bu]	베 [be]	보 [bo]
ば	び	ぶ	べ	ぼ

ぱ행 우리말 '파, 피, 푸, 페, 포'와 발음이 비슷한데, 단어 중간이나 단어 끝에 오면 '빠, 삐, 뿌, 뻬, 뽀'에 가깝게 발음해요. ぷ는 입술을 동그랗게 모으지 않고 발음해요.

ぱ	ぴ	ぷ	ぺ	ぽ
파 [pa]	피 [pi]	푸 [pu]	페 [pe]	포 [po]
ぱ	ぴ	ぷ	ぺ	ぽ

단어: いちご 딸기 / どんぐり 도토리 / びん 병 / にんじん 당근

단어쓰기

단어를 따라 쓰며 외워 보세요.

かぎ
열쇠

かぎ

ちず
지도

ちず

おでん
어묵

おでん

そば
메밀국수

そば

はっぱ
나뭇잎

はっぱ

めがね
안경

めがね

(3) 요음

❃ 읽으면서 획순에 맞게 써 보세요.

い를 제외한 い단의 오른쪽 아래에 や, ゆ, よ를 작게 써서 붙여 만든 글자예요. い단과 합쳐서 한 글자로 취급해요.

きゃ 캬 [kya]	きゃ	きゅ 큐 [kyu]	きゅ	きょ 쿄 [kyo]	きょ
しゃ 샤 [sha]	しゃ	しゅ 슈 [shu]	しゅ	しょ 쇼 [sho]	しょ
ちゃ 챠 [cha]	ちゃ	ちゅ 츄 [chu]	ちゅ	ちょ 쵸 [cho]	ちょ
にゃ 냐 [nya]	にゃ	にゅ 뉴 [nyu]	にゅ	にょ 뇨 [nyo]	にょ
ひゃ 햐 [hya]	ひゃ	ひゅ 휴 [hyu]	ひゅ	ひょ 효 [hyo]	ひょ
みゃ 먀 [mya]	みゃ	みゅ 뮤 [myu]	みゅ	みょ 묘 [myo]	みょ
りゃ 랴 [rya]	りゃ	りゅ 류 [ryu]	りゅ	りょ 료 [ryo]	りょ
ぎゃ 갸 [gya]	ぎゃ	ぎゅ 규 [gyu]	ぎゅ	ぎょ 교 [gyo]	ぎょ
じゃ 쟈 [ja]	じゃ	じゅ 쥬 [ju]	じゅ	じょ 죠 [jo]	じょ
びゃ 뱌 [bya]	びゃ	びゅ 뷰 [byu]	びゅ	びょ 뵤 [byo]	びょ
ぴゃ 퍄 [pya]	ぴゃ	ぴゅ 퓨 [pyu]	ぴゅ	ぴょ 표 [pyo]	ぴょ

단어쓰기

단어를 따라 쓰며 외워 보세요.

おもちゃ
장난감

お	も	ちゃ	

きゅうり
오이

きゅ	う	り	

ぎゅうにゅう
우유

ぎゅ	う	にゅ	う

ちょう
나비

ちょ	う

(4) 촉음

か, ぱ, さ, た행 앞에 つ를 작게 써서 표기한 글자예요.
우리말의 받침과 비슷한 역할을 하고, 뒤에 오는 음에 따라 ㄱ, ㅂ, ㅅ으로 발음해요.

1 ㄱ 받침이 되는 경우 : か행 앞에서

ほっかいどう 롯카이도   けっこん 결혼
(혹 까 이 도 -)   (켁 꽁)

2 ㅂ 받침이 되는 경우 : ぱ행 앞에서

いっぱい 가득   きっぷ 표
(입 빠 이)   (킵 뿌)

3 ㅅ 받침이 되는 경우 : さ행, た행 앞에서

けっせき 결석   ざっし 잡지   きって 우표
(켓 세 키)   (잣 시)   (킷 때)

단어쓰기

단어를 따라 쓰며 외워 보세요.

せっけん
비누

せ	っ	け	ん

なっとう
낫토

な	っ	と	う

にっき
일기

に	っ	き

きっぷ
표

き	っ	ぷ

ざっし
잡지

ざ	っ	し

(5) 발음

ん을 '발음(撥音)'이라고 말하며, 촉음처럼 받침 역할을 해요. 뒤에 어떤 글자가 오느냐에 따라 소리가 달라져요.

❶ ㅁ 받침이 되는 경우 : ま행, ば행, ぱ행 앞에서

> さんま _{삼 마} 꽁치   さくらんぼ _{사 꾸 람 보} 버찌   かんぱい _{캄 빠 이} 건배

❷ ㄴ 받침이 되는 경우 : さ행, ざ행, た행, だ행, な행, ら행 앞에서

> こんしゅう _{콘 슈 -} 이번 주   かんじ _{칸 지} 한자   べんとう _{벤 또 -} 도시락
> もんだい _{몬 다 이} 문제   みんな _{민 나} 모두   べんり _{벤 리} 편리

❸ ㅇ 받침이 되는 경우 : か행, が행 앞에서

> かんこく _{캉 꼬 꾸} 한국   まんが _{망 가} 만화(책)

❹ ㄴ 과 ㅇ 의 중간 음으로 발음되는 경우 : あ행, は행, や행, わ행 앞에서, ん으로 끝날 때

> れんあい _{렝 아 이} 연애   ほんや _{홍 야} 책방   でんわ _{뎅 와} 전화   にほん _{니 홍} 일본

단어쓰기

단어를 따라 쓰며 외워 보세요.

えんぴつ
연필

え	ん	ぴ	つ

ふうせん
풍선

ふ	う	せ	ん

おんがく
음악

お	ん	が	く

ほん
책

ほ	ん

りんご
사과

り	ん	ご

(6) 장음

동일한 모음이 중복될 때 앞 글자의 모음을 길게 발음하는 것을 말해요.

❶ あ단의 장음 : あ단 글자 뒤에 あ가 오면, あ단을 길게 발음해요.

_{오 까 - 상}
おかあさん 어머니   _{오 바 - 상}
おばあさん 할머니

❷ い단의 장음 : い단 글자 뒤에 い가 오면, い단을 길게 발음해요.

_{오 지 - 상}
おじいさん 할아버지   _{오 니 - 상}
おにいさん 오빠, 형

❸ う단의 장음 : う단 글자 뒤에 う가 오면, う단을 길게 발음해요.

_{쿠 - 끼}
くうき 공기   _{후 - 후}
ふうふ 부부

❹ え단의 장음 : え단 글자 뒤에 え나 い가 오면, え단을 길게 발음해요.

_{오 네 - 상}
おねえさん 언니, 누나   _{에 - 가}
えいが 영화

❺ お단의 장음 : お단 글자 뒤에 お나 う가 오면, お단을 길게 발음해요.

_{코 - 리}
こおり 얼음   _{토 - 후}
とうふ 두부

❻ 가타카나의 장음 : 부호 「ー」로 나타내고, 길게 발음해요

_{비 - 루}
ビール 맥주   _{케 - 키}
ケーキ 케이크

단어쓰기

단어를 따라 쓰며 외워 보세요.

おばあさん
할머니

お	ば	あ	さ	ん

がっこう
학교

が	っ	こ	う

おじいさん
할아버지

お	じ	い	さ	ん

せんせい
선생님

せ	ん	せ	い

2. 가타카나

가타카나는 주로 지명, 인명, 나라 이름 등을 비롯하여 외래어에 주로 사용되며, 의성어, 의태어, 또는 의미를 강조할 때 사용해요. 가타카나 덕분에 고유어와 외래어 구분이 쉽답니다.

행\단	ア단	イ단	ウ단	エ단	オ단
ア행	ア 아[a]	イ 이[i]	ウ 우[u]	エ 에[e]	オ 오[o]
カ행	カ 카[ka]	キ 키[ki]	ク 쿠[ku]	ケ 케[ke]	コ 코[ko]
サ행	サ 사[sa]	シ 시[shi]	ス 스[su]	セ 세[se]	ソ 소[so]
タ행	タ 타[ta]	チ 치[chi]	ツ 츠[tsu]	テ 테[te]	ト 토[to]
ナ행	ナ 나[na]	ニ 니[ni]	ヌ 누[nu]	ネ 네[ne]	ノ 노[no]
ハ행	ハ 하[ha]	ヒ 히[hi]	フ 후[fu]	ヘ 헤[he]	ホ 호[ho]
マ행	マ 마[ma]	ミ 미[mi]	ム 무[mu]	メ 메[me]	モ 모[mo]
ヤ행	ヤ 야[ya]		ユ 유[yu]		ヨ 요[yo]
ラ행	ラ 라[ra]	リ 리[ri]	ル 루[ru]	レ 레[re]	ロ 로[ro]
ワ행	ワ 와[wa]				ヲ 오[o]
	ン ㄴ/ㅇ[n]				

✤ 읽으면서 획순에 맞게 써 보세요.

ア행

ア	イ	ウ	エ	オ
아[a]	이[i]	우[u]	에[e]	오[o]
ア	イ	ウ	エ	オ

カ행

カ	キ	ク	ケ	コ
카[ka]	키[ki]	쿠[ku]	케[ke]	코[ko]
カ	キ	ク	ケ	コ

단어

 アロエ 알로에
 スカート 치마
 ケーキ 케이크
 ココア 코코아

✽ 읽으면서 획순에 맞게 써 보세요.

サ행

サ	シ	ス	セ	ソ
사 [sa]	시 [shi]	스 [su]	세 [se]	소 [so]
サ	シ	ス	セ	ソ

タ행

タ	チ	ツ	テ	ト
타 [ta]	치 [chi]	츠 [tsu]	테 [te]	토 [to]
タ	チ	ツ	テ	ト

단어　　サンタ 산타　　ソース 소스　　チキン 치킨　　カステラ 카스텔라

✿ 읽으면서 획순에 맞게 써 보세요.

ナ행

ナ	ニ	ヌ	ネ	ノ
나 [na]	니 [ni]	누 [nu]	네 [ne]	노 [no]
ナ	ニ	ヌ	ネ	ノ

ハ행

ハ	ヒ	フ	ヘ	ホ
하 [ha]	히 [hi]	후 [fu]	헤 [he]	호 [ho]
ハ	ヒ	フ	ヘ	ホ

단어

バナナ 바나나　ハート 하트　ホテル 호텔　コーヒー 커피

✤ 읽으면서 획순에 맞게 써 보세요.

マ행

マ	ミ	ム	メ	モ
마 [ma]	미 [mi]	무 [mu]	메 [me]	모 [mo]
マ	ミ	ム	メ	モ

ヤ행

ヤ		ユ		ヨ
야 [ya]		유 [yu]		요 [yo]
ヤ		ユ		ヨ

 단어

 マイク 마이크

 メール 메일

 クレヨン 크레용

 ハム 햄

✿ 읽으면서 획순에 맞게 써 보세요.

ラ행

ラ	リ	ル	レ	ロ
라 [ra]	리 [ri]	루 [ru]	레 [re]	로 [ro]
ラ	リ	ル	レ	ロ

ワ행

ワ		ヲ		ン
와 [wa]		오 [o]		ㄴ/o [n]
ワ		ヲ		ン

 ラーメン 라멘

 プリン 푸딩

 フラワー 플라워

 メロン 멜론

단어쓰기

단어를 따라 쓰며 외워 보세요.

パン
빵

パ	ン	

ギター
기타

ギ	タ	ー

ビール
맥주

ビ	ー	ル

カレー
카레

カ	レ	ー

レモン
레몬

レ	モ	ン

トイレ
화장실

ト	イ	レ

기본 인사말

평소에 만났을 때

일본에서는 시간에 따라 아침 인사, 점심 인사, 저녁 인사가 달라요.

아침 인사

오 하 요 -
おはよう。 좋은 아침.

오 하 요 - 고 자 이 마 스
おはようございます。 좋은 아침입니다.

- 「おはよう」는 가족이나 친구 등 친한 사이에서 쓰는 반말 표현이에요.

점심 인사

콘 니 찌 와
こんにちは。 안녕하세요.

- 「は」는 원래 [ha]라고 읽지만, こんにちは의 경우 예외로 [wa]라고 읽어요.

- 「こんにちは」에는 반말 표현이 없어요.

저녁 인사

콤 방 와
こんばんは。 안녕하세요.

- 「は」는 원래 [ha]라고 읽지만, こんばんは의 경우 예외로 [wa]라고 읽어요.

- 「こんばんは」도 반말 표현이 없어요.

처음 만났을 때

はじめまして。 처음 뵙겠습니다.
_{하지메마시떼}

오랜만에 만났을 때

ひさしぶり。 오랜만이야.
_{히사시부리}

おひさしぶりですね。 오랜만이네요.
_{오히사시부리데스네}

헤어질 때

バイバイ。 바이바이.
_{바이바이}

じゃあね。 그럼 다음에 봐.
_{자—네}

またね。 다음에 봐.
_{마따네}

じゃ。 그럼 (다음에 봐).
_자

さようなら。 안녕히 가세요[계세요].
_{사요—나라}

일본어에서는 '안녕히 가세요'와 '안녕히 계세요' 모두 「さようなら」로 표현해요.

취침할 때

おやすみ。 잘 자.
_{오야스미}

おやすみなさい。 안녕히 주무세요.
_{오야스미나사이}

고마움을 전할 때

^{아 리 가 또 -}
ありがとう。 고마워.

^{아 리 가 또 - 고 자 이 마 스}
ありがとうございます。 감사합니다.

^{이 따 다 끼 마 스}
いただきます。 잘 먹겠습니다.

^{고 찌 소 - 사 마}
ごちそうさま。 잘 먹었어.

^{고 찌 소 - 사 마 데 시 따}
ごちそうさまでした。 잘 먹었습니다.

● 「いただきます」와 「ごちそうさまでした」는 요리를 만들어 준 사람과 음식의 재료를 만든 사람에 대한 감사의 마음을 나타내는 말이에요.

미안함을 전할 때

^{고 멘}
ごめん。 미안해.

^{고 멘 나 사 이}
ごめんなさい。 죄송합니다.

^{스 미 마 셍}
すみません。 죄송합니다.

● 「すみません」은 '실례합니다', '(사람을 부를 때) 저기요', '감사합니다' 등의 뜻으로도 쓰여요. 특히 감사의 뜻으로 쓰일 때는 상대방의 수고에 대해 미안하면서도 감사하다는 마음이 담겨 있어요.

축하할 때

^{오 메 데 또 -}
おめでとう。 축하해.

^{오 메 데 또 - 고 자 이 마 스}
おめでとうございます。 축하합니다.

외출할 때

いってきます。 다녀오겠습니다.
_{잇 떼 키 마 스}

いってらっしゃい。 다녀오세요.
_{잇 떼 랏 샤 이}

귀가, 복귀할 때

ただいま。 다녀왔어(요).
_{타 다 이 마}

ただいま、かえりました。 다녀왔습니다.
_{타 다 이 마 카 에 리 마 시 따}

おつかれさま。 수고했어.
_{오 츠 까 레 사 마}

おつかれさまでした。 수고하셨습니다.
_{오 츠 까 레 사 마 데 시 따}

おかえり。 잘 다녀왔어?
_{오 까 에 리}

おかえりなさい。 잘 다녀오셨어요?
_{오 까 에 리 나 사 이}

・「ただいま」 かえりました」는 주로 회사에서 외근 나갔다가 복귀할 때 쓰는 표현이에요.

・외근에서 복귀한 사람이나 퇴근하는 사람에게 또는 자신이 퇴근할 때도 쓸 수 있어요.

・집에 돌아온 사람에게 하는 인사예요.

말문이 트이는
기초 패턴

현재 긍정, 현재 부정, 과거 긍정, 과거 부정, 4가지 패턴을 훈련하면, 자유자재로 말하고 싶은 문장을 말할 수 있어요.

～です
～입니다

POINT

명사의 정중체 현재긍정형

「명사+です」는 '～입니다'라는 뜻이에요. 명사 자리에는 사람 이름, 국적, 직업, 사물 등을 넣을 수 있어요.

이름 イ・ユリ + です
이 유리　　　　　입니다

국적 韓国人(かんこくじん) + です
한국인　　　　　입니다

직업 会社員(かいしゃいん) + です
회사원　　　　　입니다

✓ 명사에 「です」만 붙이면 '～입니다, ～이에요'라는 뜻이 돼요.

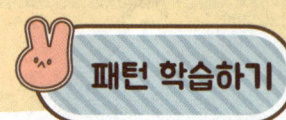 **패턴 학습하기** 오늘 배울 패턴이 들어간 문장을 학습해 봅시다.

1

はい。私(わたし)は 日本人(にほんじん)です。

네, 저는 일본인입니다.

✅ 「はい」와 「いいえ」
일본어에서 '네'는 「はい」, '아니요'는 「いいえ」로 대답해요.

조사 「は」
「は」는 '~은[는]'에 해당하는 조사예요. 조사로 쓸 때는 발음이 [wa]가 된다는 점에 주의하세요!

2

私(わたし)は 会社員(かいしゃいん)です。

저는 회사원입니다.

➕ 私は 学生(がくせい)です。 저는 학생입니다.

　私は 公務員(こうむいん)です。 저는 공무원입니다.

 단어

はい 네 · 私(わたし) 저 · 日本人(にほんじん) 일본인 · いいえ 아니요 · 会社員(かいしゃいん) 회사원 · 学生(がくせい) 학생 · 公務員(こうむいん) 공무원

3

いいえ、彼女は日本語の先生です。

아니요, 그녀는 일본어 선생님입니다.

✓ **인칭대명사**

1인칭	2인칭	3인칭	
私	あなた	彼	彼女
나, 저	당신	그	그녀

명사＋の＋명사 : 명사의 명사 수식

「の」는 '～의'에 해당하는 조사예요. 일본어에서는 명사 뒤에 다른 명사가 올 때 꼭 「の」로 연결해요. 한국어로 해석할 때는 '～의'를 해석하지 않아도 되는 경우가 많아요.

➕ 彼は英語の先生です。 그는 영어 선생님입니다.

4

彼女は中国人です。

그녀는 중국인입니다.

➕ 私は韓国人です。 저는 한국인입니다.

彼女 그녀, 여자 친구 ・ 日本語 일본어 ・ ～の ～의 ・ 先生 선생님 ・ あなた 당신 ・ 彼 그
英語 영어 ・ 中国人 중국인 ・ 韓国人 한국인

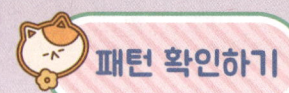 **패턴 확인하기**　실제 일본에서는 어떻게 쓰이는지 들어 보고, 빈칸에 알맞은 문장을 써 보세요.　정답 p.52-53　MP3 032

 유리
田中さんは 日本人ですか。
다나카 씨는 일본인입니까?

 다나카
❶ _____。
네. 저는 일본인입니다.

田中さんの 仕事は 何ですか。
다나카 씨의 직업은 무엇입니까?

❷ _____。
저는 회사원입니다.

田中さんの 彼女も 会社員ですか。
다나카 씨의 여자 친구도 회사원입니까?

❸ _____。
아니요, 그녀는 일본어 선생님입니다.

彼女も 日本人ですか。
그녀도 일본인입니까?

いいえ、❹ _____。
아니요, 그녀는 중국인입니다.

 의문형 「〜ですか」: 〜입니까?
「です」 뒤에 「か」를 붙이면 '〜입니까?'라는 의문형이 돼요. 일본어에서는 「か」가 붙는 의문형에 물음표를 쓰지 않고 마침표를 써요.

「何」의 읽는 방법
'무엇'이라는 뜻의 「何」는 보통 「なに」라고 읽지만 「ですか」 앞에 올 때는 「なん」이라고 읽어요. 그 외에도 「の・で・と」가 올 때도 「なん」이라고 읽어요.

〜さん 〜씨 ・ 仕事 일, 업무, 근무, 직업 ・ 何 무엇 ・ 〜も 〜도

～じゃないです
~이 아닙니다

POINT

명사의 정중체 현재부정형

「명사+じゃないです・じゃありません・ではないです・ではありません」은 모두 '~이 아닙니다'라는 뜻이에요. 4가지 패턴이 있는데 じゃないです＜じゃありません＜ではないです＜ではありません 순서로 정중한 정도가 높아져요.

コーヒー + じゃないです
커피　　　じゃありません
　　　　　ではないです
　　　　　ではありません
　　　　　가 아닙니다

✓ 「じゃ」는 「では」가 줄어든 형태라고 생각하면 돼요. 줄어든 표현보다 원래의 형태가 더 정중한 표현이에요.

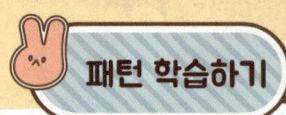

패턴 학습하기
오늘 배울 패턴이 들어간 문장을 학습해 봅시다.

1
これは ラーメンじゃありません。

이건 라멘이 아니에요.

✓ 지시대명사

	근칭		중칭		원칭		부정칭	
연체사	この	이	その	그	あの	저	どの	어느
사물	これ	이것	それ	그것	あれ	저것	どれ	어느 것
장소	ここ	여기	そこ	거기	あそこ	저기	どこ	어디

➕ それは 水(みず)じゃありません。   그것은 물이 아니에요.

2
私(わたし)の タンブラーではありません。

제 텀블러가 아니에요.

➕ 田中(たなか)さんの ペンではありません。   다나카 씨의 펜이 아니에요.
　先生(せんせい)の 時計(とけい)ではありません。   선생님의 시계가 아니에요.

 단어

これ 이것 ・ ラーメン 라멘 ・ それ 그것 ・ あれ 저것 ・ どれ 어느 것 ・ 水(みず) 물 ・ タンブラー 텀블러 ・
ペン 펜 ・ 時計(とけい) 시계

3

コーヒーではないです。ビールですよ。

커피가 아니에요. 맥주예요.

✅ **문장 끝에 붙이는 종조사 「よ」**
종조사 「よ」는 의견을 주장하거나 정보를 제공할 때 써요. 여기서는 정보를 제공하는 의미로 쓰였어요.

➕ 彼女ではないです。友だちですよ。 여자 친구가 아니에요. 친구예요.

4

コーヒーは 私の 好みじゃないです。

커피는 제 취향이 아니에요.

➕ これは 日本語の 本じゃないです。 이것은 일본어 책이 아니에요.

それは 鈴木さんの かばんじゃないです。 그것은 스즈키 씨의 가방이 아니에요.

コーヒー 커피 ・ ビール 맥주 ・ 友だち 친구 ・ 好み 취향 ・ 本 책 ・ かばん 가방

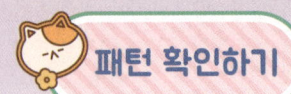 **패턴 확인하기** 실제 일본에서는 어떻게 쓰이는지 들어 보고, 빈칸에 알맞은 문장을 써 보세요. 정답 p.56-57

 스즈키
それは ラーメンですか。
그건 라멘인가요?

 유리
いいえ、❶ _____。お菓子(かし)です。
아니요, 이건 라멘이 아니에요. 과자예요.

へえ、お菓子ですか。
아하, 과자군요.

はい。その タンブラーは 鈴木(すずき)さんのですか。
네. 그 텀블러는 스즈키 씨의 것인가요?

いいえ、❷ _____。母(はは)のです。
아니요, 제 텀블러가 아니에요. 어머니 거예요.

そうですか。それは コーヒーですか。
그렇군요. 그건 커피인가요?

いいえ、❸ _____。
아니요, 커피가 아니에요. 맥주예요.

え?ビールですか。
네? 맥주예요?

はい、❹ _____。
네. 커피는 제 취향이 아니에요.

✓ ～の : ~의 것
조사 「の」에는 '~의 것'이라는 뜻으로 명사를 대신하는 역할도 있어요.
これは 先生(せんせい)のです。이것은 선생님 거예요.

お菓子(かし) 과자 · ～の ~의 것 · 母(はは) 〈지칭〉 (나의) 어머니 · そうですか 그래요?, 그렇군요

～でした
~이었습니다

POINT

명사의 정중체 과거형

「명사 + でした」는 '～이었습니다'라는 뜻이에요.

雨 (あめ) 비	+	でした 였습니다
晴れ (は) 맑음	+	でした 이었습니다
先生 (せんせい) 선생님	+	でした 이었습니다
バイト 아르바이트	+	でした 였습니다

✓ 「でした」는 「です」의 과거형이에요.

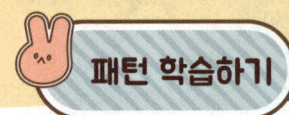 **패턴 학습하기** 오늘 배울 패턴이 들어간 문장을 학습해 봅시다.

1

昨日(きのう)は ずっと 雨(あめ)**でした**。

어제는 계속 비가 왔어요.

✓ **날씨 표현(명사)+です・でした**
일본어로는 날씨를 표현할 때 「명사+です・でした」라는 표현을 많이 써요.
「雨でした」는 직역하면 '비였어요'가 되기 때문에 우리말로는 어색하지만 동사를 사용한 「雨が 降(ふ)りました」보다 더 자연스러운 표현이에요.

➕ ずっと くもり**でした**。 계속 흐렸어요.
　昨日(きのう)は 晴(は)れ**でした**。 어제는 맑았어요.

2

大阪(おおさか)は どう**でした**か。

오사카는 어땠어요?

✓ **どう : 어떠하다, 어떻다**
どう(어떻다)+ですか(〈의문형〉 ~이에요?) → どうですか(어때요?)
どう(어떻다)+でしたか(〈과거의문형〉 ~였어요?) → どうでしたか(어땠어요?)

➕ 天気(てんき)は どう**でした**か。 날씨는 어땠어요?

 **단어**

昨日(きのう) 어제 ・ ずっと 계속, 내내 ・ 雨(あめ) 비 ・ くもり 흐림 ・ 晴(は)れ 맑음 ・ 大阪(おおさか) 〈지명〉 오사카 ・ どう 어떠하다, 어떻다 ・ どうですか 어때요? ・ どうでしたか 어땠어요? ・ 天気(てんき) 날씨

3

大阪は 晴れでしたよ。
おおさか   は
오사카는 맑았어요.

➕ 母は 先生でした。 어머니는 선생님이었어요.
　はは　せんせい

　コーヒーは 鈴木さんのでした。 커피는 스즈키 씨 것이었어요.
　　　　　　　すずき

4

今日も バイトでした。
きょう
오늘도 아르바이트였어요.

✅ **バイト : 아르바이트**
회화에서는 주로 「アルバイト」를 줄여서 「バイト」라고 해요. 일본어도 한국어처럼 줄인 말을 많이 써요.
スマートフォン(스마트폰) → スマホ
アプリケーション(애플리케이션, 앱) → アプリ

➕ 大阪も 雨でした。 오사카도 비가 왔어요.
　　　　あめ

　これも 鈴木さんの スマホでした。 이것도 스즈키 씨 스마트폰이었어요.
　　　　すずき

今日 오늘 ・ バイト 아르바이트 ・ スマホ 스마트폰 ・ アプリ 앱
きょう

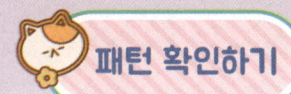 **패턴 확인하기** 실제 일본에서는 어떻게 쓰이는지 들어 보고, 빈칸에 알맞은 문장을 써 보세요. p.60-61

스즈키

ユリさん、昨日 東京の 天気は どうでしたか。
유리 씨, 어제 도쿄의 날씨는 어땠어요?

유리

❶ _____。

어제는 계속 비가 왔어요.

❷ _____。

오사카는 어땠어요?

❸ _____。

오사카는 맑았어요.

ところで、今週 バイトは 大変でしたか。
그나저나, 이번 주 아르바이트는 힘들었나요?

はい、とても。月曜日、火曜日、水曜日、木曜日、あと、
네, 무척. 월요일, 화요일, 수요일, 목요일, 그리고

❹ _____。

오늘도 아르바이트였어요.

え！それは くたくたですね。
와… 많이 힘들겠네요.

 요일 표현

월요일	화요일	수요일	목요일	금요일	토요일	일요일
月曜日	火曜日	水曜日	木曜日	金曜日	土曜日	日曜日

東京 〈지명〉 도쿄 • ところで 그나저나, 그런데 • 今週 이번 주 • 大変でしたか 힘들었어요?
とても 무척, 매우 • 月曜日 월요일 • 火曜日 화요일 • 水曜日 수요일 • 木曜日 목요일 • 金曜日 금요일 •
土曜日 토요일 • 日曜日 일요일 • くたくたですね 힘들겠네요

～じゃなかったです
～이 아니었습니다

POINT

명사의 정중체 과거부정형

우리말의 '～이 아니었습니다'는 일본어로「명사＋じゃなかったです・じゃありませんでした・ではなかったです・ではありませんでした」로 표현할 수 있어요.

仕事 (し ごと) 일, 근무 ＋

じゃなかったです
じゃありませんでした
ではなかったです
ではありませんでした
가 아니었습니다

 じゃなかったです＜じゃありませんでした＜ではなかったです＜ではありませんでした 순서로 정중한 정도가 높아져요. 회화에서는「～じゃなかったです」를 가장 많이 사용하고 문서나 공식적인 자리에서는「～ではありませんでした」를 가장 많이 사용해요.

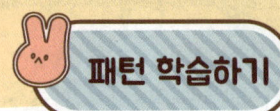

패턴 학습하기
오늘 배울 패턴이 들어간 문장을 학습해 봅시다.

1

仕事じゃありませんでした。
근무가 아니었어요.

✓ **仕事** : 일, 근무
「仕事」는 상황에 따라 '일, 업무, 근무, 직업' 등으로 해석돼요.

➕ 学生じゃありませんでした。 학생이 아니었어요.

日本人じゃありませんでした。 일본인이 아니었어요.

2

平日じゃなかったですか。
평일(이) 아니었나요?

➕ 韓国人じゃなかったですか。 한국인이 아니었나요?

バイトじゃなかったですか。 아르바이트가 아니었나요?

平日 평일

3

うちの 会社は 出勤じゃなかったです。
우리 회사는 출근이 아니었어요.

✅ **うちの〜 : 우리 〜**
한국어 '우리 〜'에 해당하는 일본어가 「うちの〜」예요. 명사와 명사 사이에는 꼭 「の」가 필요해요.

➕ うちの 会社 우리 회사
　うちの 家族 우리 가족

4

昨日は 休みではなかったです。
어제는 휴일이 아니었어요.

✅ **시제 관련 단어** ※p.422 참조
昨日 어제, 今日 오늘, 明日 내일

➕ 明日は 休みです。 내일은 휴일이에요.
　今日は 平日じゃないです。 오늘은 평일이 아니에요.
　昨日は 仕事でした。 어제는 근무였어요.

うちの 우리 ・ 会社 회사 ・ 出勤 출근 ・ 家族 가족 ・ 休み 휴일 ・ 明日 내일

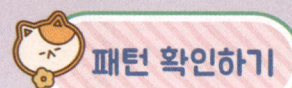 **패턴 확인하기** 실제 일본에서는 어떻게 쓰이는지 들어 보고, 빈칸에 알맞은 문장을 써 보세요. 정답 p.64-65

 기무라
田中(たなか)さん～！
다나카 씨~!

 다나카
あ、木村(きむら)さん。
아, 기무라 씨.

昨日(きのう)は 仕事(しごと)でしたか。
어제는 근무였어요?

いいえ、昨日(きのう)は ❶ _____ 。
아니요, 어제는 근무가 아니었어요.

あれ？ 昨日(きのう)は ❷ _____ 。
어? 어제는 평일 아니었나요?

そうでしたが、❸ _____ 。
그랬지만, 우리 회사는 출근이 아니었어요.

木村(きむら)さんも 昨日(きのう) 休(やす)みでしたか。
기무라 씨도 어제 휴일이었나요?

いいえ、❹ _____ 。でも、明日(あした)が 休(やす)みです。
아니요, 어제는 휴일이 아니었어요. 하지만, 내일이 휴일이에요.

✅ **접속조사 「が」: ~지만**
문장 뒤에 「が」를 붙이면 '~지만'이라는 역접의 뜻이 돼요.
そうでした (그랬습니다) + が (지만) → そうでしたが (그랬지만)

격조사 「が」: ~이[가]
「が」는 '~이[가]'에 해당하는 조사예요.

そうでしたが 그랬지만 ・ でも 하지만, 그래도

명사 4패턴

POINT

명사의 4패턴 복습

지금까지 명사의 4가지 패턴을 배웠어요. 잘 기억하고 있는지 점검하면서 단어를 바꿔 가며 4가지 패턴을 연습해 보도록 해요.

リンゴ +
사과

1패턴 です
입니다

2패턴 じゃ[では]ないです
じゃ[では]ありません
가 아닙니다

3패턴 でした
였습니다

4패턴 じゃ[では]なかったです
じゃ[では]ありませんでした
가 아니었습니다

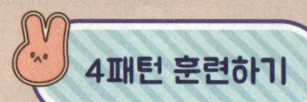 **4패턴 훈련하기** 예문을 바꿔가며 4패턴을 훈련해 보세요.

1

わたし
私の タンブラー
제 텀블러

+

です。	입니다.
じゃないです。	가 아닙니다.
でした。	였습니다.
じゃなかったです。	가 아니었습니다.

2

かんこくじん
韓国人
한국인

+

です。	입니다.
じゃないです。	이 아닙니다.
でした。	이었습니다.
じゃなかったです。	이 아니었습니다.

3

かいしゃいん
会社員
회사원

+

です。	입니다.
じゃないです。	이 아닙니다.
でした。	이었습니다.
じゃなかったです。	이 아니었습니다.

わたし   かんこくじん   かいしゃいん
私 나, 저 ・ ～の ~의 ・ タンブラー 텀블러 ・ 韓国人 한국인 ・ 会社員 회사원

4 休み
やす
쉬는 날

+

です。	입니다.
じゃないです。	이 아닙니다.
でした。	이었습니다.
じゃなかったです。	이 아니었습니다.

5 彼
かれ
그

+

です。	입니다.
じゃないです。	가 아닙니다.
でした。	였습니다.
じゃなかったです。	가 아니었습니다.

6 バイト
아르바이트

+

です。	입니다.
じゃないです。	가 아닙니다.
でした。	였습니다.
じゃなかったです。	가 아니었습니다.

休み 쉬는 날, 휴일 ・ 彼 그 ・ バイト 아르바이트

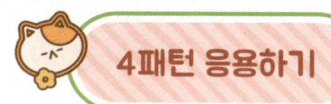 **4패턴 응용하기** 4패턴을 응용하면 질문, 대답을 쉽게 만들 수 있어요~!

질문 　だいがくせい
　　　　大学生ですか。
　　　　대학생입니까?

대답 　はい、**大学生です**。
　　　　네, 대학생입니다.

　　　　いいえ、**大学生じゃないです**。
　　　　아니요, 대학생이 아닙니다.

✅ **4패턴 의문형**
　～ですか ～입니까?, ～じゃないですか ～이 아닙니까?
　～でしたか ～였습니까?, ～じゃなかったですか ～이 아니었습니까?

질문 　きのう　　たんじょうび
　　　　昨日、誕生日じゃなかったですか。
　　　　어제 생일이 아니었습니까?

대답 　はい、**誕生日でした**。
　　　　네, 생일이었습니다.

　　　　いいえ、**誕生日じゃなかったです**。
　　　　아니요, 생일이 아니었습니다.

だいがくせい　　　　　　　　　　　　　　　　　　　　　きのう　　　　　　たんじょうび
大学生 대학생 ・ **はい** 네 ・ **いいえ** 아니요 ・ **昨日** 어제 ・ **誕生日** 생일

～いです
～(습)니다

POINT

い형용사의 정중체 현재긍정형

일본어의 형용사는 형태에 따라 2가지로 분류돼요. 이번에는 기본형이 い로 끝나는 'い형용사'에 대해서 공부할 거예요. 정중하게 말할 때 「い형용사＋です」로 말하는데 '～(습)니다, ～합니다'라는 뜻이에요.

暑い → 暑いです
덥다   덥습니다

いい → いいです
좋다   좋습니다

おいしい → おいしいです
맛있다   맛있습니다

安い → 安いです
싸다   쌉니다

✅ 명사에도 바로 「です」를 붙인 것처럼, い형용사도 기본형에 바로 「です」를 붙이면 돼요.

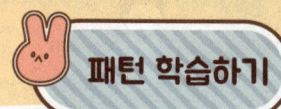 **패턴 학습하기** 오늘 배울 패턴이 들어간 문장을 학습해 봅시다.

1
本当(ほんとう)に 暑(あつ)いですね。
정말 덥네요.

✅ **종조사 「ね」**
종조사 「ね」에는 다양한 뜻이 있는데 여기서는 상대방에게 동조를 구하는 뉘앙스로 쓰였어요. 한국어 '~네요. (그렇죠?)'와 비슷한 역할을 해요.

➕ 今日(きょう)は 寒(さむ)いですね。 오늘은 춥네요.
　 天気(てんき)が いいですね。 날씨가 좋네요.

2
こんな 日(ひ)は 涼(すず)しい 海(うみ)が いいですね。
이런 날에는 시원한 바다가 좋죠.

✅ **い형용사의 명사 수식**
い형용사가 명사 앞에 올 때는 그대로 연결하면 돼요.
涼しい(시원하다) + 海(바다) → 涼しい 海(시원한 바다)

➕ これは おいしい コーヒーです。 이것은 맛있는 커피예요.
　 昨日(きのう)は あたたかい 日でした。 어제는 따뜻한 날이었어요.

 **단어**

本当(ほんとう)に 정말 · 暑(あつ)い 덥다 · 寒(さむ)い 춥다 · いい 좋다 · こんな 이런 · 日(ひ) 날 · 涼(すず)しい 시원하다 ·
海(うみ) 바다 · おいしい 맛있다 · あたたかい 따뜻하다

3

海での かき氷も おいしいですよ。

바다에서의(=바다에서 먹는) 빙수도 맛있답니다.

✓ **장소 + での : ~에서의**
「~で」는 '~에서'에 해당하는 조사이고, 「~の」는 '~의'에 해당하는 조사인데, 한국어와 마찬가지로 조사끼리 연결해서 쓸 수 있어요.

➕ 東京での 仕事は 忙しいです。 도쿄에서의 일은 바빠요.
　東京での 生活は 楽しいです。 일본에서의 생활은 즐거워요.

4

それに 値段も 安いですよ。

게다가 가격도 저렴해요.

✓ **それに : 게다가**
앞에서 언급한 내용에 추가할 때 '게다가'라는 뜻의 「それに」라는 접속사를 써요.

➕ この バイトは 時給が いいです。それに 社長も いい 人です。
　이 아르바이트는 시급이 좋아요. 게다가 사장님도 좋은 사람이에요.

~での ~에서의 · かき氷 빙수 · 忙しい 바쁘다 · 生活 생활 · 楽しい 즐겁다 · それに 게다가 · 値段 가격 · 安い 싸다, 저렴하다 · 時給 시급 · 社長 사장님

패턴 확인하기

실제 일본에서는 어떻게 쓰이는지 들어 보고, 빈칸에 알맞은 문장을 써 보세요. 정답 p.72-73 MP3 036

다나카

❶ _____。
정말 덥네요.

❷ _____。
이런 날에는 시원한 바다가 좋죠.

유리

海、いいですね。夏の 海は 私も 大好きです。
바다 좋네요. 여름 바다는 저도 너무 좋아해요.

そうだ！ ❸ _____。
맞다! 바다에서의(=바다에서 먹는) 빙수도 맛있답니다.

日本の かき氷は どうですか。
일본의 빙수는 어떤가요?

日本の かき氷は 種類が 多いです。
일본의 빙수는 종류가 많아요.

❹ _____。
게다가 가격도 저렴해요.

いいな。
좋겠다.

✅ **계절에 관한 단어**
春 봄, 夏 여름, 秋 가을, 冬 겨울

종조사 「な」
종조사 「な」에는 감동이나 감탄의 뉘앙스가 있고 혼잣말을 할 때 자주 써요. 「なあ」라고 표기하는 경우도 있어요.

大好きです 매우 좋아합니다 ・ 夏 여름 ・ そうだ！ 맞다! ・ 種類 종류 ・ 多い 많다 ・ いいな 좋겠다
春 봄 ・ 秋 가을 ・ 冬 겨울

～くないです
～(하)지 않습니다

POINT

い형용사의 정중체 현재부정형

い형용사의 어미 「い」를 떼고 「～くないです・～くありません」을 붙이면 '～(하)지 않습니다'라는 뜻이 돼요. 회화에서는 「～くないです」를 더 많이 사용해요. 「～くありません」이 더 정중한 표현이에요.

<u>むずか</u>
難し~~い~~ → 難し**くないです**
어렵다
　　　　　難し**くありません**
　　　　　어렵지 않습니다

<u>いそが</u>
忙し~~い~~ → 忙し**くないです**
바쁘다
　　　　　忙し**くありません**
　　　　　바쁘지 않습니다

✓ 명사의 부정형은 「명사 + ではないです」, い형용사의 부정형은 「い형용사 + くないです」라고 기억해 두세요.

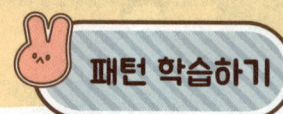 **패턴 학습하기** 오늘 배울 패턴이 들어간 문장을 학습해 봅시다.

1
あまり 遠(とお)くありません。
별로 멀지 않아요.

✅ **あまり + 부정형 : 별로 ~(하)지 않다**
'별로'라는 뜻의 「あまり」는 부정형과 함께 써요.

➕ **あまり 忙(いそが)しくありません。** 별로 바쁘지 않아요.

あまり よくありません。 별로 좋지 않아요.

✅ **「いい」의 부정형**
「いい(좋다)」의 부정형은 「いくありません・いくないです」가 아니라 「よくありません・よくないです」예요. 활용에 주의하세요!

2
最近(さいきん)、バイトが あまり 忙(いそが)しくありません。
요즘 아르바이트가 별로 바쁘지 않아요.

➕ **この スマホは あまり 高(たか)くありません。** 이 스마트폰은 별로 비싸지 않아요.

 단어

あまり 별로 ・ 遠(とお)い 멀다 ・ 最近(さいきん) 요즘 ・ 高(たか)い 비싸다

3

難しくないですか。

어렵지 않아요?

➕ 忙しくないですか。 바쁘지 않아요?

高くないですか。 비싸지 않아요?

4

いえいえ、全然 上手くありませんよ。

아니에요, 전혀 잘하지 않아요.

✅ **いえいえ : 아니에요 〈겸손〉**
「いいえ」는 부정하거나 거절할 때 쓰지만 「いえいえ」에는 겸손의 뜻이 포함되어 있어서 칭찬을 받았을 때나 감사 인사를 받았을 때 자주 써요.

全然＋부정형 : 전혀 ～(하)지 않다
'전혀'라는 뜻의 「全然」은 부정형과 함께 써요.

➕ 全然 暑くありません。 전혀 덥지 않아요.

難しい 어렵다 ・ いえいえ 아니에요 ・ 全然 전혀 ・ 上手い 잘하다

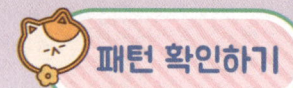 **패턴 확인하기** 실제 일본에서는 어떻게 쓰이는지 들어 보고, 빈칸에 알맞은 문장을 써 보세요. 정답 p.76-77

 ユリさん、学校から 駅まで 遠いですか。
스즈키 유리 씨, 학교에서 역까지 멀어요?

 いいえ、❶_____。けっこう 近いですよ。
유리 아니요, 별로 멀지 않아요. 꽤 가까워요.

 最近、日本語の 勉強は どうですか。
요즘, 일본어 공부는 어때요?

 ❷_____。
요즘 아르바이트가 별로 바쁘지 않아요.

だから、いっしょうけんめい 勉強中です。
그래서 열심히 공부 중이에요.

 へー。❸_____。
와… 어렵지 않아요?

 勉強は 難しくありません。楽しいです。
공부는 어렵지 않아요. 재밌어요.

 すごいですね。今も とても 上手ですよ。これ 以上の 勉強は 必要ないですよ。
대단하네요. 지금도 너무 잘해요. 이 이상의 공부는 필요 없어요.

 ❹_____。
아니에요, 전혀 잘하지 않아요.

✅ **けっこう : 꽤**
완전히 그렇지는 않지만 그런대로 충분하다는 뜻으로 써요.

学校 학교 · ~から ~에서[부터] · 駅 역 · ~まで ~까지 · けっこう 꽤 · 近い 가깝다 · 勉強 공부 · だから 그래서 · いっしょうけんめい 열심히 · 勉強中 공부 중 · すごい 대단하다 · 今 지금 · 上手です 잘해요 · これ以上 이 이상 · 必要ない 필요 없다

～かったです
～(았)습니다

POINT

い형용사의 정중체 과거형

い형용사의 어미 「い」를 떼고 「かったです」를 붙이면 '～(았)습니다'라는 과거형을 만들 수 있어요.

楽し~~い~~ → 楽しかったです
(たの)
즐겁다   즐거웠습니다

多~~い~~ → 多かったです
(おお)
많다   많았습니다

~~い~~い → よかったです
좋다   좋았습니다

暑~~い~~ → 暑かったです
(あつ)
덥다   더웠습니다

✓ 「いい(좋다)」의 과거형은 「いかったです」가 아니라 「よかったです」로 바뀌어요.

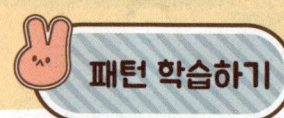 **패턴 학습하기** 오늘 배울 패턴이 들어간 문장을 학습해 봅시다.

1

とても 楽しかったです。

정말 즐거웠어요.

➕ 日本は とても 暑かったです。 일본은 정말 더웠어요.

テストは とても 難しかったです。 시험은 정말 어려웠어요.

2

もちろん かっこよかったです。

물론 멋있었어요.

✅ **かっこいい의 과거 표현**
'멋있다'라는 뜻의「かっこいい」도「いい(좋다)」와 마찬가지로 과거형이「かっこよかったです」로 바뀐다는 점, 주의하세요!

➕ 木村さんの 彼氏は かっこよかったです。 기무라 씨 남자 친구는 멋있었어요.

 단어

テスト 시험 ・ もちろん 물론 ・ かっこいい 멋있다 ・ 彼氏 남자 친구

3
スタイルも よかったですよ。
스타일도 좋았어요.

✓ **スタイルが いい : 몸매가 좋다**
한국에서 스타일이 좋다고 하면 '옷을 잘 입는다'는 뜻이지만 일본에서는 '몸매가 좋다'는 뜻으로 더 많이 쓰여요.

➕ 昨日は 天気が よかったです。 어제는 날씨가 좋았어요.

4
でも、人が とても 多かったです。
근데, 사람이 정말 많았어요.

✓ **でも : 그런데, 근데, 하지만, 그래도**
「でも」는 역접의 내용을 나타낼 때 쓰여요.

➕ その ラーメンは おいしかったです。でも、値段が とても 高かったです。
그 라멘은 맛있었어요. 근데 가격이 정말 비쌌어요.

スタイル 스타일 ・ でも 그런데, 근데, 하지만, 그래도 ・ 人 사람

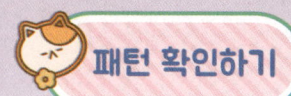 **패턴 확인하기**   실제 일본에서는 어떻게 쓰이는지 들어 보고, 빈칸에 알맞은 문장을 써 보세요.

유리: 木村さん、BTSの コンサートは どうでしたか。
기무라 씨, BTS의 콘서트는 어땠어요?

기무라: はい。❶ _____。
네, 정말 즐거웠어요.

유리: やっぱり、みんな イケメンでしたか。
역시, 모두 잘생겼나요?

기무라: ❷ _____。そうだ！ ❸ _____。
물론 멋있었어요. 맞다! 스타일도 좋았어요.

유리: へー。そうなんですね。
아하, 그렇군요.

기무라: ❹ _____。
근데, 사람이 정말 많았어요.

だから、ちょっと 人混みは あぶなかったですよ。
그래서, 좀 사람이 많은 건 위험했어요.

유리: え、そうでしたか。
아, 그랬군요.

✅ **そうなんですね : 그렇군요**
「そうですね」보다 강조된 표현으로, 상대방이 자신이 몰랐던 이야기를 해 줬을 때 맞장구로 자주 쓰는 표현이에요.

コンサート 콘서트 ・ やっぱり 역시 ・ みんな 모두 ・ イケメン 잘생긴 사람, 꽃미남
そうなんですね 그렇군요 ・ ちょっと 조금, 좀 ・ 人混み 사람이 많은 것, 붐빔, 북적임 ・ あぶない 위험하다

～くなかったです
～(하)지 않았습니다

POINT

い형용사의 정중체 과거부정형

い형용사의 어미 「い」를 떼고 「～くなかったです・くありませんでした」를 붙이면 '～(하)지 않았습니다'라는 과거부정형을 만들 수 있어요. 또 「～くなかったです」보다 「～くありませんでした」가 더 정중한 표현이에요.

たか
高い
높다

→ 高くなかったです
高くありませんでした
높지 않았습니다

いそが
忙しい
바쁘다

→ 忙しくなかったです
忙しくありませんでした
바쁘지 않았습니다

🍊 「いい(좋다)」의 과거부정형은 「いくなかったです」가 아니라 「よくなかったです」가 돼요.

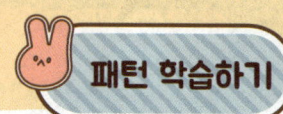 **패턴 학습하기** 오늘 배울 패턴이 들어간 문장을 학습해 봅시다.

1

前の 会社は こんなに 忙しくなかったですよ。
전 회사는 이렇게 바쁘지 않았어요.

✅ **명사+の+명사**
일본어로 '전 회사'를 말할 때 「前の 会社」처럼 중간에 「の」가 들어간다는 것을 잊지 마세요!

정도를 나타내는 표현
こんなに 이렇게, そんなに 그렇게, あんなに 저렇게

➕ 前の テストは こんなに 難しくなかったです。
전 시험은 이렇게 어렵지 않았어요.

この かき氷は そんなに おいしくなかったです。
이 빙수는 그렇게 맛있지 않았어요.

昔の 鈴木さんは あんなに 優しくなかったです。
옛날의 스즈키 씨는 저렇게 자상하지 않았어요.

 **단어**

前 전, 이전 · こんなに 이렇게 · そんなに 그렇게 · あんなに 저렇게 · 昔 옛날 · 優しい 자상하다

2

給料は 前の 会社の 方が 高くなかったですね。
급여는 전 회사 쪽이 높지 않았네요.

✓ **～の方 : ～(의) 쪽**
2가지 대상을 비교해서 말할 때 「～の 方」라는 표현을 써요. ※ p.239 참조

高い : 높다
앞에서 '비싸다'라는 뜻으로 「高い」가 나왔는데, 「高い」에는 '높다'라는 뜻도 있어요. 발음과 한자가 똑같아서 문맥에 따라 뜻을 판단해야 해요.

➕ コーヒーは そんなに 高くなかったです。 커피는 그렇게 비싸지 않았어요.

　その 山は あまり 高くなかったです。 그 산은 별로 높지 않았어요.

3

前は あまり おもしろくありませんでした。
전에는 별로 재밌지 않았어요.

✓ **前は : 전에는**
'～에'에 해당하는 일본어 조사는 「～に」지만 「前には」보다 「前は」가 자연스러운 표현이에요.

➕ 前は あまり 遠くありませんでした。 전에는 별로 멀지 않았어요.

給料 급여 ・ ～方 ~쪽 ・ 高い 높다, 비싸다 ・ 山 산 ・ おもしろい 재미있다

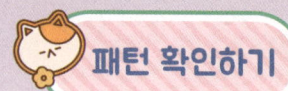 **패턴 확인하기** 실제 일본에서는 어떻게 쓰이는지 들어 보고, 빈칸에 알맞은 문장을 써 보세요. 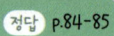 정답 p.84-85   MP3 039

스즈키
先輩！最近 忙しいですね。
선배! 최근 바쁘시네요.

다나카
とても 忙しいです。❶ _____ 。
정말 바빠요. 전 회사는 이렇게 바쁘지 않았어요.

そうでしたか。じゃ、給料は どうですか。
그랬군요. 그럼 급여는 어떤가요?

❷ _____ 。
급여는 전 회사 쪽이 높지 않았네요.

前の 仕事は もっと おもしろかったですか。
이전 일은 더 재밌었나요?

いいえ、❸ _____ 。
아니요, 전에는 별로 재밌지 않았어요.

そうでしたか。やっぱり どの 会社も いい 面と 悪い 面が ありますね。
그랬군요. 역시 어느 회사도 좋은 면과 안 좋은 면이 있네요.

勉強に なります。
공부가 됩니다.

 勉強に なります : 공부가 됩니다
「〜に なります」는 '〜이 됩니다'라는 뜻인데, 「勉強に なります」는 상대방에게 어떤 가르침을 받았을 때 자주 쓰이는 표현이에요.

先輩 선배 ・ じゃ 그럼 ・ もっと 더 ・ 面 면 ・ 悪い 나쁘다 ・ あります 있습니다 ・ 〜に なります 〜이[가] 됩니다

い형용사 4패턴

POINT | **い형용사의 4패턴 복습**

지금까지 い형용사의 4가지 패턴을 배웠어요. 잘 기억하고 있는지 점검하면서 단어를 바꿔 가며 4가지 패턴을 연습해 보도록 해요.

おいしい + 1패턴 です
맛있다   (합)니다

おいし~~い~~ + 2패턴 くないです
맛있다   くありません
                      (하)지 않습니다

         3패턴 かったです
                (했)습니다

         4패턴 くなかったです
                くありませんでした
                (하)지 않았습니다

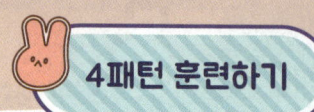 **4패턴 훈련하기** 예문을 바꿔가며 4패턴을 훈련해 보세요.

1

日本語の 勉強は
일본어 공부는

\+

難しいです。 — 어렵습니다.
難しくないです。 — 어렵지 않습니다.
難しかったです。 — 어려웠습니다.
難しくなかったです。 — 어렵지 않았습니다.

2

とても
매우

\+

寒いです。 — 춥습니다.
寒くないです。 — 춥지 않습니다.
寒かったです。 — 추웠습니다.
寒くなかったです。 — 춥지 않았습니다.

3

仕事は
일은

\+

忙しいです。 — 바쁩니다.
忙しくないです。 — 바쁘지 않습니다.
忙しかったです。 — 바빴습니다.
忙しくなかったです。 — 바쁘지 않았습니다.

日本語 일본어 · 勉強 공부 · 難しい 어렵다 · 寒い 춥다 · 仕事 일 · 忙しい 바쁘다

4
コンサートは
콘서트는

\+

楽(たの)しいです。　　　　　즐겁습니다.
楽しくないです。　　　　즐겁지 않습니다.
楽しかったです。　　　　즐거웠습니다.
楽しくなかったです。　　즐겁지 않았습니다.

5
仕事(しごと)は
일은

\+

おもしろいです。　　　　　재미있습니다.
おもしろくないです。　　　재미있지 않습니다.
おもしろかったです。　　　재미있었습니다.
おもしろくなかったです。 재미있지 않았습니다.

6
天気(てんき)は
날씨는

\+

いいです。　　　　　　좋습니다.
よくないです。　　　　좋지 않습니다.
よかったです。　　　　좋았습니다.
よくなかったです。　　좋지 않았습니다.

✅ 「いい」의 활용
「いい(좋다)」의 부정형, 과거형, 과거부정형 활용은 다른 い형용사와 다르다는 점, 주의하세요!

コンサート 콘서트 ・ 楽(たの)しい 즐겁다 ・ おもしろい 재미있다 ・ 天気(てんき) 날씨 ・ いい 좋다

 **4패턴 응용하기** 4패턴을 응용하면 질문, 대답을 쉽게 만들 수 있어요~!

질문 その 財布は 安いですか。
그 지갑은 저렴합니까?

대답 はい、安いです。
네, 저렴합니다.

いいえ、安くないです。高いです。
아니요, 저렴하지 않습니다. 비쌉니다.

질문 昨日は 暑かったですか。
어제는 더웠습니까?

대답 はい、暑かったです。
네, 더웠습니다.

いいえ、暑くなかったです。涼しかったです。
아니요, 덥지 않았습니다. 시원했습니다.

財布 지갑 ・ 安い 싸다, 저렴하다 ・ 高い 비싸다 ・ 昨日 어제 ・ 暑い 덥다 ・ 涼しい 시원하다

～です
～(합)니다

POINT

な형용사의 정중체 현재긍정형

일본어 형용사는 형태에 따라 2가지로 분류된다고 했는데, 이번에는 기본형이 だ로 끝나는 'な형용사'에 대해서 공부할 거예요. な형용사의 어미 「だ」를 떼고 「です」를 붙이면 '～(합)니다'라는 정중한 표현이 돼요.

好き~~だ~~ → 好きです
좋아하다 → 좋아합니다

素敵~~だ~~ → 素敵です
멋있다 → 멋있습니다

上手~~だ~~ → 上手です
잘하다 → 잘합니다

有名~~だ~~ → 有名です
유명하다 → 유명합니다

な형용사는 명사를 꾸밀 때 어미 「だ」가 「な」로 바뀌기 때문에 'な형용사'라고 불러요.

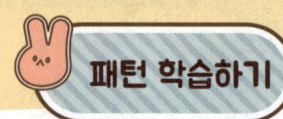 **패턴 학습하기** 오늘 배울 패턴이 들어간 문장을 학습해 봅시다.

1

「愛の 不時着」が 一番 好きです。

'사랑의 불시착'을 제일 좋아해요.

✓ **〜が 好きだ : 〜을[를] 좋아하다**
'을[를]'에 해당하는 일본어 조사는 「を」지만, 「好きだ」 앞에는 조사 「が」가 와요.

➕ ドラマが 一番 好きです。 드라마를 제일 좋아해요.
　BTSが 一番 好きです。 BTS를 제일 좋아해요.

2

ヒョンビンが とても 素敵です。

현빈이 정말 멋있어요.

➕ 彼は とても 有名です。 그는 정말 유명해요.
　彼女は とても きれいです。 그녀는 정말 예뻐요.

 愛 사랑 · 不時着 불시착 · 一番 제일 · 好きだ 좋아하다 · ドラマ 드라마 · ヒョンビン 현빈 · 素敵だ 멋있다 · 有名だ 유명하다 · きれいだ 예쁘다

3

とても ハンサムですよ。

정말 잘생겼어요.

✓ **な형용사가 된 외래어**
외래어 중 な형용사 활용을 하는 단어가 있어요. handsome → ハンサムだ (잘생기다)
한국어에서도 '나이스하다', '스위트하다'라고 하는 것과 마찬가지예요.

➕ 彼は とても クールです。 그는 정말 쿨해요.

4

それに 演技が 上手な 人です。

게다가 연기를 잘하는 사람이에요.

✓ **～が 上手だ : ～을[를] 잘하다**
능력을 나타내는 형용사 앞에도 조사 「～が」가 와요. 한국어로는 '～을[를] 잘하다'지만 일본어에서는 「～が 上手だ」가 된다는 점, 주의하세요!

な형용사의 명사 수식
명사 앞에 な형용사가 올 때는 어미 「だ」를 떼고 「な」를 붙여요.
上手だ (잘하다) + 人 (사람) → 上手な 人 (잘하는 사람)

➕ ここは 有名な 会社です。 이곳은 유명한 회사예요.

ハンサムだ 잘생기다 · クールだ 쿨하다 · 演技 연기 · 上手だ 잘하다

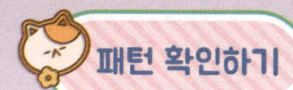 **패턴 확인하기** 실제 일본에서는 어떻게 쓰이는지 들어 보고, 빈칸에 알맞은 문장을 써 보세요. 정답 p.92-93

 유리
木村さん、韓国の ドラマの 中で 何が 一番 好きですか。
기무라 씨, 한국 드라마 중에 뭘 제일 좋아하세요?

 기무라
❶ _____
'사랑의 불시착'을 제일 좋아해요.

どうして その ドラマが 好きですか。
왜 그 드라마를 좋아하세요?

ストーリーが とても 感動的です。
스토리가 정말 감동적이에요.

そうですか。じゃあ、俳優の 中では 誰が 一番 好きですか。
그렇군요. 그럼 배우 중에서는 누구를 가장 좋아하나요?

❷ _____
현빈이 정말 멋있어요.

ヒョンビンが そんなに ハンサムですか。
현빈이 그렇게 잘생겼나요?

❸ _____
정말 잘생겼어요.

❹ _____
게다가 연기를 잘하는 사람이에요.

 선택 질문
'~중에서 무엇을 좋아하는지' 물어볼 때 「~の 中で 何[誰]が 一番 好きですか。(~중에 무엇[누구]을 가장 좋아합니까?)」라는 표현을 써요. 참고로 2가지 대상을 비교해서 물어볼 때는 「Aと Bと どちらが 好きですか。(A와 B 중 어느 쪽을 좋아합니까?)」라는 표현을 써요.

 단어

~の 中で ~중에(서) · どうして 왜 · ストーリー 스토리 · 感動的 감동적 · 俳優 배우 · そんなに 그렇게 · どちら 어느 쪽

～じゃないです
～(하)지 않습니다

POINT

な형용사의 정중체 현재부정형

な형용사의 어미 「だ」를 떼고 「じゃないです・じゃありません・ではないです・ではありません」을 붙이면 '~(하)지 않습니다'라는 뜻의 부정형을 만들 수 있어요.

好きだ → 好きじゃないです
좋아하다　　好きじゃありません
　　　　　　好きではないです
　　　　　　好きではありません
　　　　　　좋아하지 않습니다

 이 4가지 패턴도 명사의 부정형처럼 じゃないです＜じゃありません＜ではないです＜ではありません 순서로 정중한 정도가 높아져요.

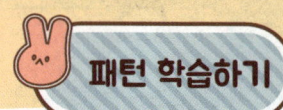 **패턴 학습하기** 오늘 배울 패턴이 들어간 문장을 학습해 봅시다.

1

運動は あまり 得意じゃありません。

운동은 별로 잘하지 못해요.

➕ ここは あまり 静かじゃありません。 여기는 별로 조용하지 않아요.
　彼は あまり まじめじゃありません。 그는 별로 성실하지 않아요.

2

だから 運動は あまり 好きじゃないですね。

그래서 운동은 별로 좋아하지 않아요.

➕ この ケータイは 古いです。だから あまり 便利じゃないです。
　이 휴대폰은 오래됐어요. 그래서 별로 편리하지 않아요.

 **단어**

運動 운동 ・ 得意だ 잘하고 자신이 있다 ・ 静かだ 조용하다 ・ まじめだ 성실하다 ・ ケータイ 휴대폰 ・
古い 낡다, 오래되다 ・ 便利だ 편리하다

3

テニスは 嫌いではないです。

테니스는 싫어하지 않아요.

➕ 英語は 得意ではないです。 영어는 잘하지 않아요.
　大丈夫ではないです。 괜찮지 않아요.

4

やっぱり 何事も 簡単ではありません。

역시 어떤 것도 간단하진 않아요.

➕ そんなに 不便ではありません。 그렇게 불편하지 않아요.
　何事も 楽ではありません。 어떤 것도 편하지 않아요.

テニス 테니스 ・ 嫌いだ 싫어하다 ・ 大丈夫だ 괜찮다 ・ 何事 어떤 것, 어떤 일 ・ 簡単だ 간단하다, 쉽다 ・
不便だ 불편하다 ・ 楽だ 편하다

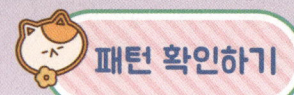 **패턴 확인하기** 실제 일본에서는 어떻게 쓰이는지 들어 보고, 빈칸에 알맞은 문장을 써 보세요. p.96-97

스즈키

ユリさん、運動が得意ですか。
유리 씨, 운동을 잘하나요?

유리

いいえ、❶ _____。鈴木さんは？
아니요, 운동은 별로 잘하지 못해요. 스즈키 씨는요?

私も 得意じゃありません。
저도 잘하지 못해요.

❷ _____。
그래서 운동은 별로 좋아하지 않아요.

でも、鈴木さんは テニスが 上手じゃないですか。
그래도, 스즈키 씨는 테니스를 잘하잖아요.

そうですね。❸ _____。
그렇네요. 테니스는 싫어하지 않아요.

❹ _____。
역시 어떤 것도 간단하진 않아요.

✅ **得意だ・上手だ : 잘하다**
이 대화에서 '잘하다'라는 뜻으로 「得意だ」와 「上手だ」가 나왔는데 「得意だ」는 자신이나 다른 사람이 잘하는 것에 대해서 이야기할 때, 「上手だ」는 다른 사람을 칭찬할 때 쓰는 표현이에요.

「〜じゃないですか」의 2가지 의미
「〜じゃないですか」는 억양에 따라 2가지 의미로 쓸 수 있어요. 문장 끝을 올려서 말하면 '〜하지 않아요?'라는 질문의 뜻이 되고, 문장 끝을 내리면 '〜하잖아요'라고 상대방에게 확인하거나 동의를 구하는 뜻이 돼요.

そうですね 글쎄요, 그렇네요, 그렇군요

～でした
～(했)습니다

POINT

な형용사의 정중체 과거형

「な형용사+です」를 「な형용사+でした」로 바꾸면 과거형이 돼요.

ハンサムです → ハンサムでした
잘생겼습니다   잘생겼었습니다

好(す)きです → 好きでした
좋아합니다   좋아했습니다

上手(じょうず)です → 上手でした
잘합니다   잘했습니다

まじめです → まじめでした
성실합니다   성실했습니다

✓ な형용사의 어미 「だ」를 뗀 형태가 명사형이기 때문에 な형용사의 활용은 명사 활용과 비슷해요.

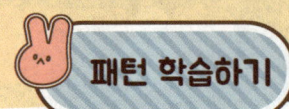 **패턴 학습하기** 오늘 배울 패턴이 들어간 문장을 학습해 봅시다.

1

ハンサムでした。そして、キュートでした。

잘생겼었어요. 그리고, 귀여웠어요.

✅ **そして : 그리고**
앞에 나온 사항에 무언가를 추가할 때「そして」라는 접속사를 써요. 한국어 '그리고'와 같은 역할을 해요.

➕ 彼女は 親切でした。そして、きれいでした。 그녀는 친절했어요. 그리고 예뻤어요.

2

彼は 何が 上手でしたか。

그는 뭘 잘했나요?

✅ **～が 上手です : ~을 잘합니다**
'을[를]'에 해당하는 일본어 조사는「を」이지만, '호불호'나 '능력'을 나타내는 な형용사「好きだ (좋아하다), 嫌いだ (싫어하다), 上手だ (잘하다), 下手だ (서툴다)」앞에는 조사「が」를 써요.

➕ 日本語が 上手でした。 일본어를 잘했어요.

 단어

そして 그리고 ・ キュートだ 귀엽다 ・ 親切だ 친절하다 ・ 下手だ 못하다, 서툴다

3

野球が 上手でした。
야구를 잘했어요.

✅ **上手い vs 上手だ**
앞에서 배운 「上手い」와 이번에 나온 「上手だ」는 둘 다 '잘하다'라는 뜻이지만 「上手い」는 회화에서 많이 쓰는 표현이에요. 또 두 단어는 한자는 같지만 활용도 다르고 읽는 법도 다르다는 것에 주의하세요!

➕ テニスが 上手でした。 테니스를 잘 쳤어요.

テニスが 上手かったです。 테니스를 잘 쳤어요.

(※い형용사 「上手い」의 과거형)

4

優しい 部分が 好きでした。そして、まじめでした。
자상한 부분을 좋아했어요. 그리고 성실했어요.

➕ きびしい 社長が 嫌いでした。そして、仕事も 嫌でした。
엄격한 사장님을 싫어했어요. 그리고 일도 싫었어요.

✅ 「嫌いだ」와 「嫌だ」는 비슷해 보이지만 의미가 달라요. 「嫌いだ」는 상시적으로 싫어하는 것에 대해서 쓰고 반대말은 「好きだ(좋아하다)」예요. 「嫌だ」는 조건이나 상황에 따라서 거부하고 싶은 마음이 바뀔 수 있고 반대말은 「いい(좋다)」예요.

野球 야구 · **部分** 부분, 점 · **きびしい** 엄격하다 · **嫌だ** 싫다

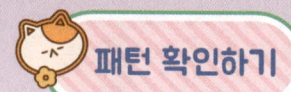 **패턴 확인하기** 실제 일본에서는 어떻게 쓰이는지 들어 보고, 빈칸에 알맞은 문장을 써 보세요. 정답 p.100-101

 ユリさん、元カレは どんな 人でしたか。
다나카 유리 씨, 전 남자 친구는 어떤 사람이었나요?

 昔の 彼氏…?
유리 전 남자 친구…?

❶ _____。
잘생겼었어요. 그리고, 귀여웠어요.

❷ _____。
그는 뭘 잘했나요?

❸ _____。彼は 運動が 得意な 人でしたね。
야구를 잘했어요. 그는 운동을 잘하는 사람이었어요.

 彼の どんな 部分が 好きでしたか。
그의 어떤 부분을 좋아했나요?

❹ _____。
자상한 부분을 좋아했어요. 그리고 성실했어요.

 それは、ラッキーでしたね。
그건, 운이 좋았네요.

 元カレ : 전 남친
「元」는 '원래, 전, 이전', 「彼氏」는 '남자 친구'라는 뜻인데 「元カレ」는 '전 남자 친구'를 줄인 말이에요. 참고로 '전 여자 친구'는 「元カノ」라고 해요.

得意だ : 잘하고 자신이 있다
「勉強(공부)」나 「運動(운동)」는 「上手だ」가 아니라 「得意だ」와 함께 써요.
勉強が 得意でした。 공부를 잘했어요. (勉強が 上手でした。 ×)
運動が 得意でした。 운동을 잘했어요. (運動が 上手でした。 ×)

 단어

元カレ 전 남친 ・ どんな 어떤 ・ ラッキーだ 운이 좋다

～じゃなかったです
～(하)지 않았습니다

POINT

な형용사의 정중체 과거부정형

な형용사의 어미 「だ」를 떼고 「じゃなかったです・じゃありませんでした・ではなかったです・ではありませんでした」를 붙이면 '～(하)지 않았습니다'라는 과거부정형을 만들 수 있어요.

便利~~だ~~
편리하다
→
便利じゃなかったです
便利じゃありませんでした
便利ではなかったです
便利ではありませんでした
편리하지 않았습니다

✓ 명사의 과거부정형과 마찬가지로 じゃなかったです < じゃありませんでした < ではなかったです < ではありませんでした 순서로 정중한 정도가 높아져요.

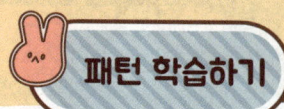

패턴 학습하기
오늘 배울 패턴이 들어간 문장을 학습해 봅시다.

1

こうつう べんり
交通が 便利じゃありませんでした。
교통이 편리하지 않았어요.

➕ べんきょう す
勉強が 好きじゃありませんでした。 공부를 좋아하지 않았어요.
きのう ひま
昨日は 暇じゃありませんでした。 어제는 한가하지 않았어요.

2

へや ぜんぜん しず
部屋が 全然 静かじゃなかったです。
방이 전혀 조용하지 않았어요.

➕ えいご とくい
英語は 全然 得意じゃなかったです。 영어는 전혀 잘하지 않았어요.
しごと たいへん
仕事は 全然 大変じゃなかったです。 일은 전혀 힘들지 않았어요.

こうつう　　　　　ひま　　　　　　　　へや
交通 교통 ・ 暇だ 한가하다 ・ 部屋 방

104

3

店員は あまり 親切じゃありませんでした。

점원은 별로 친절하지 않았어요.

➕ 運動は あまり 好きじゃありませんでした。 운동은 별로 좋아하지 않았어요.

　その 俳優は あまり 有名じゃありませんでした。 그 배우는 별로 유명하지 않았어요.

4

ベッドも あまり 楽じゃなかったです。

침대도 별로 편하지 않았어요.

➕ テストは あまり 簡単じゃなかったです。 시험은 별로 간단하지 않았어요.

　昔は あまり まじめじゃなかったです。 옛날에는 별로 성실하지 않았어요.

店員 점원 ・ ベッド 침대

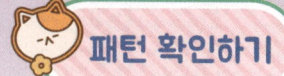 **패턴 확인하기** 실제 일본에서는 어떻게 쓰이는지 들어 보고, 빈칸에 알맞은 문장을 써 보세요. 정답 p.104-105

스즈키
先輩、この前の 旅行は どうでしたか。
선배, 지난번 여행은 어떠셨어요?

다나카
❶ _____ 。
교통이 편리하지 않았어요.

ホテルは どうでしたか。
호텔은 어땠나요?

❷ _____ 。
방이 전혀 조용하지 않았어요.

ホテルの 店員は どうでしたか。
호텔의 점원은 어땠어요?

❸ _____ 。
점원은 별로 친절하지 않았어요.

そうだ！ ❹ _____ 。
맞다! 침대도 별로 편하지 않았어요.

そうでしたか。それは 大変な 旅行でしたね。
그랬군요. 무척 힘든 여행이었네요.

この前 지난번 · 旅行 여행 · ホテル 호텔

106

な형용사 4패턴

POINT

な형용사의 4패턴 복습

지금까지 な형용사의 4가지 패턴을 배웠어요. 잘 기억하고 있는지 점검하면서 단어를 바꿔 가며 4가지 패턴을 연습해 보도록 해요.

きれいだ +
예쁘다

- 1패턴 です
  (합)니다

- 2패턴 じゃ[では]ないです
  じゃ[では]ありません
  (하)지 않습니다

- 3패턴 でした
  (했)습니다

- 4패턴 じゃ[では]なかったです
  じゃ[では]ありませんでした
  (하)지 않았습니다

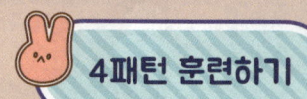 **4패턴 훈련하기** 예문을 바꿔가며 4패턴을 훈련해 보세요.

1
彼女は
그녀는

+

きれいです。 예쁩니다.
きれいじゃないです。 예쁘지 않습니다.
きれいでした。 예뻤습니다.
きれいじゃなかったです。 예쁘지 않았습니다.

2
日本語が
일본어를

+

上手です。 잘합니다.
上手じゃないです。 잘하지 않습니다.
上手でした。 잘했습니다.
上手じゃなかったです。 잘하지 않았습니다.

✔ **～が 上手だ : ～을 잘하다**
「上手だ」 앞에는 조사 「が」가 온다는 점, 주의하세요!

3
この 店は
이 가게는

+

有名です。 유명합니다.
有名じゃないです。 유명하지 않습니다.
有名でした。 유명했습니다.
有名じゃなかったです。 유명하지 않았습니다.

 단어

彼女 그녀, 여자 친구 ・ きれいだ 예쁘다, 깨끗하다 ・ 上手だ 잘하다 ・ 店 가게 ・ 有名だ 유명하다

4

仕事は
일은

+

大変です。	힘듭니다.
大変じゃないです。	힘들지 않습니다.
大変でした。	힘들었습니다.
大変じゃなかったです。	힘들지 않았습니다.

5

運動が
운동을

+

好きです。	좋아합니다.
好きじゃないです。	좋아하지 않습니다.
好きでした。	좋아했습니다.
好きじゃなかったです。	좋아하지 않았습니다.

✅ **～が 好きだ : ～을 좋아하다**
「好きだ」 앞에는 조사 「が」가 온다는 점, 주의하세요!

6

テストは
시험은

+

簡単です。	간단합니다.
簡単じゃないです。	간단하지 않습니다.
簡単でした。	간단했습니다.
簡単じゃなかったです。	간단하지 않았습니다.

大変だ 힘들다 · 運動 운동 · 好きだ 좋아하다 · テスト 테스트, 시험 · 簡単だ 간단하다, 쉽다

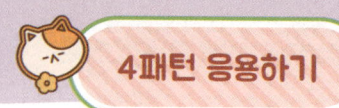

4패턴을 응용하면 질문, 대답을 쉽게 만들 수 있어요~!

질문 田中さんは まじめですか。
다나카 씨는 성실합니까?

대답 はい、まじめです。
네, 성실합니다.

いいえ、まじめじゃないです。
아니요, 성실하지 않습니다.

질문 バスは 不便じゃなかったですか。
버스는 불편하지 않았습니까?

대답 はい、不便でした。
네, 불편했습니다.

いいえ、とても 便利でした。
아니요, 매우 편리했습니다.

まじめだ 성실하다 ・ バス 버스 ・ 不便だ 불편하다 ・ 便利だ 편리하다

동사의 종류와 동사의 ます형

POINT

동사의 정중체 (존댓말) 현재긍정형

일본어 동사는 기본형이 모두 う단으로 끝나는 것이 특징이고 활용에 따라 3가지 그룹으로 나눌 수 있어요. 'ます형'이란 동사 활용 종류 중 하나로 '~(합)니다'라는 뜻을 가진 「~ます」가 연결될 때의 동사의 형태를 말해요.

✓ 불규칙 활용을 하는 3그룹 동사는 「する(하다)」와 「来る(오다)」 딱 두 개밖에 없어요. 활용 형태를 그냥 외워 두세요.

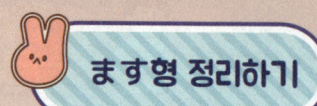

ます형 정리하기

그룹별 ます형 변형에 대해 학습하고, 예문을 보며 훈련해 보세요.

〈동사의 종류〉

❋ 동사의 종류는 3가지로 나뉘는데 그 종류를 구분하는 방법은 다음과 같아요.

	동사의 형태	동사 예
1그룹	어미가 「る」로 끝나지 않는 모든 동사	書く 쓰다, 飲む 마시다, 遊ぶ 놀다
	어미가 「る」로 끝난 동사 중, 「る」 앞의 음이 あ・う・お단인 동사	終わる 끝나다, 作る 만들다, 乗る 타다
	예외 동사 (2그룹 같은 형태지만 1그룹인 동사)	帰る 귀가하다, 入る 들어가다, 走る 달리다, 切る 자르다, 知る 알다
2그룹	어미가 「る」로 끝난 동사 중, 「る」 앞의 음이 い・え단인 동사	見る 보다, 食べる 먹다, 教える 가르치다
3그룹	불규칙 동사	来る 오다, する 하다 ※ 두 단어뿐이에요.

〈동사의 ます형 접속 방법〉

❋ **1그룹 동사의 ます형** 어미 う단을 い단으로 바꾸고 「ます」를 붙여요.

어미 う단 → い단+ます	行く 가다	→	行きます 갑니다
	飲む 마시다	→	飲みます 마십니다
	遊ぶ 놀다	→	遊びます 놉니다
	終わる 끝나다	→	終わります 끝납니다
	作る 만들다	→	作ります 만듭니다
	乗る 타다	→	乗ります 탑니다
예외 동사	帰る 귀가하다	→	帰ります 귀가합니다

❋ **2그룹 동사의 ます형** 어미「る」를 떼고「ます」를 붙여요.

る 떼고 ます	見る 보다 → 見ます 봅니다 食べる 먹다 → 食べます 먹습니다

❋ **3그룹 동사의 ます형** 불규칙 활용이니까 그대로 외우세요.

불규칙	来る 오다 → 来ます 옵니다 する 하다 → します 합니다

예문

예문		원형
学校に 行きます。 학교에 갑니다.	✓ 장소+「に」는 '~에'에 해당하는 조사예요.	行く 가다
コーヒーを 飲みます。 커피를 마십니다.	✓ 「を」는 '~을[를]'에 해당하는 조사예요.	飲む 마시다
今日は バイトを します。 오늘은 아르바이트를 합니다.		する 하다
日本語を 教えます。 일본어를 가르칩니다.		教える 가르치다
野球を 見ます。 야구를 볼 겁니다.		見る 보다
明日は お菓子を 作ります。 내일은 과자를 만들 겁니다.	✓ 미래를 나타내는 단어와 함께 써서 현재의 일뿐만 아니라 가까운 미래에 대해서도 ます형으로 표현할 수 있어요.	作る 만들다

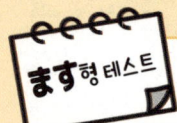 **ます형 테스트** 배운 내용을 잘 생각해 보며 아래 동사의 그룹과 ます형을 써 보세요.

동사	그룹	ます형
예) 乗る 타다	1그룹	乗ります
1. 飲む 마시다		
2. 寝る 자다		
3. 行く 가다		
4. 食べる 먹다		
5. する 하다		
6. 遊ぶ 놀다		
7. 見る 보다		
8. 来る 오다		
9. 読む 읽다		
10. 教える 가르치다		

정답 ① 1그룹, 飲みます ② 2그룹, 寝ます ③ 1그룹, 行きます ④ 2그룹, 食べます ⑤ 3그룹, します
⑥ 1그룹, 遊びます ⑦ 2그룹, 見ます ⑧ 3그룹, 来ます ⑨ 1그룹, 読みます ⑩ 2그룹, 教えます

～ます
～(합)니다

동사의 정중체 현재긍정형

「동사의 ます형 + ます」는 '～(합)니다'라는 뜻이고 정중한 표현이에요. 현재의 상태, 습관, 가까운 미래의 예정이나 의지를 나타내요.

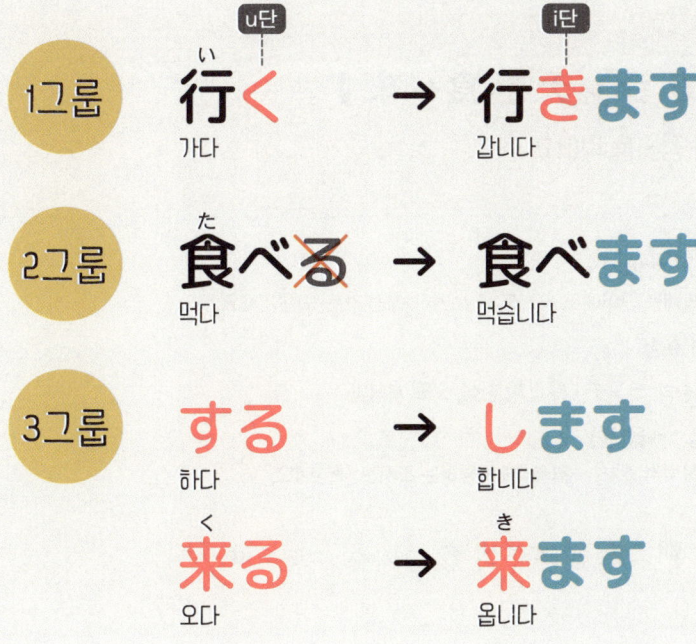

✓ 일본어에서는 현재형으로 미래의 표현도 할 수 있어요. 미래형이 따로 없어요.

 **패턴 학습하기** 오늘 배울 패턴이 들어간 문장을 학습해 봅시다.

1

平日は 大学に 行きます。

평일엔 대학교에 가요.

✓ **장소 + に : ~에**
장소를 나타내는 단어에 조사 「に」를 쓰면 '~에'라는 표현이 돼요.

➕ 海に 行きます。 바다에 가요.

2

食堂で ランチを 食べます。

식당에서 점심을 먹어요.

✓ **조사 「で」: ~에서**
장소를 나타내는 단어에 조사 「で」를 쓰면 '~에서'라는 표현이 돼요.

식사 관련 표현
朝ご飯 아침밥, ランチ・昼ご飯 점심, 夕飯 저녁밥

조사 「を」: ~을[를]
우리말의 목적격 조사 '~을[를]'에 해당하는 조사는 「を」예요.

➕ 会社で 朝ご飯を 食べます。 회사에서 아침을 먹어요.

 단어

大学 대학, 대학교 • ~に ~에 • 行く 가다 • 食堂 식당 • ~で ~에서 • ランチ 런치 • ~を ~을[를] • 食べる 먹다 • 朝ご飯 아침밥 • 昼ご飯 점심밥 • 夕飯 저녁밥

3
グラウンドを 走(はし)り**ます**。
운동장을 뛰어요.

✅ **1그룹 동사 「走(はし)る」**
「走る(뛰다, 달리다)」는 형태는 2그룹처럼 보이지만 1그룹 동사예요. 활용에 주의하세요! 자주 쓰는 동사 중에 「帰(かえ)る(돌아가다, 돌아오다)」도 2그룹처럼 보이지만 1그룹 활용을 하는 동사예요.

～を 走る vs ～で 走る
「走る(뛰다)」 앞에는 「を(을[를])」와 「で(에서)」 2가지 조사를 쓸 수 있어요. 「～を 走る」에는 어떤 장소에 머무르지 않고 거기를 '지나가다'는 뉘앙스가 있고, 「～で 走る」에는 특정 장소에서 뛴다는 뉘앙스가 있어요.

➕ 家(いえ)に 帰(かえ)り**ます**。 집에 돌아가요.

4
彼女(かのじょ)**と** デートを し**ます**。
여자 친구와 데이트를 해요.

✅ **조사 「と」: ～와[과], ～랑, ～하고**
'～와[과], ～랑, ～하고'에 해당하는 일본어 조사는 「と」예요.

➕ 友(とも)だち**と** 勉強(べんきょう)を し**ます**。 친구와 공부를 해요.
先輩(せんぱい)は 明日(あした) 来(き)**ます**。 선배는 내일 와요.

グラウンド 운동장 ・ 走(はし)る 뛰다 ・ 家(いえ) 집 ・ 帰(かえ)る 돌아가다, 돌아오다 ・ ～と ～와, ~랑 ・ デート 데이트 ・ する 하다 ・ 来(く)る 오다

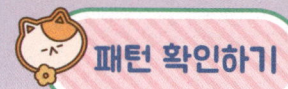 **패턴 확인하기** 실제 일본에서는 어떻게 쓰이는지 들어 보고, 빈칸에 알맞은 문장을 써 보세요. 정답 p.116-117 MP3 044

 유리
鈴木さんは、普段、平日は 何を しますか。
스즈키 씨는 평소에 평일에는 뭘 하나요?

 스즈키
❶ _____。
평일엔 대학교에 가요.

お昼は 何を しますか。
낮에는 뭘 하나요?

❷ _____。
식당에서 점심을 먹어요.

その後は 何を しますか。
그 다음엔 뭘 하나요?

❸ _____。
운동장을 뛰어요.

では、週末は 何を しますか。
그럼, 주말에는 뭘 하나요?

❹ _____。
여자 친구와 데이트를 해요.

はい。インタビュー ありがとう ございました。以上です～。
네. 인터뷰 감사합니다. 이상입니다.

なんだ！もう 終わり？つまんない。
뭐야! 벌써 끝? 재미없어.

 동사 ます형+ますか : ~합니까?
「ます」 뒤에 「か」를 붙이면 의문형을 만들 수 있어요.

普段 평소 • お昼 낮 • その後 그 다음 • 週末 주말 • インタビュー 인터뷰 • 以上 이상 • もう 벌써 •
終わり 끝 • つまんない 재미없어, 시시해 (つまらない의 변형, 회화에서 사용함)

〜ません
〜(하)지 않습니다

POINT

동사의 정중체 현재부정형

「동사 ます형+ません」은 '〜(하)지 않습니다'라는 뜻이에요. 현재 상태나 평소 습관 뿐만 아니라 미래의 예정, 의향을 나타낼 때 쓸 수 있어요. 그때는 '〜(하)지 않을 거예요'라고 해석할 수 있어요.

✅ 「ません」은 「ます」의 부정형이에요.

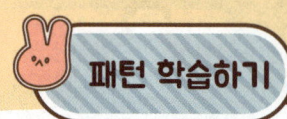 **패턴 학습하기** 오늘 배울 패턴이 들어간 문장을 학습해 봅시다.

1

毎日は 作りませんね。

매일은 만들지 않네요.

✅ **한정을 나타내는 조사 「は」**
'은[는]'에 해당하는 조사 「は」에는 한정을 나타내는 역할도 있어요.
毎日は 作りませんね。 (가끔은 요리를 만들지만) 매일은 만들지 않네요.

종조사 「ね」: ~네요
여러 뜻이 있지만 여기서는 '~네요' 또는 '~ 것 같아요'의 뜻으로 자신의 의견을 부드럽게 표현하는 역할로 쓰였어요.

➕ 料理は 作りませんね。 (다른 일은 하지만) 요리는 만들지 않네요.

2

よく 知りません。

잘 몰라요.

✅ **よく vs あまり**
「よく(잘)」는 긍정문, 부정문에 모두 쓸 수 있지만 「知る(알다)」「わかる(알다, 이해하다)」 외의 동사의 부정문에는 「あまり(별로)」를 사용하는 것이 더 자연스러워요.

➕ 日本語は よく 知りません。 일본어는 잘 몰라요.
　 お酒は あまり 飲みません。 술은 잘 마시지 않아요.

 **단어**

毎日 매일 · 作る 만들다 · 料理 요리 · よく 잘 · 知る 알다 · わかる 알다, 이해하다 · お酒 술 · 飲む 마시다

3

今は しま**せん**。

지금은 안 해요.

➕ **料理は し**ま**せん**。 요리는 안 해요.
運動は しま**せん**。 운동은 안 해요.
彼は 来ま**せん**。 그는 오지 않아요.

4

ミルクは 入れま**せん**。

우유는 넣지 않아요.

➕ **砂糖は 入れ**ま**せん**。 설탕은 넣지 않아요.

ミルク 우유 ・ 入れる 넣다 ・ 砂糖 설탕

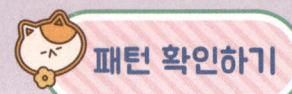 **패턴 확인하기** 실제 일본에서는 어떻게 쓰이는지 들어 보고, 빈칸에 알맞은 문장을 써 보세요. 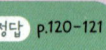 정답 p.120-121 MP3 045

 기무라
田中さん、買い物ですか。夕飯は 毎日 作りますか。
다나카 씨, 장 보고 오셨어요? 저녁밥은 매일 만드나요?

 다나카
いいえ、❶ _____。
아니요, 매일은 만들지 않네요.

最近は みんな、デリバリーアプリを よく 使いますよ。とても 楽です。
최근엔 모두 배달 앱을 자주 써요. 굉장히 편해요.

そうですか。僕、実は デリバリーアプリの ことは ❷ _____。
그렇군요. 저는 사실 배달 앱에 대한 건 잘 몰라요.

じゃ、私が 教えますよ。今、時間 大丈夫ですか。
그럼, 제가 알려 드릴게요. 지금 시간 괜찮나요?

もしかして、今から 料理しますか。
혹시 지금부터 요리하세요?

大丈夫です。❸ _____。
괜찮아요. 지금은 안 해요.

木村さん、紅茶に ミルク 入れますか。
기무라 씨, 홍차에 우유 넣으시나요?

いいえ、❹ _____。そのままで いいです。
아니요, 우유는 넣지 않아요. 그대로 괜찮아요.

✅ **연체사+まま : ~대로**
このまま 이대로, そのまま 그대로, あのまま 저대로

買い物 장보기, 쇼핑 ・ みんな 모두 ・ デリバリーアプリ 배달 앱 ・ 使う 사용하다, 쓰다 ・ 実は 사실은 ・
教える 가르치다 ・ もしかして 혹시 ・ 今から 지금부터 ・ 時間 시간 ・ 紅茶 홍차 ・ そのまま 그대로 ・
このまま 이대로 ・ あのまま 저대로

～ました
～(했)습니다

POINT

동사의 정중체 과거형

「동사 ます형+ました」는 '～(했)습니다'라는 뜻이에요.

1그룹	行く (가다) [u단]	→	行きました (갔습니다) [i단]
2그룹	かける (걸다)	→	かけました (걸었습니다)
3그룹	する (하다)	→	しました (했습니다)
	来る(く) (오다)	→	来(き)ました (왔습니다)

✅ 「ました」은 「ます」의 과거형이에요.

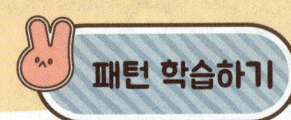 **패턴 학습하기** 오늘 배울 패턴이 들어간 문장을 학습해 봅시다.

1

彼女と 連絡が できましたか。
여자 친구랑 연락이 됐나요?

✓ **できる : 되다**
連絡が できる 연락이 되다

동사 과거의문형 : ～ましたか
동사 과거형「～ました」뒤에「か」를 붙이면 과거의문형이 돼요.

➕ 準備 できましたか。 준비 됐나요?

2

電話を かけました。
전화를 걸었어요.

✓ **かける : 걸다**
「かける」에는 여러 가지 뜻이 있는데, 우리말의 '걸다'는 대체로「かける」로 표현할 수 있어요.

➕ コートを かけました。 코트를 걸었어요.

　ブレーキを かけました。 브레이크를 걸었어요.

連絡 연락 ・ できる 되다 ・ 準備 준비 ・ 電話 전화 ・ かける 걸다 ・ コート 코트 ・ ブレーキ 브레이크

3

彼女を 待ちましたか。

그녀를 기다렸나요?

➕ お母さんを 待ちましたか。 어머니를 기다렸나요?

4

彼女の 家には 行きましたか。

그녀의 집에는 갔나요?

✅ ~には : ~에는
한국어와 마찬가지로 일본어도 조사를 조합해서 쓸 수 있어요.
장소 + に(에) + は(은[는]) → ~には(~에는)

➕ 会社には 行きましたか。 회사에는 갔나요?

待つ 기다리다 · お母さん 엄마, 어머니 · ~には ~에는

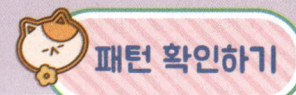 **패턴 확인하기** 실제 일본에서는 어떻게 쓰이는지 들어 보고, 빈칸에 알맞은 문장을 써 보세요.  정답 p.124-125

유리
鈴木さん、❶ _____。
스즈키 씨, 여자 친구랑 연락이 됐나요?

스즈키
いいえ。何回も ❷ _____。
아니요, 몇 번이고 전화를 걸었어요.

でも 彼女は すぐに 電話を 切りました。
그래도 그녀는 바로 전화를 끊었어요.

何日くらい ❸ _____。
며칠 정도 그녀를 기다렸나요?

2日くらい 彼女を 待ちましたね。
이틀 정도 그녀를 기다렸어요.

❹ _____
그녀의 집에는 갔나요?

いいえ、まだ… あ！彼女から ちょうど 電話が 来ました。
아니요, 아직… 아! 마침 그녀에게 전화가 왔어요.

✅ **전화 관련 표현**
電話を かける 전화를 걸다
電話を 切る 전화를 끊다
電話が 来る 전화가 오다

사람+から : ~에게(서), ~로부터
「사람+から」는 동사의 시작점이 되는 사람을 가리켜요.

何回も 몇 번이고 ・ すぐに 바로 ・ 切る 끊다, 자르다 ・ 何日 며칠 ・ ~くらい ~정도
~から ~에게(서), ~로부터 ・ ちょうど 마침

〜ませんでした
~(하)지 않았습니다

POINT

동사의 정중체 과거부정형

「동사 ます형＋ませんでした」는 '〜(하)지 않았습니다'라는 뜻으로 과거부정을 나타낼 때 쓰는 표현이에요.

1그룹　行く　→　行きませんでした
　　　　　가다　　　　가지 않았습니다

2그룹　食べる　→　食べませんでした
　　　　　먹다　　　　먹지 않았습니다

3그룹　運動する　→　運動しませんでした
　　　　　운동하다　　　운동하지 않았습니다

　　　　　来る　→　来ませんでした
　　　　　오다　　　오지 않았습니다

✓ 「〜ませんでした」는 「ます」의 부정형인 「ません」과 「です」의 과거형인 「でした」가 연결된 형태예요.

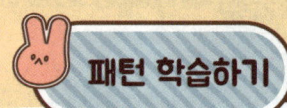 패턴 학습하기 오늘 배울 패턴이 들어간 문장을 학습해 봅시다.

1

ジムでは 運動しませんでした。

헬스장에서는 운동하지 않았어요.

➕ ユリさんは 今日、学校に 来ませんでした。 유리 씨는 오늘 학교에 오지 않았어요.
　昨日は 日本語の 勉強を しませんでした。 어제는 일본어 공부를 하지 않았어요.

2

ダイエット食品も 食べませんでしたよ。

다이어트 식품도 먹지 않았어요.

➕ 週末は 家から 全然 出ませんでした。 주말에는 집에서 전혀 나가지 않았어요.
　ドラマも 映画も 見ませんでした。 드라마도 영화도 보지 않았어요.

 단어

ジム 헬스장 ・ ダイエット食品 다이어트 식품 ・ 出る 나가다, 나오다 ・ 映画 영화 ・ 見る 보다

128

3

風邪(かぜ)で どこにも 行(い)きませんでした。

감기 때문에 아무데도 안 갔어요.

✅ **이유를 나타내는 「で」: ~로, ~때문에**
조사 「で」에는 다양한 뜻이 있지만 여기서는 이유를 나타내는 '~로, ~때문에'라는 뜻으로 쓰였어요.

➕ 雨(あめ)で 外(そと)では 遊(あそ)びませんでした。 비 때문에 밖에서는 놀지 않았어요.

　スーパーが 休(やす)みで 何(なに)も 買(か)いませんでした。 마트가 휴무라서 아무것도 사지 않았어요.

4

ジムは 要(い)りませんでしたね。

헬스장은 필요 없었네요.

✅ **1그룹 동사 「要る」**
「要る(필요하다)」는 2그룹처럼 보이지만 1그룹 동사예요. 활용할 때 주의하세요!

➕ 準備(じゅんび)は 何(なに)も 要りませんでした。 준비는 아무것도 필요 없었어요.

　外では 走(はし)りませんでした。 밖에서는 뛰지 않았어요.

風邪(かぜ) 감기 ・ どこにも 어디에도 ・ 外(そと) 밖 ・ 遊(あそ)ぶ 놀다 ・ スーパー 슈퍼마켓, 마트 ・ 何(なに)も 아무것도 ・
要(い)る 필요하다

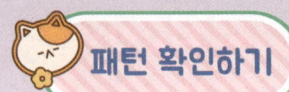 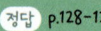

わー！ユリさん、どうやって そんなに やせましたか。
와~! 유리 씨, 어떻게 그렇게 살이 빠졌어요?

ジムで たくさん 走りましたか。
헬스장에서 열심히 뛰었나요?

いいえ、❶ _____。
아니요, 헬스장에서는 운동하지 않았어요.

じゃ、ダイエット食品を 食べましたか。
그럼, 다이어트 식품을 먹었나요?

いいえ、❷ _____。
아니요, 다이어트 식품도 먹지 않았어요.

じゃあ、いったい、どうやって やせましたか。
그럼, 대체 어떻게 살을 뺐나요?

❸ _____。
감기 때문에 아무데도 안 갔어요.

だから、ユーチューブで 運動しました。
그래서 유튜브로 운동했어요.

さすが！❹ _____。
역시! 헬스장은 필요 없었네요.

✅ やせる : 살이 빠지다
일본어에서는 노력해서 살을 빼는 것과 몸상태가 안 좋아서 살이 빠지는 것 둘 다 「やせる」로 표현해요.

どうやって 어떻게 (해서) ・ やせる 살이 빠지다 (↔ 太る 살이 찌다) ・ たくさん 많이 ・ いったい 도대체 ・
ユーチューブ 유튜브 ・ さすが 역시, 과연

동사 4패턴

POINT

동사의 4패턴 복습

지금까지 동사의 4가지 패턴을 배웠어요. 잘 기억하고 있는지 점검하면서 단어를 바꿔 가며 4가지 패턴을 연습해 보도록 해요.

패턴 학습하기
오늘 배울 패턴이 들어간 문장을 학습해 봅시다.

1
毎日 料理を
매일 요리를
+
作ります。 만듭니다.
作りません。 만들지 않습니다.
作りました。 만들었습니다.
作りませんでした。 만들지 않았습니다.

2
彼女に
여자 친구를
+
会います。 만납니다.
会いません。 만나지 않습니다.
会いました。 만났습니다.
会いませんでした。 만나지 않았습니다.

✓ 〜に 会う : 〜를 만나다
「会う」 앞에는 조사 「に」가 와요. (〜を 会う×)

3
朝ご飯は
아침밥은
+
食べます。 먹습니다.
食べません。 먹지 않습니다.
食べました。 먹었습니다.
食べませんでした。 먹지 않았습니다.

毎日 매일 ・ 料理 요리 ・ 作る 만들다 ・ 会う 만나다 ・ 朝ご飯 아침밥 ・ 食べる 먹다

4 れんらく 連絡を 연락을	+	待_まちます。 待ちません。 待ちました。 待ちませんでした。	기다립니다. 기다리지 않습니다. 기다렸습니다. 기다리지 않았습니다.
5 どようび うんどう 土曜日は 運動を 토요일은 운동을	+	します。 しません。 しました。 しませんでした。	합니다. 하지 않습니다. 했습니다. 하지 않았습니다.
6 かんこくご 韓国語を 한국어를	+	教_{おし}えます。 教えません。 教えました。 教えませんでした。	가르칩니다. 가르치지 않습니다. 가르쳤습니다. 가르치지 않았습니다.

連絡 연락 ・ 待つ 기다리다 ・ 土曜日 토요일 ・ 運動 운동 ・ する 하다 ・ 韓国語 한국어 ・ 教える 가르치다

4패턴 응용하기

4패턴을 응용하면 질문, 대답을 쉽게 만들 수 있어요~!

질문 いっしょに この 映画を 見ませんか。
함께 이 영화를 보지 않을래요?

대답 すみません。もう 見ました。
죄송해요. 벌써 봤어요.

✓ ～ませんか : ～하지 않을래요?

「동사 ます형+ませんか」는 '～하지 않을래요?'라는 뜻으로 상대방에게 같이 무언가를 하자고 권유할 때 쓰는 표현이에요.

질문 週末は 何を しますか。
주말에는 무엇을 하나요?

대답 彼女と 海に 行きます。
여자 친구와 바다에 가요.

友だちと テニスを します。
친구와 테니스를 해요.

いっしょに 같이, 함께 · 映画 영화 · 見る 보다 · すみません 죄송해요 · もう 벌써, 이미 · 週末 주말 ·
海 바다 · 行く 가다 · 友だち 친구 · テニス 테니스

～く, ～に
～(하)게

POINT

い・な형용사의 부사형

형용사가 동사 앞에 와서 동사를 꾸미는 형태를 '부사형'이라고 하는데, い형용사는 어미「い」를「く」로 바꾸고, な형용사는 어미「だ」를「に」로 바꾸면 돼요.

い 형용사

なが
長い → 長く
길다 　　　 길게

あか
赤い → 赤く
빨갛다 　　 빨갛게

な 형용사

きれいだ → きれいに
깨끗하다 　　　　 깨끗하게

かん たん
簡単だ → 簡単に
간단하다 　　　　 간단히

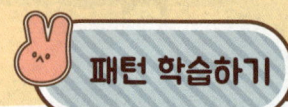 **패턴 학습하기** 오늘 배울 패턴이 들어간 문장을 학습해 봅시다.

1

まず、顔に ファンデーションを きれいに 塗ります。

먼저, 얼굴에 파운데이션을 깔끔히 바릅니다.

✅ **순서를 나타내는 표현**

「まず(우선), 次は(다음은), 最後に(마지막으로)」는 순서를 설명할 때 자주 쓰는 표현이에요.
특히 「最後に」는 한국어로 직역하면 '최후에'지만 '마지막으로, 끝으로'라는 뜻으로 많이 쓰이는 단어예요. 기억해 두세요!

きれいだ : 예쁘다, 깔끔하다, 깨끗하다
앞에서 '예쁘다'라는 뜻으로 「きれいだ」가 나왔지만 '깔끔하다, 깨끗하다'라는 뜻도 있어요.

2

次は、マスカラで まつ毛を 長く 見せます。

다음은, 마스카라로 속눈썹을 길어 보이게 합니다.

✅ **조사「で」: ~로 〈수단〉**

조사「で」에는 다양한 뜻이 있지만 여기서는 수단을 나타내는 '~로'라는 뜻으로 쓰였어요.

➕ **アイライナーで 目を 大きく 見せます。** 아이라이너로 눈을 커 보이게 해요.

 **단어**

まず 먼저 ・ 顔 얼굴 ・ ファンデーション 파운데이션 ・ きれいだ 깔끔하다, 예쁘다 ・ 塗る 바르다 ・
次は 다음은 ・ 最後に 마지막으로, 끝으로 ・ マスカラ 마스카라 ・ まつ毛 속눈썹 ・ 長い 길다 ・
見せる 보여 주다, 보이게 하다 ・ アイライナー 아이라이너 ・ 目 눈 ・ 大きい 크다

3

この リップで くちびるを 赤く します。

이 립스틱으로 입술을 빨갛게 해요.

➕ アイブロウで まゆ毛を 太く 描きます。 아이브로펜슬로 눈썹을 굵게 그려요.

　ハサミで 前髪を 短く 切ります。 가위로 앞머리를 짧게 잘라요.

4

簡単に 完成しました。

간단히 완성했어요.

➕ 静かに 部屋を 出ます。 조용히 방을 나가요.

　まじめに 仕事を します。 성실하게 일을 해요.

リップ 립스틱 ・ くちびる 입술 ・ 赤い 빨갛다 ・ アイブロウ 아이브로펜슬 ・ まゆ毛 눈썹 ・ 太い 굵다 ・
描く 그리다 ・ ハサミ 가위 ・ 前髪 앞머리 ・ 短い 짧다 ・ 完成する 완성하다

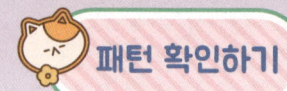 **패턴 확인하기** 실제 일본에서는 어떻게 쓰이는지 들어 보고, 빈칸에 알맞은 문장을 써 보세요. 정답 p.136-137

 유리가 데일리 메이크업을 소개합니다.

今日は 韓国風の デイリーメイクを します。
오늘은 한국식 데일리 메이크업을 하겠습니다.

ここに いろいろ 化粧品が ありますね。
여기 여러 가지 화장품이 있네요.

❶ _____。
먼저, 얼굴에 파운데이션을 깔끔히 바릅니다.

これが とても 重要です。
이게 굉장히 중요해요.

❷ _____。
다음은, 마스카라로 속눈썹을 길어 보이게 합니다.

私は、これが 一番の メイクポイントです。
저는, 이게 가장 중요한 메이크업 포인트예요.

どうですか。かなり イメージが 変わりましたよね?
어때요? 꽤 이미지가 바뀌었죠?

最後に レッドカラーの リップです。
마지막으로 레드 컬러 립이에요!

❸ _____。
이 립스틱으로 입술을 빨갛게 해요.

この 季節に ぴったりな カラーですね。
이 계절에 딱 맞는 색이네요.

じゃん! ❹ _____。
짠! 간단히 완성했어요.

韓国風 한국식 · **デイリーメイク** 데일리 메이크업 · **いろいろ** 여러 가지 · **化粧品** 화장품 · **ある** 있다 ·
重要だ 중요하다 · **メイクポイント** 메이크업 포인트 · **かなり** 꽤 · **イメージ** 이미지 · **変わる** 바뀌다 ·
レッドカラー 레드 컬러 · **季節** 계절 · **ぴったりだ** 딱 맞다

〜で
〜(하)고, 〜(해)서

POINT

な형용사의 연결형

な형용사 뒤에 다른 い형용사나 な형용사를 연결해서 문장을 만들 때 な형용사의 어미 「だ」를 떼고 「で」를 붙이면 '〜하고'라는 뜻으로 '열거', 또는 '〜해서'라는 뜻으로 '이유'를 나타내는 표현이 돼요.

_{らく}
楽だ → 楽で
편하다   편하고, 편해서

_{しず}
静かだ → 静かで
조용하다   조용하고, 조용해서

りっぱだ → りっぱで
훌륭하다   훌륭하고, 훌륭해서

きれいだ → きれいで
예쁘다   예쁘고, 예뻐서

✓ 이 형태를 'な형용사의 연결형' 또는 'な형용사의 て형'이라고 해요.

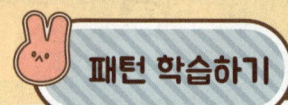 **패턴 학습하기** 오늘 배울 패턴이 들어간 문장을 학습해 봅시다.

1

音楽(おんがく)も 静(しず)かで 落(お)ち着(つ)きますね。
음악도 조용해서 차분해지네요.

✓ ～で : ～(해)서 〈이유〉
여기서는 「～で」가 '이유'의 뜻으로 쓰였어요.

➕ 母(はは)は 料理(りょうり)が 上手(じょうず)で、何(なん)でも おいしいです。
어머니는 요리를 잘하셔서 뭐든지 맛있어요.

私(わたし)は 本(ほん)が 好(す)きで、本屋(ほんや)に よく 行(い)きます。
저는 책을 좋아해서 서점에 자주 가요.

この レストランは 有名(ゆうめい)で、予約(よやく)が 難(むずか)しいです。
이 레스토랑은 유명해서 예약이 어려워요.

暇(ひま)で 連絡(れんらく)しました。 한가해서 연락했어요.

 **단어**

音楽(おんがく) 음악 • 落(お)ち着(つ)く 차분해지다, 진정되다, 안정되다 • 何(なん)でも 무엇이든지 • 本屋(ほんや) 서점, 책방 • レストラン 레스토랑, 식당 • 予約(よやく) 예약 • 連絡(れんらく)する 연락하다

2

> それも 楽で おもしろいですよね。
>
> 그것도 편하고 재미있죠.

✅ **~で : ~(하)고 〈열거〉**
여기서는 「~で」가 '열거'의 뜻으로 쓰였어요.

➕ 先生は きれいで 優しいです。 선생님은 예쁘고 상냥해요.

彼女は まじめで 親切です。 그녀는 성실하고 친절해요.

3

> 毎日 使う トイレが りっぱで いいですね。
>
> 매일 사용하는 화장실이 훌륭해서 좋네요.

➕ この アプリは 便利で いいですね。 이 앱은 편리해서 좋네요.

この かばんは じょうぶで いいですね。 이 가방은 튼튼해서 좋네요.

トイレ 화장실 ・ りっぱだ 훌륭하다 ・ じょうぶだ 튼튼하다

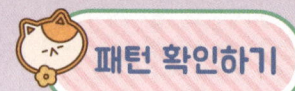 **패턴 확인하기** 실제 일본에서는 어떻게 쓰이는지 들어 보고, 빈칸에 알맞은 문장을 써 보세요. p.140-141

유리: 日本の トイレには、便器の 上に 手を 洗う ところが ありますね。
일본의 화장실에는 변기 위에 손을 씻는 곳이 있네요.

기무라: 便器の 上…? あ、あれね。
변기 위…? 아, 그거?

トイレに 素敵な 音楽も 流れますね。
화장실에 멋있는 음악도 나오네요.

そうですね。❶ _____。
그러네요. 음악도 조용해서 차분해지네요.

それから、ここの トイレは 便座の ふたも 自動ですね。
그리고, 이곳 화장실은 변기 뚜껑도 자동이네요.

❷ _____。
그것도 편하고 재미있죠.

❸ _____。
매일 사용하는 화장실이 훌륭해서 좋네요.

 '그것'은 あれ? それ?

「あれ」에는 멀리서 보이는 물건을 가리키는 '저것'이라는 뜻도 있지만, 지금 눈앞에 없는 것을 떠올리면서 말할 때도 「あれ」라고 말해요.

便器 변기 ・ 上 위 ・ 手 손 ・ 洗う 씻다 ・ ところ 곳 ・ 流れる (음악이) 나오다, 흐르다 ・ 便座 변좌 ・ ふた 뚜껑 ・ 自動 자동

～くて
～(하)고, ～(해)서

POINT

い형용사의 연결형

い형용사 뒤에 다른 い형용사나 な형용사를 연결해서 문장을 만들 때 어미 「い」를 떼고 「くて」를 붙이면 '열거' 또는 '이유'를 나타내는 표현이 돼요.

おお
大き~~い~~ → 大きくて
크다   크고, 커서

おも
重~~い~~ → 重くて
무겁다   무겁고, 무거워서

まる
丸~~い~~ → 丸くて
동그랗다   동그랗고, 동그래서

すっぱ~~い~~ → すっぱくて
시다   시고, 셔서

✅ 이 형태를 'い형용사의 연결형' 또는 'い형용사의 て형'이라고 해요.

패턴 학습하기
오늘 배울 패턴이 들어간 문장을 학습해 봅시다.

1

スイカは 大きくて 重いですね。

수박은 크고 무겁네요.

✓ ~くて : ~(하)고 〈열거〉
여기서는 「~くて」가 '열거'의 뜻으로 쓰였어요.

➕ ここの ラーメンは 安くて おいしいです。 여기 라멘은 싸고 맛있어요.

その ねこは 小さくて かわいいです。 그 고양이는 작고 귀여워요.

2

重くて 大変ですよね。

무거워서 힘들겠죠.

✓ ~くて : ~(해)서 〈이유〉
여기서는 「~くて」가 '이유'의 뜻으로 쓰였어요.

➕ 今日は 暑くて 大変です。 오늘은 더워서 힘들어요.

漢字が 多くて 難しいです。 한자가 많아서 어려워요.

スイカ 수박 ・ 重い 무겁다 ・ ねこ 고양이 ・ 小さい 작다 ・ かわいい 귀엽다 ・ 漢字 한자

3

> この リンゴは 丸くて きれいな 色ですね。
>
> 이 사과는 동그랗고 예쁜 색이네요.

✅ **きれいな + 명사**
「きれいだ」는 い형용사와 혼동하기 쉬운 な형용사예요. 활용할 때 주의하세요!

➕ 先生は 優しくて きれいな 人です。 선생님은 자상하고 예쁜 사람이에요.
　木村さんの 家は 新しくて 広い 家です。 기무라 씨 집은 신축이고 넓은 집이에요.

4

> 果物は すっぱくて ちょっと 苦手です。
>
> 과일은 셔서 잘 못 먹어요.

✅ **苦手だ : 잘 못하다, 서툴다, (먹기[대하기]) 힘들다**
「苦手だ」는 '잘 못하다'라는 뜻이라고 배웠지만, 「苦手」에는 '다루기 벅찬 상대' 또는 '대하기 싫은 상대'라는 뜻도 있어요. 위에서처럼 음식에 대해서 「苦手だ」라고 하면 그 음식을 잘 못 먹는다는 뜻이에요.

맛에 관한 い형용사
あまい 달다, にがい 쓰다, からい 맵다, しょっぱい 짜다, すっぱい 시다

リンゴ 사과 ・ 丸い 동그랗다, 둥글다 ・ 色 색 ・ 新しい 새롭다, 새것이다 ・ 広い 넓다 ・ 果物 과일 ・ すっぱい 시다 ・
苦手だ 잘 못하다, (먹기) 힘들다 ・ あまい 달다 ・ にがい 쓰다 ・ からい 맵다 ・ しょっぱい 짜다

패턴 확인하기

실제 일본에서는 어떻게 쓰이는지 들어 보고, 빈칸에 알맞은 문장을 써 보세요. 정답 p.144-145

유리
スイカは どうですか。
수박은 어때요?

기무라
うんー。❶ _____。
음…. 수박은 크고 무겁네요.

❷ _____。
무거워서 힘들겠죠.

それじゃあ、リンゴは どうですか。
그럼 사과는 어때요?

❸ _____。
이 사과는 동그랗고 예쁜 색이네요.

じゃ、リンゴを 買^かいます。
그럼 사과를 살게요.

木^き村^{むら}さん、ミカンは どうですか。
기무라 씨, 귤은 어때요?

ミカンも 安^{やす}くて 量^{りょう}も 多^{おお}いですね。
귤도 싸고 양도 많네요.

じゃ、ミカンも 買います。ユリさんは？
그럼 귤도 살게요. 유리 씨는요?

うん… ❹ _____。
음… 과일은 셔서 잘 못 먹어요.

実^{じつ}は 私^{わたし}、果^{くだ}物^{もの}は あまり 好^すきじゃないですよ。
사실은 저, 과일은 그렇게 좋아하지 않아요.

買^かう 사다 • ミカン 귤 • 量^{りょう} 양

〜から
〜(하)기 때문에

POINT

이유를 나타내는 から

「〜から」는 '〜(하)기 때문에, 〜(해)서, 〜(하)니까'라는 뜻으로 이유를 나타내요. 주로 회화에서 쓰는데, 명사, な형용사, い형용사, 동사에 붙여 쓸 수 있고, 보통체와 정중체에 모두 쓸 수 있어요.

명사	風邪だ 감기다	→	風邪です**から** 감기라서
い형용사	温かい 따뜻하다	→	温かいです**から** 따뜻해서
な형용사	大変だ 힘들다	→	大変です**から** 힘들어서
동사	行く 가다	→	行きます**から** 가니까, 갈 테니까

✔ 「〜から」 앞에 정중체가 와도 한국어 해석은 똑같이 '〜(해)서, 〜(하)니까'로 해도 돼요.

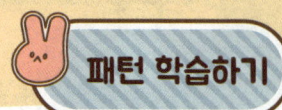 **패턴 학습하기** 오늘 배울 패턴이 들어간 문장을 학습해 봅시다.

1

昨日は 風邪でしたから ずっと 家に いました。
어제는 감기여서 계속 집에 있었어요.

✓ **명사+でしたから : ~(였)기 때문에**
과거형 '~였기 때문에'라고 할 때 「명사+でしたから」의 형태로 표현하면 돼요. 현재형 '~이기 때문에'라고 할 때는 「명사+だ+から」로 표현하면 돼요.

➕ 雨でしたから、公園に 行きませんでした。 비가 와서 공원에 안 갔어요.
　日曜日は 私の 誕生日だから、パーティーを します。
　일요일은 제 생일이라서 파티를 해요.

2

最近、寒く なりましたからね。
요즘 추워졌으니까요.

✓ **寒く なる : 추워지다**
い형용사의 어미「い」를 떼고「~く なる」를 붙이면 '~(해)지다'라는 변화를 나타내는 표현이 돼요. ※ p.247 참조

동사+から : ~(해)서, ~(하)기 때문에
동사에「から」를 연결해서 '~했기 때문에'라고 표현할 때는 과거형에 그대로 연결하면 돼요. 현재형으로 '~하기 때문에, ~해서'라고 표현할 때는 기본형에 연결하면 돼요.

➕ 日本語の テストが あるから、いっしょうけんめい 勉強します。
　일본어 시험이 있어서 열심히 공부해요.

 단어

公園 공원 ・ パーティー 파티 ・ 寒い 춥다

3

お茶が 温かいから 体も ポカポカしますね。
차가 따뜻해서 몸도 따끈따끈하네요.

✅ **い형용사 + から : ~해서, ~하니까**
い형용사에 「から」를 연결할 때는 기본형에 그대로 연결하면 되는데, 정중하게 말할 때는 「から」 앞에 「です」만 붙이면 돼요.

➕ 鈴木さんは 優しいから 人気が あります。
스즈키 씨는 상냥해서 인기가 있어요.

今日は 遅いですから、明日 また 連絡します。
오늘은 늦었으니까 내일 다시 연락할게요.

✅ **な형용사 + から : ~해서, ~하니까**
な형용사에 「から」를 연결할 때는 기본형에 그대로 연결하면 되는데, 정중하게 말할 때는 기본형의 어미 「だ」를 「です」로 바꾸면 돼요.

➕ この 仕事は 大変だから 手伝いますよ。
이 일은 힘드니까 도와줄게요.

そこは コーヒーも おいしくて 静かですから、よく 行きます。
거기는 커피도 맛있고 조용해서 자주 가요.

お茶 차 • 温かい 따뜻하다 • 体 몸 • ポカポカする 따끈따끈하다 • 人気 인기 • 遅い 늦다, 느리다 •
また 다시 • 手伝う 도와주다

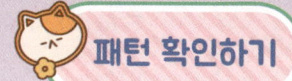 **패턴 확인하기**   실제 일본에서는 어떻게 쓰이는지 들어 보고, 빈칸에 알맞은 문장을 써 보세요.   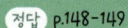 p.148-149

 기무라
ユリさん、昨日は 何を しましたか。
유리 씨, 어제는 뭐 했어요?

 유리
❶ _____。
어제는 감기여서 계속 집에 있었어요.

大変でしたね。
힘들었겠네요.

❷ _____。
요즘 추워졌으니까요.

気を 付けて ください。ここに お茶が ありますよ。
조심하세요. 여기 차가 있어요.

ありがとうございます。
감사합니다.

❸ _____。
차가 따뜻해서 몸도 따끈따끈하네요.

よかった！
다행이다!

 よかった : 다행이다, 잘됐다
「いい(좋다)」의 과거형 「よかったです」에는 '좋았어요'라는 뜻도 있지만 상황에 따라서 '다행이에요'라는 뜻으로도 쓰여요. 여기서는 나이가 많은 기무라 씨가 유리 씨에게 반말로 표현했기 때문에 「よかった(다행이다)」라고 했어요.

気を 付けて ください 조심하세요

～けど
~지만

역접의 접속조사

「～けど」는 '~지만, ~이기는 하지만'이라는 뜻으로 역접을 나타내요. 주로 회화에서 쓰는데, 명사, い형용사, な형용사, 동사에 붙여 쓸 수 있고, 보통체와 정중체에 모두 쓸 수 있어요.

명사	先生だ 선생님이다	→	先生です**けど** 선생님입니다만
い 형용사	つらい 괴롭다	→	つらいです**けど** 괴롭습니다만
な 형용사	大変だ 힘들다	→	大変です**けど** 힘듭니다만
동사	食べる 먹다	→	食べます**けど** 먹습니다만

✓ 「～けど」는 명사, 형용사, 동사의 현재형뿐 아니라 부정형, 과거형, 과거부정형에도 모두 연결할 수 있어요.

 **패턴 학습하기** 오늘 배울 패턴이 들어간 문장을 학습해 봅시다.

1

今は 大変ですけど、元気 出して ください。

지금은 힘들겠지만, 기운 내세요.

✓ **~ですけど : ~입니다만, ~(하)겠지만**
「~ですけど」를 한국어로 '~입니다만'이라고 해석하면 딱딱한 느낌이 들지만 일본어로는 좀 더 가벼운 느낌으로 써요.
해석할 때 '~이지만요'라고 해석하거나 '~지만'으로 해석해도 괜찮아요.

2

これ 少しですけど 食べて ください。

이거 조금이지만 드세요.

➕ 木村さんは 日本人ですけど、韓国語が とても 上手です。
기무라 씨는 일본인이지만 한국어를 아주 잘해요.

✓ **명사의 보통체 (현재긍정형) +けど**
명사의 보통체(현재긍정형)에 「けど」를 연결할 때는 「명사+だ+けど」의 형태로 써요.

➕ 週末だけど、会社へ 行きます。 주말이지만 회사에 가요.

 단어

元気 出して ください 기운 내세요 (元気 기운, 기력 出す 내다) · 少し 조금 · 食べて ください 드세요

3
気持ちは まだ 複雑ですけど、お菓子は おいしいですね。 마음은 아직 복잡하지만, 과자는 맛있네요.

- 木曜日は 大丈夫ですけど、土曜日は 難しいです。 목요일은 괜찮지만 토요일은 어려워요.

✓ **な형용사의 보통체 (현재긍정형) + けど**
な형용사의 보통체(현재긍정형)에 「けど」를 연결할 때는 「な형용사 기본형 + けど」의 형태로 써요.

- サッカーは 得意だけど、野球は 苦手です。 축구는 잘하지만 야구는 잘 못해요.

4
別れは つらいですけど、また 新しい 出会いが ありますよ。 이별은 괴롭지만, 또 새로운 만남이 있을 거예요.

- その レストランは おいしいですけど、高いです。 그 레스토랑은 맛있지만 비싸요.

✓ **い형용사의 보통체 (현재긍정형) + けど**
い형용사의 보통체(현재긍정형)에 「けど」를 연결할 때는 「い형용사 기본형 + けど」의 형태로 써요.

- 日本語の 勉強は 難しいけど、楽しいです。 일본어 공부는 어렵지만 재미있어요.

気持ち 마음 · 複雑だ 복잡하다 · サッカー 축구 · 別れ 이별 · つらい 괴롭다 · 出会い 만남

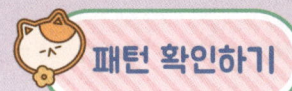 **패턴 확인하기** 실제 일본에서는 어떻게 쓰이는지 들어 보고, 빈칸에 알맞은 문장을 써 보세요. p.152-153

 田中さん、大丈夫ですか。彼女の ことは 忘れましたか。
다나카 씨 괜찮아요? 여자 친구는 잊었어요?

 いいえ… まだです。
아니요… 아직요.

 ❶ _____ 。
지금은 힘들겠지만, 기운 내세요.

❷ _____ 。どうぞ！
이거 조금이지만 드세요. 자!

ユリさん、ありがとう。
유리 씨, 고마워요.

❸ _____ 。
마음은 아직 복잡하지만, 과자는 맛있네요.

 ❹ _____ 。
이별은 괴롭지만, 또 새로운 만남이 있을 거예요.

✅ **명사+の こと : ~에 관한 일**
「彼女の こと」라는 표현으로 여자 친구, 또는 여자 친구와의 추억이나 관련된 모든 일에 대해서 언급할 수 있어요.

どうぞ
「どうぞ」라는 말에는 다양한 뜻이 있는데, 주로 뭔가를 권할 때 쓰는 말이에요. 여기서는 상대방에게 (과자를) 권유하는 뜻으로 쓰였어요.

~の こと ~에 관한 일[것] ・ 忘れる 잊다

각 품사 + 명사
~한 …, ~의 …

POINT **품사별 명사수식형**

명사수식형을 복습해 볼까요? 명사, い형용사, な형용사, 동사가 명사 앞에 올 때 각각 형태가 달라져요.

명사	高校(こうこう) 고등학교	＋	写真(しゃしん) 사진	→ 高校の 写真 고등학교 때 사진
い형용사	かわいい 귀엽다	＋	学生(がくせい) 학생	→ かわいい 学生 귀여운 학생
な형용사	まじめだ 성실하다	＋	人(ひと) 사람	→ まじめな 人 성실한 사람
동사	勉強(べんきょう)する 공부하다	＋	こと 것	→ 勉強すること 공부하는 것

 명사가 명사를 수식할 때 꼭 「の」가 필요하다는 점 주의하세요!

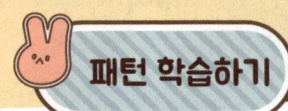 **패턴 학습하기** 오늘 배울 패턴이 들어간 문장을 학습해 봅시다.

1

これは 高校の 時の 写真です。

이건 고등학교 때 사진이에요.

✓ **명사의 명사 수식 : 명사＋の＋명사**
2개 이상의 단어가 수식어로 쓰이는 경우도 있는데 이때도 꼭 명사와 명사 사이에 모두 「の」를 넣어야 해요.
高校(고등학교) + 時(때) + 写真(사진) → 高校の 時の 写真(고등학교 때 사진)

➕ 英語の 本 영어 책
友だちの 韓国語の 本 친구 한국어 책

2

ユリさんは この 時も かわいい 学生でしたね。

유리 씨는 이때도 귀여운 학생이었네요.

✓ **い형용사의 명사 수식 : い형용사 기본형 그대로＋명사**
かわいい(귀엽다) + 学生(학생) → かわいい 学生(귀여운 학생)

➕ おいしい すし 맛있는 초밥
安い カバン 싼 가방

 단어

高校 고등학교 ・ 時 때 ・ 写真 사진 ・ すし 초밥

3
いつも 勉強する ことが 日課でしたね。
べんきょう　　　　　　　　にっか

항상 공부하는 게 일과였어요.

✅ **동사의 명사 수식 : 동사 기본형+명사**
勉強する(공부하다) + こと(것) → 勉強する こと(공부하는 것)

➕ 作る 料理 만드는 요리
つく　りょうり

　行く ところ 가는 곳
　い

4
まじめな 学生でした。
がくせい

성실한 학생이었어요.

✅ **な형용사의 명사 수식 : な형용사「だ」를「な」로 바꾸고+명사**
まじめだ(성실하다) + 学生(학생) → まじめな 学生(성실한 학생)

➕ まじめな 人 성실한 사람
　　　　　　ひと

　好きな ドラマ 좋아하는 드라마
　す

いつも 항상 ・ 勉強する 공부하다 ・ こと 것 ・ 日課 일과
　　　　　　　べんきょう　　　　　　　　　　　　　　　にっか

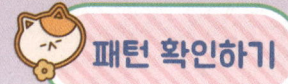 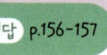

실제 일본에서는 어떻게 쓰이는지 들어 보고, 빈칸에 알맞은 문장을 써 보세요. 정답 p.156-157

유리: 木村さん、これ 見て ください。❶ _____。
기무라 씨, 이거 보세요. 이건 고등학교 때 사진이에요.

기무라: ❷ _____。
유리 씨는, 이때도 귀여운 학생이었네요.

そうですか。わりと 田舎くさい 学生でしたけどね。
그런가요? 비교적 촌스러운 학생이었지만요.

ユリさんは 学生時代、何を して 過ごしましたか。
유리 씨는 학생 시절에 뭘 하면서 보냈나요?

❸ _____。
항상 공부하는 게 일과였어요.

あら！まじめな 人。
어머! 성실한 사람(이었네요).

はは！けっこう ❹ _____。今は そうじゃないですけど。
하하! 꽤 성실한 학생이었어요. 지금은 아니지만요.

✅ **そうですか : 그런가요?**
「そうですか」에는 '그렇군요'라는 뜻도 있지만 '그런가요?'라는 뜻으로도 사용해요. 억양에 따라서 뜻이 달라지니까 주의하세요!
そうですか(↘) 그렇군요. (맞장구 역할)
そうですか(↗) 그런가요? (뜻밖의 말을 듣거나 의심할 때)

見て ください 봐 주세요, 보세요 (見る 보다) • わりと 비교적 • 田舎くさい 촌스럽다 • 学生時代 학생 시절 • 過ごす 보내다, 지내다 • あら！어머!

의문사

의문사

의문사는 커뮤니케이션에 있어서 빼놓을 수 없는 중요한 역할을 해요. 일본어로 더 많은 이야기를 나눌 수 있도록 의문사를 마스터해요!

いつ	どこ	誰(だれ)
언제	어디	누구

何(なに)	なぜ / なんで	どのように / どうやって
무엇	왜	어떻게

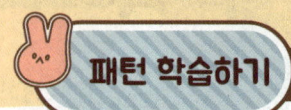 **패턴 학습하기** 오늘 배울 패턴이 들어간 문장을 학습해 봅시다.

1

最後(さいご)の デートは いつでしたか。

마지막 데이트는 언제였어요?

➕ 誕生日(たんじょうび)は いつですか。 생일은 언제예요?

日本(にほん)へ いつ 行(い)きましたか。 일본에 언제 갔어요?

✅ 조사 「へ」: ~에, ~으로
'~에'에 해당하는 조사는 「に」라고 배웠는데, '~로 향하여'라는 방향성이 있는 경우에는 조사 「へ」도 쓸 수 있어요. 조사로 쓰인 경우, 발음은 [he]가 아니라 [e]가 돼요.

2

どこで デートしましたか。

어디서 데이트했나요?

➕ どこで 買(か)いましたか。 어디서 샀나요?

どこが いいですか。 어디가 좋을까요?

✅ 「의문사+か」 vs 「의문사+が」
의문사 뒤에 「か」가 오느냐 「が」가 오느냐에 따라 뜻이 달라져요. 발음에 주의하세요! ※p.422 참조
いつが 언제가 – いつか 언젠가
どこが 어디가 – どこか 어딘가
何(なに)が 무엇이 – 何か 무언가
誰(だれ)が 누가 – 誰か 누군가

 단어

いつ 언제 ・ ~へ ~에, ~으로 ・ どこ 어디 ・ いつか 언젠가 ・ どこか 어딘가 ・ 何(なに)か 무언가 ・ 誰(だれ)か 누군가

3

なんで そこで 買い物を しますか。
왜 거기서 쇼핑을 하나요?

✓ 「なんで」는 회화에서 주로 쓰는 표현인데, 더 정중하게 표현하고 싶을 때는 「なぜ」를 써요.

➕ **なんで** 電話を しませんでしたか。 왜 전화를 안 했어요?

なぜ こんなに 高いですか。 왜 이렇게 비싸요?

4

どうやって 帰りますか。
어떻게 돌아가나요? (=귀가하세요?)

✓ 「どうやって」는 회화에서 주로 쓰는 표현인데, 더 정중하게 표현하고 싶을 때는 「どのように」를 써요.

➕ **どうやって** 食べますか。 어떻게 먹나요?

漢字は **どのように** 書きますか。 한자는 어떻게 써요?

なんで 왜 ・ なぜ 왜 ・ どうやって 어떻게 ・ どのように 어떻게

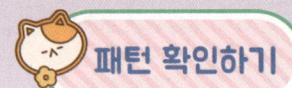 **패턴 확인하기** 실제 일본에서는 어떻게 쓰이는지 들어 보고, 빈칸에 알맞은 문장을 써 보세요. 정답 p.160-161 MP3 054

 기무라
ユリさん、今、彼氏 いませんよね。❶ _____。
유리 씨, 지금 남자 친구 없죠? 마지막 데이트는 언제였어요?

 유리
２年前くらいですね。
2년 전쯤이네요.

彼とは 主に ❷ _____。
그와는 주로 어디서 데이트했나요?

難波とか、心斎橋とかですね。
난바나 신사이바시요.

へ～。最近の 若い子たちは 心斎橋で 何を しますか。
흠, 요즘 젊은이들은 신사이바시에서 무엇을 하나요?

買い物とか 食事とかですね。
쇼핑이나 식사요.

❸ _____。
왜 거기서 쇼핑을 하나요?

心斎橋は 安い 洋服のお店が 多いですから。
신사이바시는 저렴한 옷 가게가 많으니까요.

なるほど。じゃ、その後は ❹ _____。
그렇군요. 그럼, 그 후에는 어떻게 돌아가나요?

地下鉄で 帰りますね。じゃーん！
지하철로 돌아가요. 짠～!

いませんよね 없죠? (いる 있다)・ ２年前 2년 전 ・ 主に 주로 ・ 難波 〈지명〉 난바 ・ 心斎橋 〈지명〉 신사이바시 ・
若い子たち 젊은이들 (～たち ～들 〈복수〉) ・ 食事 식사 ・ ～とか ～(이)나, ～라든지 ・ 洋服 옷 ・
店 가게 ・ なるほど 과연, 그렇군요 ・ 地下鉄 지하철

가족 호칭

POINT

가족의 지칭과 호칭

일본에서는 남들 앞에서 '나의 가족에 대해서 말할 때', '남의 가족에 대해서 말할 때', 그리고 '나의 가족을 직접 부를 때' 각각 가족의 지칭과 호칭이 달라져요.
※ p.423 참조

	나의 가족에 대해 이야기할 때(지칭)	남의 가족에 대해 이야기할 때(지칭)	나의 가족을 직접 부를 때(호칭)
아버지	父 (ちち)	お父さん (とう)	お父さん (とう)
어머니	母 (はは)	お母さん (かあ)	お母さん (かあ)
형, 오빠	兄 (あに)	お兄さん (にい)	お兄ちゃん (にい)
누나, 언니	姉 (あね)	お姉さん (ねえ)	お姉ちゃん (ねえ)

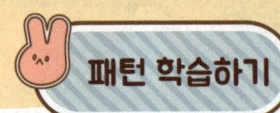 **패턴 학습하기** 오늘 배울 패턴이 들어간 문장을 학습해 봅시다.

1

おばあちゃんが うちに 来るから 掃除を します。

할머니가 집에 오셔서 청소를 해요.

✓ **친한 사람에게 자신의 가족에 대해서 이야기할 때**

보통 나의 할머니에 대해 다른 사람에게 말할 때 「祖母」라고 하지만 대화문의 스즈키 씨와 유리 씨처럼 친한 사이에서는 자신의 가족에 대해서 이야기할 때도 자신의 가족을 직접 부를 때와 같은 호칭을 쓰기도 해요.

➕ ユリさん、今日は 私の お母さんの 誕生日です。　유리 씨, 오늘은 우리 어머니 생일이에요.

2

おばあさんは お父さんの 方。お母さんの 方?

할머니는 아빠 쪽? 엄마 쪽?

✓ **～の方 : ～쪽**

「～の方」는 '～쪽'이라는 뜻이고 남의 가족에 대해서는 「お父さんの 方(아버지 쪽)」, 「お母さんの 方(어머니 쪽)」, 나의 가족에 대해서는 「父の 方 혹은 父方」, 「母の 方 혹은 母方」라는 표현을 써요.

 **단어**

おばあちゃん (나의) 할머니 · うち 집, 자기 집, 자기 가정 · 掃除 청소 · 祖母 〈지칭〉 (나의) 할머니, 조모 ·
おばあさん (남의) 할머니, 할머님 · お父さん 〈지칭〉 (남의) 아버지, 아버님 〈호칭〉 (나의) 아버지, 아빠 ·
～方 ～쪽 · お母さん 〈지칭〉 (남의) 어머니, 어머님 〈호칭〉 (나의) 어머니, 엄마

3

東京に いる お兄さんも 来ますか。
도쿄에 있는 형도 오나요?

✓ **兄 vs お兄さん**
형, 오빠의 구분 없이 나의 가족에 대해서 이야기할 때는 「兄」, 남의 가족에 대해서 이야기할 때는 「お兄さん」이라고 말해요.

4

兄は おばあちゃんが 大好きだから 絶対 来ます。
형은 할머니를 아주 좋아하니까 꼭 와요.

➕ 私には 兄と 姉が います。 저에게는 오빠[형]와 언니[누나]가 있어요.
田中さんの お姉さんも 大学生ですか。 다나카 씨 언니[누나]도 대학생이에요?

お兄さん (남의) 형, 오빠 ・ 兄 (나의) 형, 오빠 ・ 絶対 절대, 꼭 ・ 姉 (나의) 언니, 누나 ・ お姉さん (남의) 언니, 누나

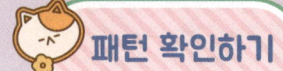 **패턴 확인하기** 실제 일본에서는 어떻게 쓰이는지 들어 보고, 빈칸에 알맞은 문장을 써 보세요. 정답 p.164-165 MP3 055

스즈키: 今日(きょう)は ❶ _____。
오늘은 할머니가 집에 오셔서 청소를 해요.

유리: ❷ _____?
할머니는 아빠 쪽? 엄마 쪽?

스즈키: 母(はは)の 方(ほう)ですよ。今日(きょう)は 家族(かぞく) みんなで 集(あつ)まります。
엄마 쪽이에요. 오늘은 가족들 모두 모여요.

유리: ❸ _____。
도쿄에 있는 형도 오나요?

스즈키: もちろん！❹ _____。
물론이죠! 형은 할머니를 아주 좋아하니까 꼭 와요.

유리: いいですね。
좋네요.

스즈키: それだけじゃないですよ。韓国(かんこく)に 留学中(りゅうがくちゅう)の 妹(いもうと)も 今週(こんしゅう) うちに 帰(かえ)って きます。
그뿐이 아니에요. 한국에서 유학 중인 여동생도 이번 주에 집에 돌아와요.

유리: へえー。大集合(だいしゅうごう)だ。
와, 대모임이네요.

✅ 妹(いもうと) vs 妹(いもうと)さん
나의 여동생은 「妹」, 다른 사람의 여동생은 「妹さん」이라고 불러요. 여기서는 스즈키 씨가 자신의 여동생에 대해서 말하고 있기 때문에 「妹」라고 했어요.

 **단어**

- みんなで 다 같이 · 集(あつ)まる 모이다 · ～だけ ～만 · 留学中(りゅうがくちゅう) 유학 중 · 妹(いもうと) (나의) 여동생 ·
- 帰(かえ)って くる 돌아오다 · 大集合(だいしゅうごう) 대집합, 대모임 · 妹(いもうと)さん (남의) 여동생

위치·장소 말하기

POINT

위치 · 장소 표현

위치를 나타내는 표현은 상대방에게 길을 안내하거나 위치를 알려 줄 때 쓰기도 하고, 반대로 누군가에게 위치를 물어볼 때 상대방이 알려 주는 내용을 이해하기 위해서 꼭 알아야 하는 표현이에요.

위	아래	왼쪽	오른쪽	앞	뒤
うえ 上	した 下	ひだり 左	みぎ 右	まえ 前	うし 後ろ

안	밖	옆
なか 中	そと 外	そば・隣(となり)・横(よこ)

✅ 「そば・隣・横」는 한국어로는 모두 '옆'이라고 해석할 수 있지만 「そば」에는 좀 더 범위가 넓은 '근처, 주변'이라는 뉘앙스가 있어요. 또 「隣」는 '이웃', '나란히'라는 뉘앙스가 있고, 「横」는 '평행상 바로 옆'이라는 뉘앙스가 있어요. 「隣」와 「横」는 상황에 따라 바꿔 쓸 수 있어요.

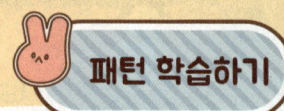 패턴 학습하기   오늘 배울 패턴이 들어간 문장을 학습해 봅시다.

1

車の 中には うちの 旦那が います。

차 안에는 저희 남편이 있어요.

✅ **います** : (사람, 동물이) 있습니다 ※p.179 참조
「います」는 사람이나 동물 등 살아 움직이는 것이 '있습니다'라고 할 때 써요.

旦那 : (나의) 남편
일본어에는 '남편'을 뜻하는 단어가 여러 가지 있어요. 「旦那・旦那さん」은 특히 회화에서 주로 쓰는 표현이에요.
〈지칭〉 나의 남편 : 旦那, 夫, 主人
     남의 남편 : 旦那さん, ご主人
※호칭은 이름이나 애칭으로 부르는 부부가 많아요.

➕ かごの 中に 鳥が います。 새장 안에 새가 있어요.

　 ねこは 家の 外に います。 고양이는 집 밖에 있어요.

2

旦那の 横に 犬が います。

남편 옆에 강아지가 있어요.

➕ ベッドの 横に ねこが います。 침대 옆에 고양이가 있어요.

　 横に 子どもが います。 옆에 아이가 있어요.

 단어

車 차 · 旦那 (나의) 남편 · 旦那さん (남의) 남편 · ご主人 (남의) 남편 · 夫 (나의) 남편 · 主人 (나의) 남편
かご 새장, 바구니 · 鳥 새 · 犬 개, 강아지 · 子ども 아이, 어린이, 자식

3

トイレは 駅の 前に ありますよ。
えき　まえ

화장실은 역 앞에 있어요.

✅ **あります : (사물, 식물이) 있습니다** ※p.183 참조
「あります」는 사물이나 식물 등 살아 움직이지 않는 것이 '있습니다'라고 할 때 써요.

➕ 家の 前に 公園が あります。 집 앞에 공원이 있어요.
いえ　　こうえん

学校の 後ろに 山が あります。 학교 뒤에 산이 있어요.
がっこう　うし　　やま

4

女子トイレは 入り口の すぐ 隣に あります。
じょし　　　い　ぐち　　　　となり

여자 화장실은 입구 바로 옆에 있어요.

➕ 日本は 韓国の 隣に あります。 일본은 한국 옆에 있어요.
にほん　かんこく

会社の 隣に 銀行が あります。 회사 옆에 은행이 있어요.
かいしゃ　　　ぎんこう

後ろ 뒤 ・ 女子トイレ 여자 화장실 ・ 入り口 입구 ・ すぐ 바로 ・ 隣 옆 ・ 銀行 은행
うし　　じょし　　　　　　　　い　ぐち　　　　　　　　　となり　　ぎんこう

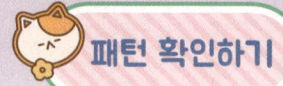 **패턴 확인하기** 실제 일본에서는 어떻게 쓰이는지 들어 보고, 빈칸에 알맞은 문장을 써 보세요. 정답 p.168-169

유리
木村さん、車の 中に 誰か いますか。
기무라 씨, 차 안에 누군가 있나요?

기무라
❶ _____。
차 안에는 저희 남편이 있어요.

木村さんの ワンちゃんは どこに いますか。
기무라 씨의 강아지는 어디에 있나요?

❷ _____。
남편 옆에 강아지가 있어요.

あ！そうですか。車に 乗る 前に トイレに 行きたいですけど。
아! 그렇군요. 차에 타기 전에 화장실에 가고 싶은데,

トイレは どこですか。
화장실은 어디인가요?

❸ _____。
화장실은 역 앞에 있어요.

❹ _____。
여자 화장실은 입구 바로 옆에 있어요.

✅ 誰か vs 誰が
「誰か(누군가)」와 「誰が(누가)」는 뜻이 전혀 다르니까 발음에 주의하세요! ※p.422 참조

～に 乗る : ～을 타다, ～에 타다
'을[를]'에 해당하는 일본어 조사는 「を」지만, 「乗る(타다)」 앞에는 조사 「に」를 써요.

ワンちゃん 멍멍이(개를 귀엽게 이르는 말) ・ 乗る 타다 ・ 行きたい 가고 싶다(行く 가다)

숫자 읽기

POINT

수사

숫자를 일본어로 읽는 방법에 대해서 배워 볼까요? 가게에서 계산할 때, 시간이나 날짜에 대해서 말할 때 꼭 알고 있어야 되는 표현들이죠. ※p.424 참조

1	2	3	4	5
いち	に	さん	し・よん	ご

6	7	8	9	10
ろく	しち・なな	はち	きゅう・く	じゅう

✓ 4, 7, 9는 읽는 방법이 여러 개 있는데 가격이나 번호로 쓸 때는 4・7・9라고 읽어요. (よん・なな・きゅう)

패턴 학습하기
오늘 배울 패턴이 들어간 문장을 학습해 봅시다.

1

あの、この 黄^き色^{いろ}い マフラーは いくらですか。

저, 이 노란 머플러는 얼마인가요?

✓ **あの : 저기요, 저, 저기**
가게에서 점원을 부를 때 '저기요'라는 뜻의 「あの」를 써요.

いくらですか : 얼마예요?
가게에서 가격을 물어볼 때 '얼마예요'라는 뜻의 「いくらですか」를 써요.

➕ **あの、この リップは いくらですか。** 저기, 이 립스틱은 얼마예요?

2

こちらは 1^{いちまんせん}1,800^{はっぴゃくえん}円です。

이쪽은 11,800엔입니다.

✓ **こちら : 이쪽**
「こちら(이쪽)」는 「これ(이것)・ここ(여기)」를 정중하게 표현할 때 써요. 점원이 손님에게 상품에 대해서 설명하거나 손님을 안내할 때 자주 쓰는 표현이에요.

10,000 : いちまん
한국어에서는 '만 엔, 만 원'이라고 하지만 일본어에서는 「1万^{いちまん}円, 1万ウォン」처럼 「いち」가 들어간다는 점, 주의하세요!

➕ **こちらの かばんは 1^{いちまんさんぜん}3,^{にひゃく}200円です。** 이 가방은 13,200엔입니다.

あの 저기요, 저 • **黄^き色^{いろ}い** 노랗다 • **マフラー** 머플러, 목도리 • **いくら** 얼마 • **こちら** 이쪽

3

合計で 1 4,700円です。
ごうけい　いちまんよんせんななひゃくえん

전부 다 해서 14,700엔입니다.

✅ **合計で : 전부 다 해서, 합해서**
ごうけい
「合計で」는 '전부 다 해서, 합해서'라는 뜻으로 계산할 때 많이 쓰이는 표현이에요.

➕ 合計で 9,600円です。　전부 다 해서 9,600엔입니다.
　　　　きゅうせんろっぴゃく

　　合計で 8,350円です。　전부 다 해서 8,350엔입니다.
　　　　はっせんさんびゃくごじゅう

4

これで ちょうど 1 5,000円だ！
　　　　　　　　いちまんご　せん

이걸로 딱 15,000엔이다!

✅ **ちょうど : 딱, 정확히**
「ちょうど」는 '딱'이라는 뜻으로 과부족 없이 일치한다는 표현이에요. 회화에서는 「ぴったり」도 많이 쓰여요.

명사＋だ : ～이다
혼잣말을 하는 장면에서 「명사＋です」 대신에 「명사＋だ」라는 반말 표현이 쓰였어요.

➕ ちょうど 1,000円だ。　딱 1,000엔이다.
　　　　　　せん

　　ちょうど 50,000円です。　딱 50,000엔입니다.
　　　　　　ご　まん

合計で 전부 다 해서, 합해서 ・ ちょうど 딱
ごうけい

패턴 확인하기

실제 일본에서는 어떻게 쓰이는지 들어 보고, 빈칸에 알맞은 문장을 써 보세요. 정답 p.172-173

 점원
いらっしゃいませ。
어서 오세요.

 유리
❶ _____
저, 이 노란 머플러는 얼마인가요?

2,900円です。
2,900엔입니다.

その 赤い かばんは いくらですか。
그 빨간 가방은 얼마인가요?

❷ _____
이쪽은 11,800엔입니다.

じゃ、ひとつずつ ください。全部で いくらですか。
그럼 하나씩 주세요. 전부 얼마인가요?

❸ _____
전부 다 해서 14,700엔입니다.

あの ストライプ柄の 靴下は いくらですか。
저 줄무늬 양말은 얼마인가요?

300円です。
300엔입니다.

じゃ、❹ _____
그럼, 이걸로 딱 15,000엔이다!

あの ストライプ柄の 靴下も いっしょに ください。
저 줄무늬 양말도 같이 주세요.

いらっしゃいませ 어서 오세요 • ひとつ 하나 • ~ずつ 씩 • 全部で 전부 다, 다 합해서 • ストライプ柄 줄무늬 • 靴下 양말 • ください 주세요

조수사 정리

조수사

조수사는 숫자 뒤에 붙어서 어떤 사물의 수량을 나타내는 말이에요. 사물에 따라 쓰는 조수사가 정해져 있어요. ※p.425~428 참조

하나 한 개	둘 두 개	셋 세 개	넷 네 개	다섯 다섯 개
ひとつ	ふたつ	みっつ	よっつ	いつつ

여섯 여섯 개	일곱 일곱 개	여덟 여덟 개	아홉 아홉 개	열 열 개
むっつ	ななつ	やっつ	ここのつ	とお

 우리말에서도 '일, 이, 삼'으로 세기도 하고, '하나, 둘, 셋'으로 세기도 하는 것처럼, 일본어에서도 'いち, に, さん'으로 세기도 하고, 'ひとつ, ふたつ, みっつ'로 세기도 해요.

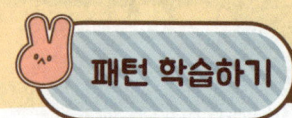
패턴 학습하기 오늘 배울 패턴이 들어간 문장을 학습해 봅시다.

1

ゼミの 教室(きょうしつ)は 3階(さんかい)です。

세미나 교실은 3층이에요.

✓ **ゼミ : 세미나**
「ゼミ」는 「ゼミナール」의 줄임말로 일본 대학교 수업의 일종이고 특정한 전문 분야에 대해서 소수로 배우는 수업을 말해요. 보통 대학교 3학년이 되면 교수님 연구실에 들어가서 관심이 있는 주제에 대해 연구하고 4학년이 되면 논문을 써요.

～階(かい)・階(がい) : ～층 ※p.426 참조
「～階」는 '～층'이라는 뜻이에요. 「何階(몇 층)」은 「なんかい・なんがい」, 「3階(3층)」은 「さんかい・さんがい」, 각각 읽는 방법이 2가지 있어요. 원래는 횟수를 나타내는 「何回(なんかい)(몇 회)」「3回(さんかい)(3회)」와 구별하기 위해서 「なんがい」「さんがい」라고 읽었는데 요즘은 층수도 「なんかい」「さんかい」라고 읽는 사람이 많아져서 2가지 다 써요.

2

参加(さんか)する 人(ひと)は 10人(じゅうにん)です。

참가하는 사람은 10명이에요.

✓ **～人(にん) : ～명** ※p.425 참조
「～人(にん)」는 사람 수를 나타내는 '～명'이라는 뜻이에요. '1명'은 「ひとり」, '2명'은 「ふたり」, '4명'은 「よにん」이라고 읽는다는 점, 주의하세요! 또 '7명'은 「ななにん」이라고 읽는 게 기본이지만 「しちにん」이라고 읽는 사람도 있어요.

➕ うちの チームは 4人(よにん)です。 우리 팀은 4명이에요.

단어

ゼミ 세미나 · 教室(きょうしつ) 교실 · ～階(かい)・階(がい) ～층 · 参加(さんか)する 참가하다 · ～人(にん) ～명, ～인 · チーム 팀

3

二(ふた)つ お願(ねが)いします。

두 개 부탁해요.

✓ **〜つ : 〜개** ※p.425 참조
「〜つ」는 1부터 9까지의 숫자에 붙어 '〜개'라는 뜻을 나타내는 조수사예요.

お願(ねが)いする : 부탁하다
상대방에게 무언가를 부탁하거나 의뢰할 때 '부탁합니다'라는 뜻으로 「お願いします」를 써요. '원하다, 바라다'라는 뜻의 동사 「願う」가 변한 형태예요.

➕ リンゴを 五(いつ)つ お願いします。 사과를 5개 부탁해요.

4

それから プリントも 10枚(じゅうまい) お願いしますね。

그리고 프린트도 10장 부탁할게요.

✓ **〜枚(まい) : 〜장** ※p.428 참조
「〜枚」는 '〜장'이라는 뜻이고 종이나 수건, 접시 등 얇은 것을 셀 때 쓰는 조수사예요.

➕ タオルを 5枚(ご) お願いします。 수건을 5장 부탁해요.

二(ふた)つ 둘, 두 개 • **お願(ねが)いします** 부탁합니다 • **五(いつ)つ** 다섯, 다섯 개 • **それから** 그리고 • **プリント** 프린트 • **〜枚(まい)** 〜장, 〜매 • **タオル** 타월, 수건

패턴 확인하기

실제 일본에서는 어떻게 쓰이는지 들어 보고, 빈칸에 알맞은 문장을 써 보세요. 정답 p.176-177

 鈴木さん、今日の ゼミの 教室は 何階ですか。
스즈키 씨, 오늘 세미나 교실은 몇 층인가요?

 ❶ _____。
세미나 교실은 3층이에요.

 何人くらい ゼミに 参加しますか。
몇 명 정도 세미나에 참가하나요?

 ❷ _____。
참가하는 사람은 10명이에요.

 マイクは いくつ 要りますか。
마이크는 몇 개 필요한가요?

 ❸ _____。
두 개 부탁해요.

 わかりました。
알겠습니다.

 あ、❹ _____。
아, 그리고 프린트도 열 장 부탁할게요.

✅ **わかりました : 알겠습니다, 알았어요**
'알겠습니다'는 일본어에서는 「わかりました」로 과거형이 된다는 점, 주의하세요! 참고로 현재형 「わかります」는 '알고 있습니다'라는 뜻이에요.

わかる vs 知る
「わかる」와 「知る」는 한국어로는 둘 다 '알다'로 해석되지만 「わかる」에는 '이해하다', 「知る」에는 지식으로 '알다'라는 뜻이 포함되어 있어요.

マイク 마이크 • いくつ 몇 개

います
있습니다

POINT

존재 표현 いる

「いる」는 한국어로 '있다'라는 뜻이고 사람이나 동물 등 살아 움직이는 것에 대해서 써요.

ひと
人が ＋
사람이

います
있습니다

いません
없습니다

いました
있었습니다

いませんでした
없었습니다

 '있다'라는 동사는 「いる」와 「ある」가 있어요. 잘 구분해서 기억해 두세요.

 **패턴 학습하기** 오늘 배울 패턴이 들어간 문장을 학습해 봅시다.

1

好きな 人は いませんでした。

좋아하는 사람은 없었어요.

➕ 彼女は いませんでした。 여자 친구는 없었어요.
　日本人の 友だちは いませんでした。 일본인 친구는 없었어요.

2

学校の 先輩が いました。

학교 선배가 있었어요.

➕ 前は うちに ねこが いました。 전에는 우리 집에 고양이가 있었어요.
　池の 中に 魚が いました。 연못 안에 물고기가 있었어요.

池 연못 ・ 魚 물고기

3

今(いま)でも ずっと 私(わたし)の 心(こころ)の 中(なか)に 先輩(せんぱい)が います。

지금도 계속 제 마음속에는 선배가 있어요.

✅ 今(いま)も vs 今(いま)でも
「今も」도 '지금도'라는 뜻이지만 「今でも」는 '아직도, 지금까지도'라는 뉘앙스가 있어요.

➕ 母(はは)は 家(いえ)に います。 어머니는 집에 계세요.
今(いま)、会社(かいしゃ)に います。 지금 회사에 있어요.

4

今(いま)、特(とく)に 大切(たいせつ)な 人(ひと)は いませんよ。

지금 딱히 소중한 사람은 없어요.

➕ 兄弟(きょうだい)は いません。 형제는 없어요.
彼氏(かれし)は いません。 남자 친구는 없어요.

今(いま)でも 아직도, 지금까지도 · 心(こころ) 마음 · 特(とく)に 딱히, 특별히 · 大切(たいせつ)だ 소중하다 · 兄弟(きょうだい) 형제

패턴 확인하기

실제 일본에서는 어떻게 쓰이는지 들어 보고, 빈칸에 알맞은 문장을 써 보세요. 정답 p.180-181

 유리가 연애 이야기를 하고 있어요.

今日は 私の 恋愛を 話します。
오늘은 제 연애를 얘기할게요.

最初、日本に 来て ❶ _____ 。
처음에, 일본에 왔을 땐 좋아하는 사람은 없었어요.

でも やっぱり 一人で いるのは さみしくて。
하지만 역시 혼자 있는 건 외로워서.

大学 一年の 時、同じ バイト先に ❷ _____ 。
대학교 1학년 때, 같은 아르바이트 가게에 학교 선배가 있었어요.

親切で やさしくて… 本当に 好きだったなー。
친절하고, 자상해서… 진짜 좋아했었지~.

❸ _____ 。
지금도 계속 제 마음속에는 선배가 있어요.

あ！❹ _____ 。
아! 지금 딱히 소중한 사람은 없어요.

みなさんは 今 好きな 人は いますか。ユリは みんなの 恋愛を 応援します。
여러분은 지금 좋아하는 사람이 있나요? 유리는 여러분의 연애를 응원해요.

余計な お世話でしたね。じゃ、今日は これで 終わり。
쓸데없는 참견이었네요. 그럼, 오늘은 이만 끝.

✓ 「同じだ」의 명사수식형

「同じだ」는 な형용사지만 명사를 수식할 때 「同じな + 명사」가 아니라 「同じ + 명사」가 된다는 점에서 특별한 な형용사예요.

同じ 学校 같은 학교, 同じ 名前 같은 이름

恋愛 연애 · 話す 이야기하다 · 最初 처음 · さみしい 외롭다 · 一年 1학년 · 同じだ 같다 ·
バイト先 아르바이트하는 곳 · 応援する 응원하다 · 余計だ 쓸데없다 · お世話 참견

182

あります
있습니다

POINT

존재 표현 ある

「ある」는 한국어로 '있다'라는 뜻이고 사물이나 식물 등 살아 움직이지 않는 것에 대해서 써요. 앞에서 배운 「いる」는 살아 움직이는 생물에 대해 쓴다는 것, 헷갈리지 않도록 주의하세요!

<くるま>
車が +
<차가>

あります
있습니다

ありません
없습니다

ありました
있었습니다

ありませんでした
없었습니다

 '있다'라는 동사는 「いる」와 「ある」가 있어요. 잘 구분해서 기억해 두세요.

패턴 학습하기 오늘 배울 패턴이 들어간 문장을 학습해 봅시다.

1

昨日、授業は ありませんでしたけど、午後に バイトが ありました。

어제 수업은 없었지만, 오후에 아르바이트가 있었어요.

➕ 車は ありませんでしたけど、バイクが ありました。
　　차는 없었지만 오토바이가 있었어요.

2

じゃ、今日は 時間が ありますか。

그럼, 오늘은 시간 있어요?

✅ 時間が あります : 시간이 있어요
　　'시간', '꿈' 등의 추상적인 것을 말할 때도 「ある」를 써요.

➕ 自信は ありますか。 자신은 있어요?
　　夢が ありますか。 꿈이 있어요?

授業 수업 · 午後 오후 · バイク 바이크, 오토바이 · 自信 자신 · 夢 꿈

3

午前 10時から 約束が あります。
ご ぜん じゅう じ   やくそく

오전 10시부터 약속이 있어요.

✓ **시간 표현** ※p.429 참조

숫자+時：〜시

1시	2시	3시	4시	5시	6시	7시	8시	9시	10시	11시	12시
いちじ 1時	にじ 2時	さんじ 3時	よじ 4時	ごじ 5時	ろくじ 6時	しちじ 7時	はちじ 8時	くじ 9時	じゅうじ 10時	じゅういちじ 11時	じゅうにじ 12時

※何時：몇 시
 なん じ

4

午後は 何も ありません。
ご ご   なに

오후에는 아무것도 없어요.

✓ **何も : 아무것도**
　なに
강조해서 말할 때는 중간에 「ん」이 들어가서 「なんにも」로 발음하는 경우도 있어요.

➕ 何も 問題 ありません。　아무것도 문제없어요.
　なに もんだい

午前 오전 ・ 約束 약속 ・ 何も 아무것도 ・ 問題 문제
ご ぜん　　　やくそく　　　　なに　　　　　　　もんだい

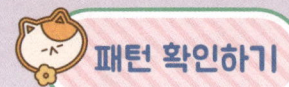 **패턴 확인하기** 실제 일본에서는 어떻게 쓰이는지 들어 보고, 빈칸에 알맞은 문장을 써 보세요. p.184-185

ユリさん、昨日は、授業が ありましたか。
유리 씨, 어제 수업이 있었어요?

いいえ。❶ _____。
아니요. 어제 수업은 없었지만, 오후에 아르바이트가 있었어요.

❷ _____。
그럼, 오늘은 시간 있어요?

今日は ❸ _____。
오늘은 오전 10시부터 약속이 있어요.

…でも、❹ _____。
…그렇지만, 오후에는 아무것도 없어요.

では、午後 いっしょに 食事しましょう。
그럼 오후에 같이 밥 먹어요.

ごめんなさい。私、お弁当が あります。
죄송해요. 저, 도시락이 있어요.

食事しましょう 밥 먹어요, 밥 먹읍시다 • **ごめんなさい** 죄송해요 • **お弁当** 도시락

好<ruby>き</ruby>です
좋아합니다

POINT

호불호 표현1

「好きです」는 '좋아합니다'라는 뜻이에요. 앞에 조사 「が」가 붙으면 '~을 좋아합니다'라는 뜻이 되고, 조사 「は」가 붙으면 '~은 좋아합니다'라는 뜻이 돼요.

車が +
자동차를

好きです
좋아합니다

好きじゃないです
좋아하지 않습니다

好きでした
좋아했습니다

好きじゃなかったです
좋아하지 않았습니다

 「好きです」라는 표현도 중요하지만 그 앞에 어떤 조사들을 쓰는지, 어떻게 해석하는지를 주의 깊게 보세요.

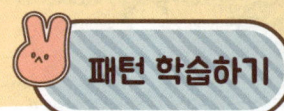

1

新_{あたら}しい 家_{いえ}は とても 好_すきですよ。

새로 이사한 집은 굉장히 좋아요(=맘에 들어요).

➕ 彼氏_{かれし}の ことが そんなに 好きですか。
남자 친구가 그렇게 좋아요? (=남자 친구를 그렇게 좋아해요?)

季節_{きせつ}の 中_{なか}で 夏_{なつ}が 一番_{いちばん} 好きです。
계절 중에서 여름을 제일 좋아해요.

2

前_{まえ}の 家_{いえ}は あまり 好きじゃなかったです。

이전 집은 별로 좋아하지 않았어요.

✓ **과거부정형 4패턴**
な형용사에서 배운 것처럼 「好きです」의 과거부정형은 「〜じゃなかったです・〜ではなかったです・〜じゃありませんでした・〜ではありませんでした」 4가지 패턴이 있어요. 정중한 정도의 차이는 있지만 다 같은 뜻이에요.

➕ 野菜_{やさい}が 好きではなかったです。
야채를 좋아하지 않았어요.

運動_{うんどう}が 好きじゃありませんでした。
운동을 좋아하지 않았어요.

野菜_{やさい} 야채

3

うるさい 所は あまり 好きじゃありません。
시끄러운 곳은 별로 좋아하지 않아요.

- **부정형 4패턴**
  과거 부정형과 마찬가지로 「好きです」의 과거형도 「~じゃないです・~ではないです・~じゃありません・~ではありません」 4가지 패턴이 있어요.

- ねこは 好きですが、犬は あまり 好きでは ありません。
  고양이는 좋아하지만 개는 별로 좋아하지 않아요.

  生ものは 好きじゃないです。
  날음식은 좋아하지 않아요.

- **「好きです」의 과거형**
  명사와 な형용사의 과거형이 「でした」라고 배웠는데 「好きだ」는 な형용사니까 「好きです」의 과거형은 「好きでした」예요.

- 前は 甘いものが 本当に 好きでした。
  전에는 단것을 정말 좋아했어요.

  昔は ゲームが 好きでした。
  옛날에는 게임을 좋아했어요.

うるさい 시끄럽다 ・ 所 곳, 장소 ・ 生もの 날음식 ・ 甘いもの 단것 ・ ゲーム 게임

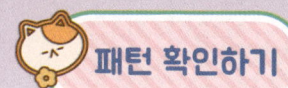 **패턴 확인하기** 실제 일본에서는 어떻게 쓰이는지 들어 보고, 빈칸에 알맞은 문장을 써 보세요. p.188-189

스즈키

ユリさん、新しい 家は どうですか。
유리 씨, 새로 이사한 집은 어때요?

유리

❶ _____。
새로 이사한 집은 굉장히 좋아요(=맘에 들어요).

それは よかったですね。前の 家も 好きでしたか。
그건 다행이네요. 이전 집도 좋아했나요?

いいえ、❷ _____。
아니요, 이전 집은 별로 좋아하지 않았어요.

なぜですか。
왜요?

前の 家は 周りが うるさくて。
이전 집은 주변이 시끄러워서.

私、❸ _____。
저, 시끄러운 곳은 별로 좋아하지 않거든요.

私も うるさい 所は 嫌いですね。
저도 시끄러운 곳은 싫어해요.

 うるさくて : 시끄러워서 〈이유〉

「〜くて」의 '이유'와 '열거' 2가지 뜻 중에서 여기서는 '이유'의 뜻으로 쓰였어요. 한국어에서 '〜해서.'로 문장을 끝낼 수 있는 것처럼 일본어에서도 「〜くて。」로 문장을 끝낼 수 있어요.

周り 주변

嫌いです
싫어합니다

POINT

호불호 표현 2

「嫌いです」는 '싫어합니다'라는 뜻이에요. 앞에 조사 「が」가 붙으면 '~을 싫어합니다, ~가 싫습니다'라는 뜻이 되고, 조사 「は」가 붙으면 '~은 싫어합니다'라는 뜻이 돼요.

のりが +
김을

嫌いです
싫어합니다

嫌いじゃないです
싫어하지 않습니다

嫌いでした
싫어했습니다

嫌いじゃなかったです
싫어하지 않았습니다

✅ 「嫌いです」 앞에 어떤 조사들을 쓸 수 있는지, 어떻게 해석하는지를 주의 깊게 보세요.

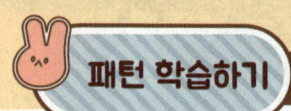 **패턴 학습하기** 오늘 배울 패턴이 들어간 문장을 학습해 봅시다.

1
実は、日本の のりは 嫌いです。

사실은, 일본 김은 싫어해요.

- わさびは 嫌いです。 와사비는 싫어해요.
- 運動は 嫌いです。 운동은 싫어해요.

2
前は 京都の つけものも 嫌いでしたよね。

전에는 교토의 채소절임도 싫어했죠?

- 종조사「〜よね」
문장 뒤에 붙이는「〜よね」에는 상대방에게 사실을 확인한다는 뉘앙스가 있어요.

- 辛いものは 嫌いでしたよね。 매운 것은 싫어했죠?
- 野菜も 魚も 嫌いでした。 야채도 생선도 싫어했어요.

 단어

のり 김 ・ わさび 와사비, 고추냉이 ・ 京都〈지명〉교토 ・ つけもの 채소절임, 장아찌 ・ 辛いもの 매운 것 ・
魚 생선, 물고기

3

つけものは 別_{べつ}に そこまで 嫌_{きら}いじゃなかったですよ。

채소절임은 별로 그렇게까지 싫어하지 않았어요.

✅ 別_{べつ}に+부정문 : 별로 ~(하)지 않다
「別に」는 부정문과 함께 써서 '별로 ~(하)지 않다'라는 뜻이에요. 비슷한 뜻으로 「あまり」라는 표현도 있지만 「別に」는 회화에서 더 많이 쓰는 표현이에요.

➕ 読書_{どくしょ}は 嫌いじゃなかったです。　독서는 싫어하지 않았어요.
　　勉強_{べんきょう}は 別に 嫌いじゃなかったです。　공부는 별로 싫어하지 않았어요.

4

日本_{にほん}の のりは 別に 嫌いじゃないです。

일본 김은 별로 싫어하지 않아요.

➕ 料理_{りょうり}は 嫌いじゃないです。　요리는 싫어하지 않아요.
　　掃除_{そうじ}は 別に 嫌いじゃないです。　청소는 별로 싫어하지 않아요.

別_{べつ}に 별로, 딱히 ・ そこまで 그렇게까지 ・ 読書_{どくしょ} 독서

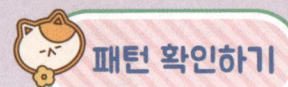 **패턴 확인하기** 실제 일본에서는 어떻게 쓰이는지 들어 보고, 빈칸에 알맞은 문장을 써 보세요. 정답 p.192-193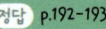

 기무라
ユリさん、どうして のりを 食べませんか。
유리 씨, 왜 김을 안 먹나요?

 유리
❶ _____。
사실은, 일본 김은 싫어해요.

好き嫌いは よく ないですよ。❷ _____。
편식은 좋지 않아요. 전에는 교토의 채소절임도 싫어했죠?

まあ、❸ _____。
뭐, 채소절임은 별로 그렇게까지 싫어하지 않았어요.

この のりも 食べましょう。あー。
이 김도 먹어요. 아~.

いやー。木村さんも 食べ物に 好き嫌いが ありますよね。
아니~. 기무라 씨도 음식에 호불호가 있잖아요!

いいえ、私は なんでも 食べますよ。
아니요, 저는 뭐든지 먹어요.

❹ _____。
일본 김은 별로 싫어하지 않아요.

✅ 好き嫌い : 호불호
食べ物に 好き嫌いが ありますか。음식에 호불호가 있어요?
彼は 好き嫌いが 激しいです。그는 호불호가 심해요.

好き嫌い 호불호, 편식 · 食べましょう 먹읍시다, 먹어요 · 食べ物 음식, 먹거리, 먹을 것 · 激しい 심하다

上手です, 得意です
잘합니다

POINT

능력 표현1

「上手です(잘합니다, 능숙합니다)」는 다른 사람을 칭찬할 때 쓰는 표현이에요.
「得意です(잘하고 자신이 있습니다)」는 자신이나 다른 사람이 잘하는 것에 대해서 이야기할 때 쓰는 표현이에요.

料理が +
요리를

上手[得意]です
잘합니다

上手[得意]じゃないです
잘하지 못합니다

上手[得意]でした
잘했습니다

上手[得意]じゃなかったです
잘하지 못했습니다

 학과목, 공부, 운동은 「得意です」와 함께 쓰인다는 것도 기억하세요!

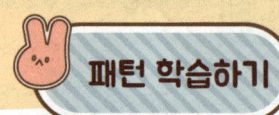 **패턴 학습하기** 오늘 배울 패턴이 들어간 문장을 학습해 봅시다.

1

子どもの 時は 得意でした。

어렸을 때는 잘했었어요.

✓ **子どもの 時** : 어렸을 때, 어릴 적
「子どもの 時」를 직역하면 '아이 때'지만 '어렸을 때'라는 뜻으로 자주 쓰는 표현이에요.

➕ ピアノが 得意でした。 피아노를 잘 쳤어요.

歌が 得意でした。 노래를 잘했어요.

2

でも、今は 全然 得意じゃありません。

그런데, 지금은 전혀 잘하지 못해요.

➕ ダンスは 得意じゃありません。 춤은 잘 추지 못해요.

絵は 得意じゃありません。 그림은 잘 못 그려요.

 단어

子どもの 時 어렸을 때 · ピアノ 피아노 · 歌 노래 · ダンス 춤 · 絵 그림

3

僕ぼくは 特とくに 料りょう理りが 得とく意いです。

저는 특히 요리를 잘해요.

- 英えい語ごが 得意です。 영어를 잘해요.
- 水すい泳えいが 得意です。 수영을 잘해요.

4

前まえは 目め玉だま焼やきも 上じょう手ずじゃありませんでした。

전에는 계란 프라이도 잘 못 만들었어요.

✓ 上じょう手ずじゃありません : 잘 못해요 〈겸손〉
「上手です」는 다른 사람을 칭찬할 때 쓰고 자신에게는 보통 안 쓰지만 부정형인 「上手じゃありません」은 자신에게도 쓸 수 있어요. 자신에게 쓰면 겸손한 표현이 돼요.

- サッカーが 上手じゃありませんでした。 축구를 잘하지 못했어요.
- 前は 日に本ほん語ごが 上手じゃありませんでした。 전에는 일본어를 잘하지 못했어요.

僕ぼく 나 (남성이 쓰는 1인칭) • 水すい泳えい 수영 • 目め玉だま焼やき 계란 프라이

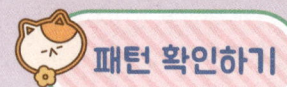 **패턴 확인하기** 실제 일본에서는 어떻게 쓰이는지 들어 보고, 빈칸에 알맞은 문장을 써 보세요. 정답 p.196-197 MP3 063

 ユリさんは 歌が 上手ですね。
다나카 유리 씨는 노래를 잘하네요.

 あ！ ❶ _____。
유리 아! 어렸을 때는 잘했었어요.

❷ _____。
그런데, 지금은 전혀 잘하지 못해요.

 いや、ちょっと 聞きましたけど、上手ですよ。
아니, 잠깐 들었는데 잘하시는데요?

 ありがとうございます。田中さんは 何が 得意ですか。
감사합니다. 다나카 씨는 뭘 잘하세요?

 ❸ _____。
저는 특히 요리를 잘해요.

 え、すごい！料理を 習いましたか。
와, 대단해! 요리를 배웠나요?

 はい。母に 習いました。❹ _____。
네, 어머니께 배웠어요. 전에는 계란 프라이도 잘 못 만들었어요.

でも、今は パスタも 親子丼も よゆうです。
그래도, 지금은 파스타도 오야코동도 여유예요(=잘 만들어요).

 わー！おいしい！
와~ 맛있다!

 ✓ 親子丼
오야코동은 '일본식 닭고기 덮밥'이라고도 해요. 닭고기와 달걀이 주재료라서 '부모와 자식'이라는 뜻의 '오야코'라는 이름이 붙었어요.

いや 아니, 아니요 • 聞く 듣다 • 習う 배우다 • パスタ 파스타 • 親子丼 〈요리 이름〉 오야코동 • よゆう 여유

下手（へた）です
잘 못합니다

POINT

능력 표현 2

「下手です」는 '잘 못합니다, 서투릅니다'라는 뜻이에요. 앞에 조사 「が」가 붙으면 '～을 잘 못합니다'라는 뜻이 되고, 조사 「は」가 붙으면 '～은 잘 못합니다'라는 뜻이 돼요.

運転（うんてん）は
운전은

\+

下手です
잘 못합니다

下手じゃないです
못하지 않습니다

下手でした
잘 못했습니다

下手じゃなかったです
못하지 않았습니다

 학과목, 공부, 운동은 「苦手です」와 함께 쓰인다는 것도 기억하세요!

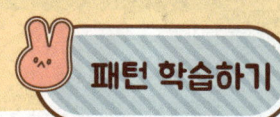 **패턴 학습하기** 오늘 배울 패턴이 들어간 문장을 학습해 봅시다.

1

私は 運転が 本当に 下手です。

저는 운전을 정말 못해요.

➕ 私は ギターが 下手です。 저는 기타를 잘 못 쳐요.
　彼は うそが 下手です。 그는 거짓말을 잘 못해요.

2

Uターンが 下手でした。

유턴을 잘 못했어요.

➕ 前は 料理が 下手でした。 전에는 요리를 잘 못했어요.
　昔は 英語が 下手でした。 옛날에는 영어를 잘 못했어요.

ギター 기타 ・ うそ 거짓말 ・ Uターン 유턴

3

でも 駐車は 下手じゃなかったです。
그래도 주차는 못하지 않았어요.

〜は 下手じゃなかったです : 〜은[는] 못하지 않았어요

부정형「下手じゃないです」는「A는 잘 못하지만 B는 못하지 않아요」처럼 능력을 비교해서 말할 때 자주 쓰여요. 과거 부정형인「下手じゃなかったです」도 마찬가지예요.
한국어에서 '〜은[는] 못하지 않아요'라고 하는 것처럼 일본어에서도 한정을 나타내는 조사「は」와 함께 써요.

スケートは 下手でしたが、スキーは 下手じゃなかったです。
스케이트는 잘 못 탔지만, 스키는 못 타지 않았어요.

ダンスは 下手でしたが、歌は 下手じゃなかったです。
춤은 잘 못 췄지만, 노래는 못하지 않았어요.

野球は 下手ですが、サッカーは 下手じゃないです。
야구는 잘 못하지만 축구는 못하지 않아요.

字は 下手ですが、絵は 下手じゃないです。
글씨는 잘 못 쓰지만 그림은 못 그리지 않아요.

駐車 주차 • スケート 스케이트 • スキー 스키 • 字 글씨

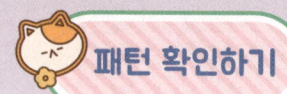 **패턴 확인하기** 실제 일본에서는 어떻게 쓰이는지 들어 보고, 빈칸에 알맞은 문장을 써 보세요. 정답 p.200-201

 車の 運転は 本当に 怖いですね。
유리 자동차 운전은 정말 무섭네요.

 僕は 別に 怖く ありませんよ。
스즈키 저는 별로 안 무서워요.

 ❶ _____。鈴木さんは？
저는 운전을 정말 못해요. 스즈키 씨는요?

 最初は 誰でも そうですよ。僕は ❷ _____。
처음에는 누구나 그래요. 저는 유턴을 잘 못했어요.

❸ _____。
그래도 주차는 못하지 않았어요.

 そしたら ぜひ 私に 運転を 教えて くれませんか。
그럼 저에게 운전을 가르쳐 주지 않을래요?

 いいですよ。
좋아요.

 ぜひ : 반드시, 꼭, 부디
간절한 마음으로 상대방에서 무언가를 요청하거나 강하게 추천할 때 '반드시, 꼭'이라는 뜻의 「ぜひ」를 써요. '~해 주세요'라는 뜻의 「~て ください」와 함께 쓰는 경우가 많아요.

運転 운전 • 怖い 무섭다 • 誰でも 누구나 • そしたら 그러면, 그럼 • ぜひ 제발, 꼭 •
教えて くれませんか 가르쳐 주지 않을래요?

～に します
～로 하겠습니다

POINT

선택 표현

「명사+に します」는 '～로 하겠습니다'라는 뜻으로 무언가를 선택하거나 결정할 때 쓰는 표현이에요.

コーヒー +
커피

に します
로 하겠습니다

に しませんか
로 하지 않겠습니까?

に しました
로 했습니다

に しませんでした
로 하지 않았습니다

✓ 「～に します」는 다양한 상황에서 무언가를 결정할 때 쓰는 표현이지만, 특히 누군가와 함께 메뉴를 선택하는 상황에서 '저는 ～로 할래요' '저는 ～로 하겠습니다'라는 뜻으로 많이 사용하는 표현이에요.

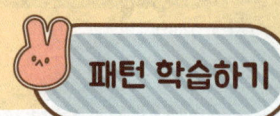

패턴 학습하기 오늘 배울 패턴이 들어간 문장을 학습해 봅시다.

1

来週の 金曜日に しました。
らいしゅう きんようび

다음 주 금요일로 (정)했어요.

➕ 買い物は 明日に しました。 쇼핑은 내일 하기로 했어요.
   か もの   あした

   私は ジュースに しました。 저는 주스로 했어요.
   わたし

2

その 前の 日に しませんか。
   まえ   ひ

그 전날로 하지 않을래요?

✅ ～に しませんか : ～로 하지 않을래요?
부정형을 「～に しませんか」처럼 의문 형태로 만들어서 권유의 뜻으로 써요.

➕ 旅行は 沖縄に しませんか。 여행은 오키나와로 하지 않을래요?
   りょこう おきなわ

ジュース 주스 · 沖縄〈지명〉 오키나와
         おきなわ

204

3

部活の後、ご飯にしますか。

동아리 활동 후 식사를 할까요?

✅ **명사+の後 : ~후**
순서를 나타낼 때 '~후'라는 뜻의 「後」를 써요. 앞에 명사가 있으니까 「の」가 들어가요.

~にする : ~로 하다, ~을 하다
「~に する」는 선택할 때 쓰이지만, 단순히 '~을 하다'라는 뜻으로 쓰이기도 해요. 여기서 「ご飯に する」는 '식사를 하다'라는 뜻으로 쓰였어요.

➕ ご飯の後、シャワーにします。 식사 후, 샤워를 할게요.

4

今まで 一度も 食事は 部活の 後に しませんでした。

지금까지 한 번도 식사는 동아리 활동 후로 잡지 않았어요.

➕ プレゼントは かばんに しませんでした。指輪に しました。
선물은 가방으로 하지 않았어요. 반지로 했어요.

部活 동아리 활동 ・ ~の後 ~후 ・ ご飯 밥, 식사 ・ シャワー 샤워 ・ 一度も 한 번도 ・ 指輪 반지

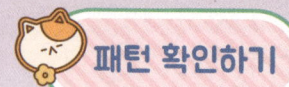 **패턴 확인하기** 실제 일본에서는 어떻게 쓰이는지 들어 보고, 빈칸에 알맞은 문장을 써 보세요. 정답 p.204-205

 다나카
今度の 部活は いつに なりましたか。
이번 동아리 활동은 언제로 정해졌나요?

 스즈키
あ、先輩！ ❶ _____。
아, 선배! 다음 주 금요일로 (정)했어요.

え、金曜日は 一年生の 合宿が ありますよ。
어, 금요일에는 1학년 합숙이 있어요.

❷ _____。木曜日ですけど。
그 전날로 하지 않을래요? 목요일인데.

あ！そうですか。じゃ、変えますね。
아! 그런가요? 그럼 바꿀게요.

❸ _____。
동아리 활동 후 식사를 할까요?

みんな バイトが あるから、
모두 아르바이트가 있어서,

❹ _____。
지금까지 한 번도 식사는 동아리 활동 후로 잡지 않았어요.

みんな 忙しいなー。
다들 바쁘네~.

✓ **一年生 : 1학년**
'1학년'이라고 할 때는 「生」를 생략하고 「一年(1학년)」이라고 할 수 있어요. 하지만 위의 대화처럼 그 학년의 '학생들'이라는 뜻으로 쓸 때는 「生」를 생략하지 않고 「一年生」라고 표현해요.

変える vs 帰る
「変える(바꾸다)」와 「帰る(돌아가다, 돌아오다)」는 히라가나로 쓰면 둘 다 「かえる」지만 「変える」는 2그룹 동사, 「帰る」는 1그룹 동사예요. 활용에 주의하세요!

今度 이번 ・ 〜に なる 〜가 되다, 〜로 정해지다 ・ 一年生 1학년 ・ 合宿 합숙 ・ 変える 바꾸다

206

できます
할 수 있습니다

POINT

가능 표현

「できます」는 주로 「명사+が できます」의 형태로 '~을 할 수 있습니다, ~이 가능합니다'라는 뜻으로 가능의 의미를 나타내요. 「できます」 앞에는 조사 「が」를 쓴다는 점에 주의하세요.

運転が　＋
うん　てん
운전을

できます
할 수 있습니다

できません
할 수 없습니다

できました
할 수 있었습니다

できませんでした
할 수 없었습니다

 '~을 할 수 있습니다'라고 표현할 때 조사 「が」를 쓴다는 점이 우리말과 다른 점이지만 그 외에는 우리말 조사와 같이 '~은 할 수 있습니다'는 「~は できます」, '~도 할 수 있습니다'는 「~も できます」라고 표현해요.

패턴 학습하기
오늘 배울 패턴이 들어간 문장을 학습해 봅시다.

1

一人(ひとり)で 旅行(りょこう)が できますか。

혼자서 여행할 수 있나요?

➕ 日本語(にほんご)が できますか。 일본어를 할 수 있나요?
　 家(いえ)の 中(なか)でも 運動(うんどう)が できます。 집 안에서도 운동을 할 수 있어요.

2

運転(うんてん)が できません。

운전을 못해요.

➕ 私(わたし)は 水泳(すいえい)が できません。 저는 수영을 못해요.
　 今(いま)は 電話(でんわ)が できません。 지금은 전화를 할 수 없어요.

一人(ひとり)で 혼자서

3

一人で 食事が できませんでした。
혼자서 밥을 못 먹었어요.

➕ 前は スキーが できませんでした。 전에는 스키를 못 탔어요.
忙しくて 連絡も できませんでした。 바빠서 연락도 못 했어요.

4

みんなで 料理が できました。
다 같이 요리를 할 수 있었어요.

➕ 昨日は たくさん 練習が できました。 어제는 연습을 많이 할 수 있었어요.
一人でも 準備が できました。 혼자서도 준비를 할 수 있었어요.

練習 연습

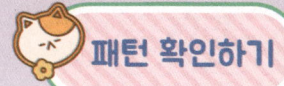

木村^{きむら}さんは ❶ _____ 。
기무라 씨는 혼자서 여행할 수 있나요?

実^{じつ}は 私^{わたし}、❷ _____ 。
사실은 저, 운전을 못해요.

だから 難^{むずか}しいですね。
그래서 (혼자 하는 여행은) 어렵네요.

そうですか。私は 前は ❸ _____ 。
그렇군요. 저는 전에는 혼자서 밥을 못 먹었어요.

だから 一人旅^{ひとりたび}も ちょっと 大変^{たいへん}でしたね。
그래서 혼자 여행하는 것도 좀 힘들었죠.

でも この前^{まえ} 一人旅 しましたよね。
그래도 얼마 전에 혼자 여행했죠?

じゃ、今^{いま}は、一人で 旅行^{りょこう}が できますか。
그럼 지금은 혼자 여행할 수 있어요?

はい。この前の ゲストハウスでは ❹ _____ 。
네. 저번 게스트 하우스에서는 다 같이 요리를 할 수 있었어요.

一人旅^{ひとりたび} 혼자 하는 여행 • ゲストハウス 게스트 하우스

210

ほしいです
갖고 싶습니다

희망 표현 (소유)

「ほしいです」는 '갖고 싶습니다, 원합니다'라는 뜻으로 어떤 물건을 소유하고 싶다는 희망을 나타내요.

服が +
옷을

ほしいです
갖고 싶습니다

ほしくないです
갖고 싶지 않습니다

ほしかったです
갖고 싶었습니다

ほしくなかったです
갖고 싶지 않았습니다

✅ い형용사 활용을 한다는 점과 「ほしいです」 앞에는 조사 「が」를 쓴다는 점에 주의하세요.

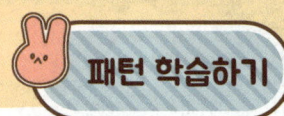 **패턴 학습하기** 오늘 배울 패턴이 들어간 문장을 학습해 봅시다.

1

ブランドの バッグが ほしいです。
명품 가방을 갖고 싶어요.

✅ **ブランド : 브랜드, 명품**
일본어에서 「ブランド」는 '명품'이라는 뜻으로 많이 써요.

バッグ의 발음
'bag(가방)'을 일본어로 표기하면 「バッグ」지만, 발음 때문에 실제로는 「バック」라고 말하는 사람이 많아요. 참고로 「バック」는 'back(뒤쪽의)'을 표기할 때 써요.

➕ 新(あたら)しい 服(ふく)が ほしいです。 새 옷을 갖고 싶어요.
　暖(あたた)かい ぼうしが ほしいです。 따뜻한 모자를 갖고 싶어요.

2

あまり ほしくないですね。
별로 갖고 싶지 않네요.

➕ 指輪(ゆびわ)は ほしくないです。 반지는 갖고 싶지 않아요.
　アクセサリーは あまり ほしくないです。 액세서리는 별로 갖고 싶지 않아요.

 **단어**

ブランド 브랜드, 명품 ・ バッグ 백, 가방 ・ ほしい 갖고 싶다 ・ 服(ふく) 옷 ・ ぼうし 모자 ・ アクセサリー 액세서리

3

前は 高い バッグや くつが ほしかったです。
예전에는 비싼 가방이나 구두가 갖고 싶었어요.

➕ 休みが ほしかったです。 휴가를 갖고 싶었어요.
　子どもの 時は ゲーム機が ほしかったです。 어릴 때는 게임기가 갖고 싶었어요.

4

全然 ほしくなかったです。
전혀 갖고 싶지 않았어요.

➕ ペットは ほしくなかったです。 반려동물은 갖고 싶지 않았어요.
　彼女は 全然 ほしくなかったです。 여자 친구는 전혀 갖고 싶지 않았어요.

くつ 구두, 신발 ・ ゲーム機 게임기 ・ ペット 반려동물

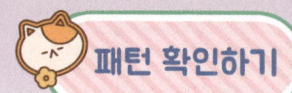 **패턴 확인하기** 실제 일본에서는 어떻게 쓰이는지 들어 보고, 빈칸에 알맞은 문장을 써 보세요. 정답 p.212-213 MP3 067

스즈키

僕(ぼく)も 大人(おとな)だから ❶ _____。
저도 어른이니까 명품 가방을 갖고 싶어요.

유리

え、でも ブランドの バッグは とても 高(たか)いですよね。
앗, 그래도 명품 가방은 너무 비싸잖아요.

私(わたし)は お金(かね)が ないから ❷ _____。
저는 돈이 없어서 별로 갖고 싶지 않네요.

え、どうしてですか。意外(いがい)ですね。
네? 왜요? 의외네요.

前(まえ)は ブランド物(もの) 好(す)きでしたよね。
전에는 명품을 좋아했잖아요.

たしかに ❸ _____。
확실히 예전에는 비싼 가방이나 구두가 갖고 싶었어요.

でも 最近(さいきん)は、人(ひと)は 外見(がいけん)より 内面(ないめん)の 方(ほう)が 大事(だいじ)だなと 思(おも)いますね。
그래도 최근에는 사람은 겉모습보다 내면이 중요하다고 생각해요.

素敵(すてき)な 考(かんが)え方(かた)ですね。
멋진 사고방식이네요.

そういえば、この前 キクチちゃんの 車(くるま)を 見(み)ましたか。
그러고 보니, 이전에 기쿠치의 자동차 봤나요?

はい。でも、私は 車に 興味(きょうみ)が ないから ❹ _____。
네. 하지만, 저는 자동차에는 흥미가 없어서 전혀 갖고 싶지 않았어요.

 단어

大人(おとな) 어른 ・ お金(かね) 돈 ・ 意外(いがい)だ 의외다 ・ ブランド 명품 ・ たしかに 확실히 ・ 外見(がいけん) 겉모습 ・ 内面(ないめん) 내면 ・ 大事(だいじ)だ 중요하다 ・ 〜と 思(おも)う 〜라고 생각하다 ・ 考(かんが)え方(かた) 사고방식 ・ 〜ちゃん 친한 친구 이름 뒤에 붙여 쓰는 말 ・ 興味(きょうみ) 흥미, 관심

あげます
줍니다, 드립니다

수수동사 あげる

POINT

「あげる(주다, 드리다)」는 '내'가 '남'에게 줄 때, 혹은 '남'이 '남'에게 줄 때 쓰는 표현이에요.

先生に（선생님께） +

あげます
드립니다

あげません
드리지 않습니다

あげました
드렸습니다

あげませんでした
드리지 않았습니다

 일본어에서 '주다'라는 동사는 「あげる」와 「くれる」가 있어요. 누가 주고 누가 받는 것인지에 따라 구분해서 사용하는 표현이니까 주의해서 기억해 두세요.

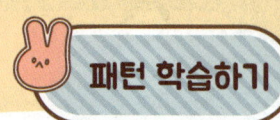 **패턴 학습하기** 오늘 배울 패턴이 들어간 문장을 학습해 봅시다.

1

去年 彼女の 誕生日に 何を **あげました**か。
작년에 여자 친구 생일에 뭘 줬나요?

✓ **あげる : 주다, 드리다**
내가 주는 것을 말할 때, 또는 남이 남에게 주는 것을 말할 때 써요. 나 → 남, 남 → 남

➕ 好きな 人に チョコレートを **あげました**。 좋아하는 사람에게 초콜릿을 줬어요.

子どもの 日に 何を **あげました**か。 어린이날에 무엇을 줬어요?

2

誰にも **あげませんでした**よ。
아무에게도 안 줬어요.

➕ 鈴木さんには おみやげを **あげませんでした**。 스즈키 씨에게는 여행 선물을 안 줬어요.

クリスマスプレゼントは 誰にも **あげませんでした**。 크리스마스 선물은 아무에게도 안 줬어요.

 단어

去年 작년 ・ **あげる** 주다, 드리다 ・ **チョコレート** 초콜릿 ・ **子どもの日** 어린이날 ・
誰にも 누구에게도, 아무에게도 ・ **おみやげ** 기념품, 여행지에서 사 온 선물 ・ **クリスマス** 크리스마스

3

今の 彼女には 化粧品を あげますよ。
지금 여자 친구한테는 화장품을 줄 거예요.

➕ 毎年、母の日に 花を あげます。 매년 어머니의 날에 꽃을 드려요.

　姉に ワインを あげます。 언니[누나]에게 와인을 줘요.

4

そこまで 高い 物は あげませんよ。
그 정도까지 비싼 물건은 안 줘요.

➕ 実用的じゃない 物は あげません。 실용적이지 않은 물건은 안 줘요.

　弟の 誕生日には 何も あげません。 남동생 생일에는 아무것도 안 줘요.

毎年 매년 ・ 母の日 어머니의 날 ・ 花 꽃 ・ ワイン 와인 ・ 物 것, 물건 ・ 実用的だ 실용적이다 ・ 弟 남동생

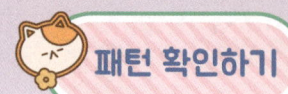 **패턴 확인하기** 실제 일본에서는 어떻게 쓰이는지 들어 보고, 빈칸에 알맞은 문장을 써 보세요.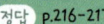

鈴木さん、❶ _____ 。
스즈키 씨, 작년에 여자 친구 생일에 뭘 줬나요?

去年、彼女は いませんでしたから、❷ _____ 。
작년에는 여자 친구가 없었어서, 아무에게도 안 줬어요.

じゃ、今年は？
그럼 올해는요?

❸ _____ 。
지금 여자 친구한테는 화장품을 줄 거예요.

今の 彼女って… じゃ、前の 彼女の 誕生日には 何を あげましたか。
지금 여자 친구라니… 그럼, 전 여자 친구의 생일에는 뭘 줬었나요?

前の 彼女には ネックレスを あげましたね。
전 여자 친구에게는 목걸이를 줬었네요.

おー！ネックレス。いいですね。でも、高かったでしょう。
오~! 목걸이. 좋네요. 근데 비쌌죠?

あの時は お金を かなり 使いましたね。その時、生活費が なくて 大変でした。
그때는 돈을 꽤 썼네요. 그때 생활비가 없어서 힘들었어요.

だから、それからは ❹ _____ 。
그래서, 그 후로는 그 정도까지 비싼 물건은 안 줘요.

たしかに それが いいですね。
확실히 그게 좋겠네요.

 '그때'는 あの時? その時?
과거를 회상하면서 후회하거나 그리워할 때 한국어에서는 '그때'라고 하지만 일본어에서는 「あの時」라는 표현을 써요. 한국어를 그대로 해석해서 「その時」라고 하면 이런 뉘앙스 없이 앞에서 나온 어떤 시점을 가리키는 뜻이 돼요.

今年 올해, 금년 ・ ネックレス 목걸이 ・ ～でしょう ～지요?, ～죠? ・ あの時 (과거의) 그때, 그 시절 ・ その時 (앞에서 언급한) 그때 ・ 生活費 생활비 ・ それから 그 후로, 그 이후로

くれます
줍니다

수수동사 くれる

「くれる」와 앞에서 배운 「あげる」는 모두 '주다'라는 뜻이에요. 두 단어의 차이는 「あげる」는 '내'가 '남'에게 줄 때, 또는 '남'이 '남'에게 줄 때 쓰는 표현이고, 「くれる」는 '남'이 '나(혹은 나와 같은 그룹 사람)'에게 줄 때 쓰는 표현이에요.

先生が +
선생님이

くれます
줍니다

くれません
주지 않습니다

くれました
주었습니다

くれませんでした
주지 않았습니다

 「くれる」와 「あげる」는 한국 사람들에게는 헷갈리기 쉬운 표현이니까 자유롭게 구분해서 사용할 수 있도록 확실히 연습해 보세요.

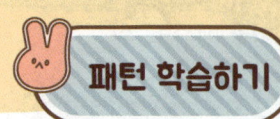 **패턴 학습하기** 오늘 배울 패턴이 들어간 문장을 학습해 봅시다.

1
先生が 学生たち みんなに 本を くれましたよ。
선생님이 학생들 모두에게 책을 주셨어요.

✓ **〜たち : 〜들**
「〜たち」는 '〜들'이라는 뜻으로 사람이나 동물 등 생물에 관한 명사에 붙어서 복수를 나타내요.
学生たち 학생들, ねこたち 고양이들

くれる : 주다
남(타인)이 나 혹은 나와 같은 그룹에 속한 사람(가족, 친구)에게 '주다'라는 뜻이에요.

➕ 先生が 私の 家族に 本を くれます。 선생님이 내 가족에게 책을 줍니다.

2
学校の 方からも みんなに 花を くれますよ。
학교 쪽에서도 모두에게 꽃을 줘요.

✓ **〜から : 〜에게(서), 〜로부터**
「〜から」는 사람, 장소, 시간 등의 명사와 같이 쓰고 동작의 출발점을 나타내요.
日本人の 友だちから 手紙が 来ました。 일본인 친구에게서 편지가 왔어요.

➕ 毎年、誕生日に 会社の 方から ケーキを くれます。 매년 생일에 회사 측에서 케이크를 줘요.

 단어

くれる (남이 나에게) 주다 · 〜たち 〜들 · 〜から 〜에서, 〜로부터 · ケーキ 케이크

③

ボールペン 一本(いっぽん)も くれませんよ。

볼펜 한 자루도 안 줘요.

✅ **一本(いっぽん) : 한 자루, 한 병, 한 개**

볼펜, 병처럼 기다랗게 생긴 물건을 셀 때는 「本(ほん・ぼん・ぽん)」이라는 조수사를 써요. 앞에 오는 수에 따라 읽는 법이 달라지는 것에 주의하세요! ※p.427 참조

1자루	2자루	3자루	4자루	5자루	6자루	7자루	8자루	9자루	10자루
いっぽん 一本	にほん 二本	さんぼん 三本	よんほん 四本	ごほん 五本	ろっぽん 六本	ななほん 七本	はっぽん 八本	きゅうほん 九本	じゅっぽん 十本

➕ 今(いま)の 会社(かいしゃ)は あまり 休(やす)みを くれません。 지금 회사는 별로 휴가를 안 줘요.

④

高校(こうこう)では 何(なに)も くれませんでした。

고등학교에서는 아무것도 안 줬었어요.

✅ **「私(わたし)に」의 생략**

「くれる」는 남이 나에게 줄 때 쓰는 표현이라서 「私に」가 없어도 누가 받았는지 명확하기 때문에 생략할 수 있어요.

➕ 記念日(きねんび)でしたが、彼氏(かれし)は プレゼントを くれませんでした。
기념일이었지만 남자 친구는 선물을 안 줬어요.

ボールペン 볼펜 · 一本(いっぽん) 한 자루 · 記念日(きねんび) 기념일 · ~が ~지만

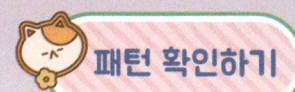

유리
論文 大変でしたね。本当に おつかれさまでした。
논문 힘들었죠? 정말 수고했어요.

스즈키
ユリさんも おつかれさまでした。あれ？ユリさん、これは 何の 箱ですか。
유리 씨도 수고했어요. 어? 유리 씨, 이건 무슨 상자예요?

❶ _____。
선생님이 학생들 모두에게 책을 주셨어요.

そうでしたか。あとで、❷ _____。
그랬어요? 나중에, 학교 쪽에서도 모두에게 꽃을 줘요.

うれしい！ふつう、❸ _____。
신난다! 보통은 볼펜 한 자루도 안 줘요.

たしかに！❹ _____。
맞아요! 고등학교에서는 아무것도 안 줬었어요.

✅ **たしかに！: 맞아요!**
「たしかに」도 맞장구칠 때 자주 쓰는 표현이에요. 「たしかに そうですね。(확실히 그렇네요)」에서 「そうですね」가 생략된 표현이에요.

論文 논문 • おつかれさまでした 수고했어요 • 何の 무슨 • 箱 상자 • あとで 나중에 • うれしい 기쁘다, 신이 나다 • ふつう 보통

もらいます
받습니다

POINT

수수동사 もらう

「もらう」는 '받다'라는 뜻으로 '내'가 '남'에게 혹은 '남'이 '남'에게 무언가를 받을 때 쓰는 표현이에요.

リップを + もらいます
립스틱을　　받습니다

　　　　　 もらいません
　　　　　 받지 않습니다

　　　　　 もらいました
　　　　　 받았습니다

　　　　　 もらいませんでした
　　　　　 받지 않았습니다

 '주다'는 「あげる」와 「くれる」를 구분해야 하지만 '받다'는 「もらう」 하나만 기억하세요!

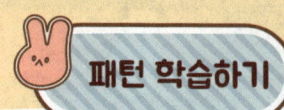
패턴 학습하기 오늘 배울 패턴이 들어간 문장을 학습해 봅시다.

1

友(とも)だちの あかねちゃんに この リップを もらいました。

친구 아카네에게 이 립스틱을 받았어요.

➕ 先生(せんせい)に 宿題(しゅくだい)を たくさん もらいました。
　　선생님에게 숙제를 많이 받았어요.(=선생님이 숙제를 많이 내 주셨어요.)

　　フォロワーに コメントを もらいました。 팔로워에게 코멘트를 받았어요.

2

今回(こんかい)は 家族(かぞく)から 何(なに)も もらいませんでした。

이번에는 가족에게 아무것도 못 받았어요.

✅ ～に もらう・～から もらう : ～에게[로부터] 받다
　사람에게 받을 때는 「～に」나 「～から」 둘 다 쓸 수 있지만 나라나 조직, 기관에서 받을 때는 「～から」를 써요.

➕ 彼女(かのじょ)から 誕生日(たんじょうび)プレゼントを もらいませんでした。 여자 친구에게 생일선물을 못 받았어요.

　　会社(かいしゃ)から ボーナスを もらいませんでした。 회사에게 보너스를 못 받았어요.

단어

宿題(しゅくだい) 숙제 ・ フォロワー 팔로워 ・ コメント 코멘트, 댓글 ・ 今回(こんかい) 이번 ・ ボーナス 보너스

3

プレゼントを もらいません。

선물을 받지 않을 거예요.

✓ **もらいません : 받지 않아요, 받지 않을 거예요**
일본어에서는 현재형으로 현재뿐만 아니라 미래에 대해서도 이야기할 수 있어요.

➕ 寄付(きふ)を **もらいません**。 기부를 받지 않아요.

　 おこづかいを **もらいません**。 용돈을 받지 않아요.

4

なぜなら 私(わたし)は みなさんから 愛(あい)を もらいますからね。

왜냐하면 저는 여러분한테 사랑을 받으니까요.

➕ 会社(かいしゃ)から 休(やす)みを **もらいます**。 회사에서 휴가를 받아요.
　 学校(がっこう)から 賞状(しょうじょう)を **もらいます**。 학교에서 상장을 받아요.

寄付 기부 ・ おこづかい 용돈 ・ なぜなら 〈접속사〉왜냐하면 ・ みなさん 여러분 ・ 賞状(しょうじょう) 상장

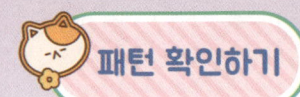 **패턴 확인하기** 실제 일본에서는 어떻게 쓰이는지 들어 보고, 빈칸에 알맞은 문장을 써 보세요. p.224-225

 유리가 자기 방의 물건을 소개하고 있어요.

今日は 私の 部屋に ある 物を 紹介します。
오늘은 제 방에 있는 물건들을 소개할게요.

ちょっと はずかしいですね。この前、私、誕生日でした。
조금 부끄럽네요. 얼마 전 제 생일이었어요.

みんな、ありがとうございます！
모두, 감사해요!

あ！ ❶ _____。かわいいですよね。
아! 친구 아카네에게 이 립스틱을 받았어요. 귀엽죠?

あ…家族ですか。
아…, 가족들이요?

みんな、韓国に いるから ❷ _____。
다들 한국에 있어서 이번에는 가족에게 아무것도 못 받았어요.

〔시청자 댓글을 보고〕

え、あー、みんな うれしい！
어머, 와~ 기뻐요~!

でも 私は、視聴者の みなさまに ❸ _____。
하지만 저는 시청자 여러분들한테 선물을 받지 않을 거예요.

❹ _____。
왜냐하면 저는 여러분한테 사랑을 받으니까요.

その 気持ちだけで 感謝です。
그 마음만으로도 감사해요.

紹介する 소개하다 ・ はずかしい 민망하다, 부끄럽다 ・ 視聴者 시청자 ・
みなさま 여러분 (「みなさん」의 높임말) ・ ～だけで ～만으로(도) ・ 感謝 감사

〜と 思います

~라고 생각합니다

POINT

판단 · 예상 · 추측 표현

「〜と 思います」는 '~라고 생각합니다'라는 뜻으로 자신의 생각을 말할 때 쓰는 표현이에요. 명사, 형용사, 동사와 함께 쓸 수 있고 각 품사의 연결형은 아래와 같아요.

명사+だ
い형용사 기본형
な형용사 기본형
동사 기본형
＋

と 思います
라고 생각합니다

と 思いません
라고 생각하지 않습니다

と 思いました
라고 생각했습니다

と 思いませんでした
라고 생각하지 않았습니다

 각 품사의 부정형과 과거형 등 다양한 형태에도 연결할 수 있어요.

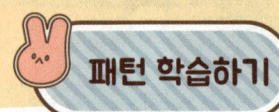 **패턴 학습하기** 오늘 배울 패턴이 들어간 문장을 학습해 봅시다.

1

先輩だと 思いませんでしたよ。

선배라고 생각 못했어요.

✅ **명사+だと : ~라고**

「~と 思う」 앞에 명사가 올 때는 명사에 바로 연결하는 게 아니라 「명사+だ」 형태에 연결해요. 「だ」가 빠지지 않도록 주의하세요!

➕ **日本人だと 思いませんでした。** 일본인이라고 생각 못했어요.

休みだと 思いませんでした。 휴무라고 생각 못했어요.

2

仕事って そんなに 難しいと 思いませんけど。

일은 그렇게 어렵다고 생각 안 하는데요.

✅ **조사 「は」=って**

회화에서는 조사 「は」를 「って」로 바꿔서 쓰는 경우도 많아요.

い형용사 기본형+と : ~(하)다고

「~と 思う」 앞에 い형용사가 올 때는 기본형에 그대로 연결하면 돼요.

➕ **その ドラマ、私は おもしろいと 思いません。** 그 드라마, 저는 재미있다고 생각하지 않아요.

キムチって あまり からいと 思いませんけど。 김치는 별로 맵다고 생각하지 않는데요.

 단어

キムチ 김치 ・ **~って** ~은[는]

3

4年生は 楽だと 思いましたが、
4학년은 편하다고 생각했는데,

✅ **な형용사 기본형 + と : ~(하)다고**
「~と 思う」 앞에 な형용사가 올 때는 기본형에 그대로 연결하면 돼요.

➕ 一人でも 大丈夫だと 思いました。 혼자서도 괜찮다고 생각했습니다.

その 仕事は 大変だと 思いましたが、けっこう 簡単でした。
그 일은 힘들 거라고 생각했는데 꽤 쉬웠어요.

> 동사에 연결되는 경우

先生は もうすぐ 来ると 思います。
선생님은 곧 오실 거라고 생각해요.

✅ **동사 기본형 + と : ~(할) 거라고**
「~と 思う」 앞에 동사를 붙여서 '~라고 생각하다'라는 표현을 할 때는 동사의 기본형과 연결해요.

➕ 今、家には 母が いると 思います。 지금 집에는 어머니가 계실 거라고 생각해요.

鈴木さんは 来週 日本に 帰ると 思います。
스즈키 씨는 다음 주에 일본에 돌아갈 거라고 생각해요.

妹は 7時には 起きると 思います。 여동생은 7시에는 일어날 거라고 생각해요.

もうすぐ 이제 곧

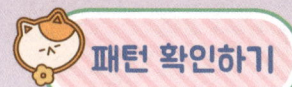 **패턴 확인하기** 실제 일본에서는 어떻게 쓰이는지 들어 보고, 빈칸에 알맞은 문장을 써 보세요. p.228-229 MP3 071

스즈키

先輩！スーツ姿 はじめてですね。
선배! 수트 입은 거 처음이네요.

❶ _____。
선배라고 생각 못 했어요.

다나카

いやー 今日も 仕事で くたくたですよ。
아~ 오늘도 일 때문에 녹초가 됐어요.

仕事 そんなに 大変ですか。
일이 그렇게 힘든가요?

僕は ❷ _____。
저는 일은 그렇게 어렵다고 생각 안 하는데요.

社会人って 大変ですよ。今、4年生ですよね。これから どうしますか。
직장인은 힘들어요! 지금 4학년이죠? 이제부터 어떻게 할 거예요?

僕は ❸ _____、
저는 4학년은 편하다고 생각했는데,

実際は 卒論に 就活に 忙しいですね。
실제로는 졸업 논문에, 취업 활동에, 바쁘네요.

そうですよね。卒論も 就活も 大変ですが、がんばって くださいね。
그렇죠. 졸업 논문도, 취업 활동도 힘들지만, 힘내세요.

ありがとうございます。がんばります。
감사합니다. 힘낼게요.

スーツ姿 수트를 입은 모습 ・ はじめて 처음 ・ 社会人 사회인, 직장인 ・ これから 앞으로, 이제부터 ・
実際 실제(로) ・ 卒論 졸업논문 (卒業論文의 줄임말) ・ 就活 취업 활동 (就職活動의 줄임말) ・
がんばって ください 힘내세요 ・ がんばる 힘내다

～ことが できます
~(하는) 것이 가능합니다

POINT

가능 표현

「동사 기본형 + ことが できます」는 '~(하는) 것이 가능합니다'라는 뜻으로 가능의 의미를 나타내요. '~을 할 수 있습니다'와 같은 뜻이에요.

理解する(りかい) +
이해하다, 이해하는

- ことが できます
  것이 가능합니다
- ことが できません
  것이 불가능합니다
- ことが できました
  것이 가능했습니다
- ことが できませんでした
  것이 불가능했습니다

✓ 「～ことが できます」는 동사 「できる(가능하다, 할 수 있다)」를 사용한 표현이에요.

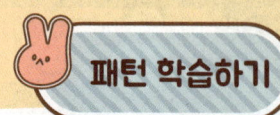 **패턴 학습하기** 오늘 배울 패턴이 들어간 문장을 학습해 봅시다.

1

平日は 働く ことが できますか。

평일은 일할 수 있나요?

- 中国語を 話す ことが できます。 중국어를 말할 수 있어요.
- 一人で 行く ことが できます。 혼자서 갈 수 있어요.

2

シフトに 入る ことが できません。

시프트(=근무표)에 들어갈 수 없습니다.

- ✓ 1그룹 동사 「入る」
  '들어가다'라는 뜻의 「入る」는 2그룹처럼 보이지만 1그룹 동사예요.

- 泳ぐ ことが できません。 수영을 못해요.
- お酒を 飲む ことが できません。 술을 못 마셔요.

 **단어**

働く 일하다 ・ 中国語 중국어 ・ シフト 시프트, 근무표 ・ 入る 들어가다 ・ 泳ぐ 수영하다, 헤엄치다

3
運動時間を 確認する ことが できませんでした。
운동 시간을 확인할 수 없었어요.

➕ 前は 漢字を 読む ことが できませんでした。 전에는 한자를 읽을 수 없었어요.
子どもの 時は、自転車に 乗る ことが できませんでした。
어렸을 때는 자전거를 탈 수 없었어요.

4
理解する ことが できました。
이해할 수 있었습니다.

➕ テストに 合格する ことが できました。 시험에 합격할 수 있었어요.
大学を 卒業する ことが できました。 대학교를 졸업할 수 있었어요.

確認する 확인하다 · 自転車 자전거 · 理解する 이해하다 · 合格する 합격하다 · 卒業する 졸업하다

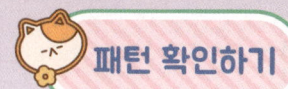 **패턴 확인하기** 실제 일본에서는 어떻게 쓰이는지 들어 보고, 빈칸에 알맞은 문장을 써 보세요. p.232-233

❶ _____。
평일은 일할 수 있나요?

はい、もちろんです！
네, 물론입니다.

しゅうまつ
週末は どうですか。
주말은 어떤가요?

ぶ かつ
すみません。週末は 部活があって、
죄송합니다. 주말은 동아리 활동이 있어서,

❷ _____。
시프트(=근무표)에 들어갈 수 없습니다.

へいじつ たんとう   ねが
そうですか。じゃ、平日 担当で お願いします。
그렇군요. 그럼, 평일 담당으로 부탁드립니다.

[며칠 뒤]

まえ
前は ❸ _____。
전에는 운동 시간을 확인할 수 없었어요.

いま   かくにん
でも、今は これで 確認する ことが できます！
하지만 지금은 이걸로 확인할 수 있어요.

[업무 내용에 대한 설명이 끝난 후]

おかげさまで ❹ _____。ありがとうございます。
덕분에 이해할 수 있었습니다. 감사합니다.

✅ **おかげさまで : 덕분에**
「おかげさまで」는 '덕분에'라는 뜻으로 많이 쓰는 표현이에요. 구체적인 사람 이름을 넣어서 감사의 마음을 말할 때는 「사람 이름+の おかげで(~의 덕분에)」라는 표현도 많이 써요.

たんとう
担当 담당 ・ おかげさまで 덕분에

〜から …まで
~부터 …까지

POINT

범위를 나타내는 표현

「명사+から(~부터)」는 출발점을, 「명사+まで(~까지)」는 도착점을 나타내요. 「명사+から 명사+まで」로 시간이나 공간의 범위를 표현해요. 명사 자리에는 날짜, 시간, 장소에 관한 단어를 넣을 수 있어요!

기간
1日(ついたち)から 10日(とおか)まで
1일부터 10일까지

거리
ソウルから プサンまで
서울에서 부산까지

시간
4時(よじ)から 7時(しちじ)まで
4시부터 7시까지

 의문사를 사용한 「何時(なんじ)から 何時まで(몇 시부터 몇 시까지)」, 「どこから どこまで(어디부터 어디까지)」, 「いつから いつまで(언제부터 언제까지)」 등의 표현도 많이 써요.

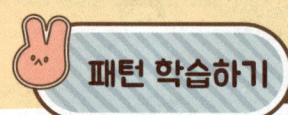

패턴 학습하기
오늘 배울 패턴이 들어간 문장을 학습해 봅시다.

1

１３日から 20日まで 休みます。
(じゅうさんにち) (はつか) (やす)

13일부터 20일까지 쉬어요.

✓ 월 : 숫자+月 ※p.430 참조
기본적으로는 숫자에 「月」만 붙이면 되는데 읽는 법이 여러 개 있는 숫자가 있어서, 4월, 7월, 9월만 특별히 주의하면 돼요. 4月(しがつ) 7月(しちがつ) 9月(くがつ)

✓ 일 : 숫자+日 ※p.430 참조
1일부터 10일까지는 고유의 숫자 읽기로 읽고, 나머지는 숫자 한자 읽기에 「日」를 붙이면 되는데 특별하게 읽는 날짜가 몇 개 있어요. 부록에 있는 표를 보면서 읽는 법을 확인해 보세요.

1일	2일	3일	4일	5일	6일	7일	8일	9일	10일	11일
ついたち	ふつか	みっか	よっか	いつか	むいか	なのか	ようか	ここのか	とおか	じゅういちにち
1日	2日	3日	4日	5日	6日	7日	8日	9日	10日	１１日

➕ 夏休みは 8月5日から 10日までです。 여름휴가는 8월 5일부터 10일까지예요.
(なつやす) (はちがついつか) (とおか)

2

東京から 大阪まで 旅行する 予定です。
(とうきょう) (おおさか) (りょこう) (よてい)

도쿄에서 오사카까지 여행할 예정이에요.

✓ 동사 기본형+予定です : ~할 예정입니다

➕ ソウルから プサンまで 行く 予定です。 서울부터 부산까지 갈 예정입니다.
(い)

休む 쉬다 ・ 夏休み 여름휴가 ・ 予定 예정 ・ ソウル 서울 ・ プサン 부산
(やす)   (なつやす)   (よてい)

3

ここから 東京まで 新幹線で 3時間くらいは かかりますね。
とうきょう　　しんかんせん　　さんじかん

여기부터 도쿄까지 신칸센으로 3시간 정도는 걸리겠죠.

✓ 교통수단＋で : ～로〈수단〉
車で 차로, バスで 버스로, 地下鉄で 지하철로, 自転車で 자전거로
くるま　　　　　　　　　ちかてつ　　　　　じてんしゃ

➕ 家から 会社まで 5分くらい かかります。 집에서 회사까지 5분 정도 걸려요.
いえ　かいしゃ　　ごふん

ここから 海まで バスで 30分くらい かかります。 여기서 바다까지 버스로 30분 정도 걸려요.
うみ　　　　さんじゅっぷん

4

バイトは 午前11時から 午後3時までです。
ごぜんじゅういちじ　　ごごさんじ

아르바이트는 오전 11시부터 오후 3시까지예요.

✓ 「から」와「まで」
「～から」「～まで」는 각각 단독으로도 쓸 수 있어요.

➕ 仕事は 9時からです。 업무는 9시부터입니다.
しごと　くじ

休みは 水曜日までです。 쉬는 날은 수요일까지입니다.
やす　すいようび

ここ 여기 ・ 新幹線 신칸센 ・ ～で ～로〈수단〉 ・ かかる 걸리다 ・ バス 버스
　　　　しんかんせん

237

패턴 확인하기

실제 일본에서는 어떻게 쓰이는지 들어 보고, 빈칸에 알맞은 문장을 써 보세요. 정답 p.236-237

기무라
ユリさん、バイトの 休みは いつから いつまでですか。
유리 씨, 아르바이트 쉬는 날은 언제부터 언제까지예요?

유리
今回は ちょっと 長いです。❶ _____。
이번에는 조금 길어요. 13일부터 20일까지 쉬어요.

え、休暇中には どこか 行きますか。
아, 휴가 중에는 어딘가에 가나요?

そうですね。❷ _____。
글쎄요. 도쿄에서 오사카까지 여행할 예정이에요.

いいですね。日本にも きれいな 場所は いっぱい ありますからね。
좋네요. 일본에도 예쁜 곳은 많이 있으니까요.

❸ _____。
여기부터 도쿄까지 신칸센으로 3시간 정도는 걸리겠죠.

ところで、今日の バイトは 何時からですか。
그런데, 오늘 아르바이트는 몇 시부터인가요?

今日の ❹ _____。
오늘 아르바이트는 오전 11시부터 오후 3시까지예요.

そうですか。今日も がんばって くださいね。
그렇군요. 오늘도 힘내세요.

 いっぱい 많이
「いっぱい」는 회화에서 많이 사용하는데 윗사람과 대화할 때는 「たくさん」을 쓰는 게 더 좋아요.

休暇中 휴가 중 ・ どこか 어딘가 ・ いっぱい 많이

～より …の 方が
～보다 …쪽이

POINT

비교 표현

「명사+より 명사+の方が」는 '～보다 …쪽이'라는 뜻이고 2가지 대상을 비교해서 말할 때 쓰는 표현이에요.

夏より 秋の 方が
여름보다 가을 쪽이

山より 海の 方が
산보다 바다 쪽이

バスより 地下鉄の 方が
버스보다 지하철 쪽이

ワインより ビールの 方が
와인보다 맥주 쪽이

 해석할 때 '～보다 …가 더'라고 해석해도 괜찮아요.

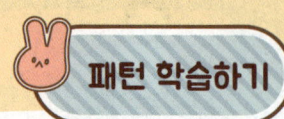 **패턴 학습하기** 오늘 배울 패턴이 들어간 문장을 학습해 봅시다.

1

夏より 秋の 方が 好きです。
여름보다 가을이 더 좋아요.

➕ 魚より 肉の 方が 好きです。 생선보다 고기를 더 좋아해요.
英語より 日本語の 方が 簡単です。 영어보다 일본어가 더 쉬워요.

2

焼酎や カクテルより ビールの 方が おいしいと 思います。
소주나 칵테일보다 맥주가 맛있다고 생각해요.

✅ ～や …より : ～(이)나 …보다
「～より」 앞에 오는 명사는 한 가지가 아닐 때도 있어요.

➕ ドラマや アニメより 漫画の 方が おもしろいと 思います。
드라마나 애니메이션보다 만화가 더 재미있다고 생각해요.

 단어

秋 가을 · 肉 고기 · 焼酎 소주 · カクテル 칵테일 · アニメ 애니메이션 · 漫画 만화(책)

3
山よりは 海の 方が いいですね。
산보다는 바다가 좋네요.

✓ **~よりは : ~보다는**
「~よりは」는 「~より」보다 강조된 표현이라고 생각하면 돼요.

➕ ねこよりは 犬の 方が かわいいですね。 고양이보다는 강아지가 더 귀엽네요.

　サッカーよりは 野球の 方が 得意です。 축구보다는 야구를 더 잘해요.

4
心が せまい 人より 心が 広い 人が タイプですね。
마음이 좁은 사람보다는 마음이 넓은 사람이 제 타입이에요.

✓ **Aより Bが : A보다 B가**
「~の 方」를 생략하면 '확실히 A보다 B가 (어떠하다)'라는 뉘앙스가 돼요.

➕ パンより ご飯が いいです。 빵보다 밥이 좋아요.

　お金より 健康が 大切です。 돈보다 건강이 소중해요.

せまい 좁다 · 広い 넓다 · パン 빵 · 健康 건강

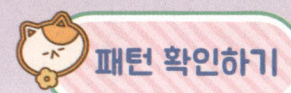 **패턴 확인하기** 실제 일본에서는 어떻게 쓰이는지 들어 보고, 빈칸에 알맞은 문장을 써 보세요. 정답 p.240-241

다나카
ユリさんは 季節は いつが 好きですか。僕は 夏が いいなー。
유리 씨는 어느 계절을 좋아해요? 저는 여름이 좋네요~.

유리
私は ❶ _____。暑いのは 苦手です。
저는 여름보다 가을이 더 좋아요. 더운 건 싫어요.

そうそう、暑いのは 嫌ですよね。じゃ、ビールと 焼酎と どちらが 好きですか。
맞아 맞아, 더운 건 싫죠. 그럼 맥주랑 소주 중 어느 걸 더 좋아하나요?

焼酎は ちょっと 強くて…
소주는 조금 (도수가) 세서…

私は ❷ _____。
저는 소주나 칵테일보다 맥주가 맛있다고 생각해요.

そっか！僕もですよ。今度 いっしょに ビール 飲みに 行きましょう。
그렇구나! 저도요. 다음에 같이 맥주 마시러 가요.

そうだ！ユリさんは 山派ですか、海派ですか。
맞다! 유리 씨는 산이 좋아요? 바다가 좋아요?

山を 登るのは 大変だから、❸ _____。
산을 올라가는 건 힘드니까, 산보다는 바다가 좋네요.

わかる、わかる！ちなみに 男性は どんな 人が 好みですか。
알죠, 알죠. 참고로, 남자는 어떤 타입을 좋아해요?

❹ _____。
마음이 좁은 사람보다는 마음이 넓은 사람이 제 타입이에요.

嫌だ 싫다 · どちら 어느 쪽 · 強い 강하다 · 行きましょう 갑시다, 가요 · ～派 ～쪽 취향, ～파
登る 올라가다 · わかる！ 알죠, 알아요 · ちなみに 참고로 · 男性 남성

こと・もの・の
것

POINT | **형식 명사**

「こと」「もの」「の」는 한국어로는 모두 '것'이라는 뜻이지만, 행동에 대해서는 「こと」, 물건에 대해서는 「もの」를 써요.

행동
必要な こと
필요한 것 (행동, 일)

물건
必要な もの
필요한 것 (물건)

회화체
必要な の
필요한 것

✅ 회화에서는 「こと」와 「もの」 둘 다 「の」로 대체할 수 있어요.

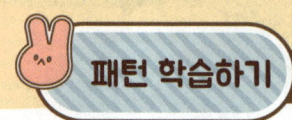 **패턴 학습하기** 오늘 배울 패턴이 들어간 문장을 학습해 봅시다.

1

一(ひと)人で 住(す)む ことは 大(たい)変(へん)ですか。
혼자 자취하는 건 힘든가요?

✅ 一人で 住む こと : 혼자 자취하는 것, 혼자 지내는 것
여기서 「こと」는 「の」로 바꿔 쓸 수 있어요.

➕ 泳(およ)ぐ ことは 好(す)きですか。 수영하는 것은 좋아해요?

　=泳ぐ のは 好きですか。 수영하는 것은 좋아해요?

2

一(ひと)人暮(ぐ)らしは 必(ひつ)要(よう)な ものが たくさん ありますから。
자취는 필요한 게 많으니까요.

✅ 必(ひつ)要(よう)な もの : 필요한 것 (물건)
「必要な の」로 바꿔 쓸 수 있어요.

➕ ほしい ものは ありません。 갖고 싶은 것(물건)은 없어요.

一(ひと)人で 혼자(서) · 住(す)む 살다, 거주하다 · 一(ひと)人暮(ぐ)らし 자취, 혼자 생활하는 것 · 必(ひつ)要(よう)だ 필요하다

3

中古を 見る のが いいですね。

중고를 찾아보는 게 좋겠네요.

✅ **中古を 見る の** : 중고를 보는 것, 중고를 찾아보는 것
여기서 「の」는 '행동, 일'에 해당하니까 「こと」로 바꿔 쓸 수 있어요.

4

洗濯する のも、お皿を 洗う のも

세탁하는 것도, 설거지하는 것도

✅ **洗濯する の, お皿を 洗う の**
여기서 「の」는 '행동, 일'에 해당하니까 「こと」로 바꿔 쓸 수 있어요.

➕ **学生の 時は 勉強する のも 遊ぶ のも 大事です。**
학생 때는 공부하는 것도 노는 것도 중요해요.

中古 중고 · 洗濯する 세탁하다 · お皿を 洗う 설거지하다

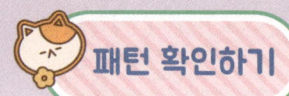 **패턴 확인하기** 실제 일본에서는 어떻게 쓰이는지 들어 보고, 빈칸에 알맞은 문장을 써 보세요. p.244-245

스즈키

ユリさん、❶ _____ 。
유리 씨, 혼자 자취하는 건 힘든가요?

유리

はい、❷ _____ 。
네, 자취는 필요한 게 많으니까요.

たとえば どんな ものが ありますか。
예를 들면 어떤 게 있나요?

せんたくき、れいぞうこ、すいはんきとか…。
세탁기, 냉고, 밥솥이라든가…

一人暮(ひとりぐ)らしだから ❸ _____ 。
자취니까 중고를 찾아보는 게 좋겠네요.

それだけじゃないです。
그것뿐만이 아니에요.

❹ _____ 全部(ぜんぶ) 自分(じぶん)で しますからね。
세탁하는 것도, 설거지하는 것도, 전부 제가 하니까요.

 명사+だから : ~(이)니까, ~(이)라서
「명사+だから」는 명사에 붙어서 '~(이)니까, ~(이)라서'라는 이유를 나타내요.

たとえば 예를 들어 · せんたくき 세탁기 · れいぞうこ 냉장고 · すいはんき 밥솥 · 全部(ぜんぶ) 전부 ·
自分(じぶん)で 자신이, 스스로, 직접

～く なります, ～に なります
～(하)게 됩니다, ～이 됩니다

POINT

변화 표현

「～く なります, ～に なります」는 '～(하)게 됩니다, ～이 됩니다'라는 뜻으로 변화를 나타내는 표현이에요. 명사와 な형용사는「～に なります」, い형용사는「～く なります」와 연결돼요.

| 명사 | 別人(べつじん)
딴사람 | → | 別人に なります
딴사람이 됩니다 |

| い
형용사 |  早い(はや)
(시간이) 빠르다 | → | 早く なります
빨라집니다 |

| な
형용사 |  元気だ(げんき)
건강하다 | → | 元気に なります
건강해집니다 |

 명사 뒤에「に なります」를 붙이면 '～이 됩니다'라는 뜻이 돼요. な형용사의 어미「だ」를 떼고「に なります」, い형용사의 어미「い」를 떼고「く なります」를 붙이면 '～(하)게 됩니다, ～(해)집니다'라는 뜻이 돼요.

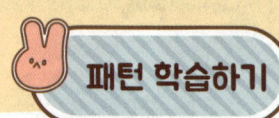 **패턴 학습하기** 오늘 배울 패턴이 들어간 문장을 학습해 봅시다.

1

起きる 時間が 早く なりましたね！

일어나는 시간이 빨라졌네요!

➕ 性格が 明るく なりました。 성격이 밝아졌어요.

　 背が 高く なりました。 키가 커졌어요.

✅ 일본어에서 '키다 크다'는 「大きい(크다)」가 아니라 「高い(높다)」를 써서 표현해요. 반대로 '키가 작다'는 「低い(낮다)」를 써서 「背が 低い」라고 표현해요.

2

前より 健康に なりました。

전보다 건강해졌어요.

➕ 部屋が きれいに なりました。 방이 깨끗해졌어요.

　 前より 日本語が 上手に なりました。 전보다 일본어를 잘하게 됐어요.

단어

起きる 일어나다 · 早い 이르다, 시간이 빠르다 · 性格 성격 · 明るい 밝다 · 背が 高い 키가 크다 ·
背が 低い 키가 작다 · 健康だ 건강하다

3

体(からだ)も 心(こころ)も 元気(げんき)に なりますね。

몸도 마음도 건강해져요.

➕ この 道具(どうぐ)で 掃除(そうじ)が 楽(らく)に なります。 이 도구로 청소가 편해져요.

　このドレッシングで サラダが おいしく なります。 이 드레싱으로 샐러드가 맛있어져요.

4

何(なん)だか 別人(べつじん)に なりましたね。

뭔가 딴사람이 됐네요.

➕ 来年(らいねん)、大学生(だいがくせい)に なります。 내년에 대학생이 돼요.

　今年(ことし)の 春(はる)から 社会人(しゃかいじん)に なりました。 올해 봄부터 직장인이 되었어요.

元気(げんき)だ 건강하다, 활기차다 ・ 道具(どうぐ) 도구 ・ ドレッシング 드레싱 ・ サラダ 샐러드 ・
何(なん)だか 뭔가, 왜 그런지, 어쩐지 ・ 別人(べつじん) 딴사람 ・ 来年(らいねん) 내년

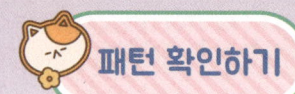 **패턴 확인하기** 실제 일본에서는 어떻게 쓰이는지 들어 보고, 빈칸에 알맞은 문장을 써 보세요. 정답 p.248-249

스즈키: おはようございます。
안녕하세요.

유리: おはようございます。あれ、鈴木さん、今日は 早いですね。
안녕하세요. 어? 스즈키 씨, 오늘 일찍 왔네요.

実は 最近、早寝早起きを がんばって います。
실은 요즘 일찍 자고 일찍 일어나려고 노력하고 있어요.

今朝も 6時に 起きました。
오늘 아침에도 6시에 일어났어요.

そうですか。❶ _____!
그래요? 일어나는 시간이 빨라졌네요!

はい。早寝早起きを 始めて、❷ _____。
네. 일찍 자고 일찍 일어나기를 시작해서 전보다 건강해졌어요.

それは よかったです。
그거 잘됐네요.

最初は 大変ですけど、たしかに 体に いいことですよね。
처음에는 힘들겠지만, 확실히 몸에 좋은 일이네요.

はい。❸ _____。
네. 몸도 마음도 건강해져요.

鈴木さん、❹ _____。
스즈키 씨, 뭔가 딴사람이 됐네요.

 早寝早起き 일찍 자고 일찍 일어나기 ・ 今朝 오늘 아침 ・ 始める 시작하다

～ませんか, ~ましょう, ~ましょうか
～(하)지 않겠습니까?, ～(합)시다, ～(할)까요?

POINT

권유 표현

「동사 ます형」에 「～ませんか(～하지 않겠습니까?)」「～ましょう(～합시다)」「～ましょうか(～할까요?)」를 연결해서 권유하는 표현을 할 수 있어요.

する → **しませんか**
하다　　　하지 않겠습니까?

　　　　しましょう
　　　　합시다

　　　　しましょうか
　　　　할까요?

✓ 「～ましょう」는 문맥에 따라서 '~해요, 우리'라고도 해석할 수 있어요.

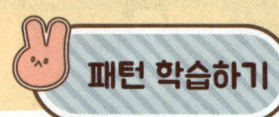 **패턴 학습하기** 오늘 배울 패턴이 들어간 문장을 학습해 봅시다.

1

買い物 いっしょに 行き**ませんか**。
쇼핑, 같이 가지 않을래요?

➕ 食事 いっしょに 行き**ませんか**。 식사, 같이 가지 않을래요?
遊園地 いっしょに 行き**ませんか**。 놀이공원 같이 가지 않을래요?

2

まずは ご飯に し**ませんか**。
먼저 식사부터 하지 않을래요?

➕ うちに 来**ませんか**。 집에 오지 않을래요?
少し 休み**ませんか**。 좀 쉬지 않을래요?

遊園地 유원지, 놀이공원 ・ まずは 먼저 ・ ご飯に する 식사를 하다

3

洋食に しましょうか、和食に しましょうか。
양식으로 할까요, 일식으로 할까요?

✓ **Aに しましょうか´ Bに しましょうか : A로 할까요, B로 할까요?**
둘 중에서 하나를 선택할 때 자주 쓰는 표현이에요.

和食 : 일식(×日式)
한국에서는 일본 음식을 '일식'이라고 하지만 일본에서는 안 쓰는 말이에요. 일본어로는 「和」라는 한자를 써서 '일본식, 일본풍'이라는 뜻을 나타내요. 예를 들어 「和室(다다미방), 和風(일본풍)」라는 단어가 있어요.

➕ ご飯に しましょうか、お茶に しましょうか。 식사를 할까요, 차를 마실까요?

4

この 店に 入りましょう。
이 가게에 들어가요[들어갑시다].

➕ 本を 読みましょう。 책을 읽읍시다.

ドラマを 見ましょう。 드라마를 봅시다.

洋食 양식 ・ 和食 일식 ・ 和室 다다미방 ・ 和風 일본풍 ・ お茶に する 차를 마시다 ・ 読む 읽다

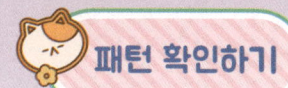 **패턴 확인하기** 실제 일본에서는 어떻게 쓰이는지 들어 보고, 빈칸에 알맞은 문장을 써 보세요. 정답 p.252-253

 유리
木村さん、この後、時間 ありますか。
기무라 씨, 잠시 시간 있으세요?

 기무라
はい。ありますけど、どうしましたか。
네. 있는데 무슨 일이에요?

実は、ワンピースが ほしくて…。❶ _____。
실은 원피스를 사고 싶어서…. 쇼핑, 같이 가지 않을래요?

いいですよ。❷ _____。
좋아요. 먼저 식사부터 하지 않을래요?

仕事の 後だから、おなか ペコペコです。
일한 후라서 배가 너무 고파요.

よかった！ 私もですよ。❸ _____。
잘됐다! 저도요. 양식으로 할까요, 일식으로 할까요?

今日は とんかつが 食べたいな。❹ _____。
오늘은 돈가스가 먹고 싶네요~. 이 가게에 들어가요.

✅ **どうしましたか : 무슨 일이에요?**
「どうしましたか」는 상대방에게 이유를 물어보거나 걱정할 때 '무슨 일이에요?'라는 뜻으로 쓰이는 표현이에요. 직역하면 '어떻게 했습니까?'가 되지만 수단이나 방법을 물어보는 게 아니라는 점, 주의하세요!

おなか ペコペコです : 배가 고파요
같은 뜻으로 「おなかが 空く」라는 표현도 있는데, 「おなか ペコペコです」가 더 회화적이고 귀여운 느낌이에요.

食べたい : 먹고 싶다
「동사 ます형+たい」로 '~하고 싶다'라는 표현을 해요. 정중하게 말할 때는 「食べたいです (먹고 싶어요)」「食べたいですね (먹고 싶네요)」 등으로 표현할 수 있는데, 여기서는 혼잣말처럼 말하고 있어서 보통체로 표현했어요.

 단어

この後 지금 이후로 • ワンピース 원피스 • おなか 배 • ペコペコだ 배가 몹시 고프다 • とんかつ 돈가스 •
空く (속이) 비다

～たいです
~(하)고 싶습니다

POINT

희망 표현 (행위)

「동사 ます형+たいです」는 '~(하)고 싶습니다'라는 뜻으로 어떤 행동을 하고 싶다는 희망을 나타내요.

1그룹	知る [u단] 알다	→ 知りたいです [i단] 알고 싶습니다
2그룹	食べ~~る~~ 먹다	→ 食べたいです 먹고 싶습니다
3그룹	する 하다	→ したいです 하고 싶습니다
	来る 오다	→ 来たいです 오고 싶습니다

 희망의 뜻을 나타내는 조동사 「たい」는 い형용사 활용을 하기 때문에 '~(하)고 싶지 않습니다'라는 부정형을 만들 때는 「동사 ます형+たくないです[たくありません]」의 형태가 돼요.

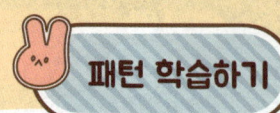 **패턴 학습하기** 오늘 배울 패턴이 들어간 문장을 학습해 봅시다.

1

また、食^たべたいです。

또 먹고 싶어요.

➕ もっと 寝^ねたいです。 더 자고 싶어요.

その 映画^{えいが}、私^{わたし}も 見^みたいです。 그 영화, 저도 보고 싶어요.

2

ユリさんの ことを もっと 知^しりたいです。

유리 씨에 대해 더 알고 싶어요.

✅ …が 〜たい vs …を 〜たい

일본어에서 '〜을 하고 싶다'라고 표현할 때「〜たいです」앞에 조사「が」와「を」둘 다 쓸 수 있어요. 단, 여러 가지 선택지 중에서 하나를 고를 때는「が」를 쓰는 게 더 자연스러워요.

➕ 私は ビールが 飲^のみたいです。 (음료를 고를 때) 저는 맥주를 마시고 싶어요.

本^{ほん}を 読^よみたいです。 책을 읽고 싶어요.

寝^ねる 자다

3

ユリさんと付き合いたいです。

유리 씨와 사귀고 싶어요.

➕ 今日は家で休みたいです。 오늘은 집에서 쉬고 싶어요.

　海に行きたいです。 바다에 가고 싶어요.

4

また来たいですね。

또 오고 싶네요.

➕ 遊園地でデートしたいです。 놀이공원에서 데이트하고 싶어요.

　彼女と結婚したいです。 여자 친구와 결혼하고 싶어요.

付き合う 사귀다 ・ 結婚する 결혼하다

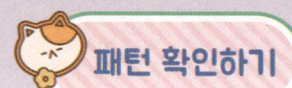 **패턴 확인하기** 실제 일본에서는 어떻게 쓰이는지 들어 보고, 빈칸에 알맞은 문장을 써 보세요. 정답 p.256-257 MP3 078

 유리
あ、おいしかったなー。❶ _____。
아, 맛있었다. 또 먹고 싶어요.

 다나카
また 食(た)べたい…？ 僕(ぼく)と いっしょに…？
또 먹고 싶어…? 나랑 같이…?

実(じつ)は 僕(ぼく)、❷ _____。
사실은 저, 유리 씨에 대해 더 알고 싶어요.

どういう 意味(いみ)ですか。
어떤 의미예요?

つまり、僕、その… ❸ _____。
말 그대로, 저, 그… 유리 씨와 사귀고 싶어요.

本当(ほんとう)ですか。全然(ぜんぜん) 気(き)づきませんでした。
정말요? 전혀 눈치채지 못했어요.

ちょっと 考(かんが)える 時間(じかん)が… 必要(ひつよう)ですね。
음… 조금 생각할 시간이… 필요해요.

今日(きょう)の 食事代(しょくじだい)は 僕(ぼく)が 払(はら)います。
오늘 식사비는 제가 낼게요.

いいえ、大丈夫(だいじょうぶ)ですよ。自分(じぶん)の 分(ぶん)は 自分(じぶん)で 出(だ)しますよ。
아니요, 괜찮아요. 제 건 제가 낼게요.

この レストラン、❹ _____。
이 레스토랑, 또 오고 싶네요.

 どういう : 어떤
'어떤'이라는 뜻의 「どういう」는 「どんな」보다 회화적인 표현이에요.

どういう 어떤 ・ 意味(いみ) 의미 ・ つまり 말 그대로, 즉 ・ 気(き)づく 눈치채다 ・ 考(かんが)える 생각하다 ・ 食事代(しょくじだい) 식사비 ・ 払(はら)う 지불하다 ・ 自分(じぶん)の 分(ぶん) 자기 것, 제 몫 ・ 出(だ)す 내다

～に 行きます[来ます]
～(하)러 갑니다[옵니다]

POINT 이동의 목적

「ます형 + に 行きます」는 '～(하)러 갑니다', 「ます형 + に 来ます」는 '～(하)러 옵니다'라는 뜻으로 어떤 장소로 이동하는 목적을 나타내는 표현이에요.

1그룹 飲む (u단) → 飲みに 行きます[来ます] (i단)
마시다   마시러 갑니다[옵니다]

2그룹 見る → 見に 行きます[来ます]
보다   보러 갑니다[옵니다]

3그룹 勉強する → 勉強しに 行きます[来ます]
공부하다   공부하러 갑니다[옵니다]

✅ 「～に 行きます[来ます]」는 한자어로 된 명사「食事(식사)」,「旅行(여행)」등에 바로 연결해서「食事に 行きます(식사하러 갑니다)」,「旅行に 行きます(여행하러 갑니다)」와 같이 쓰기도 해요.

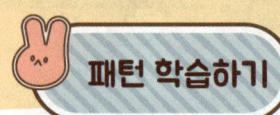 **패턴 학습하기** 오늘 배울 패턴이 들어간 문장을 학습해 봅시다.

1

課題を プリントしに 行きます。

과제를 프린트하러 가요.

➕ 勉強しに 行きます。 공부하러 가요.
　運動しに 行きます。 운동하러 가요.

2

この パンフレットを 切りに 行きます。

이 팸플릿을 자르러 가요.

✅ **1그룹 동사 「切る」**
'자르다'라는 뜻의 「切る」는 2그룹처럼 보이지만 1그룹 동사예요. 활용할 때 주의하세요!
切る(자르다) → 切ります(자릅니다)

➕ 今から 走りに 行きます。 지금부터 뛰러 가요.
　髪を 切りに 行きます。 머리를 자르러 가요.

 단어

課題 과제 ・ プリントする 프린트하다 ・ パンフレット 팸플릿 ・ 髪 머리

3

ユリさんも 飲みに 来ませんか。

유리 씨도 마시러 오지 않을래요?

✅ **〜に 来ませんか : 〜하러 오지 않을래요?**
「来る」의 부정형을 사용한 「〜に 来ませんか」 형태로 '〜하러 오지 않을래요?'라는 권유 표현을 만들 수 있어요.

➕ 夕飯を 食べに 来ませんか。 저녁을 먹으러 오지 않을래요?

新しい ゲームを しに 来ませんか。 새로운 게임을 하러 오지 않을래요?

4

友だちが うちに 映画を 見に 来ます。

친구가 우리 집에 영화를 보러 와요.

✅ **장소+に+ます형+に 行きます[来ます]**
「ます형+に 行きます[来ます]」는 장소를 나타내는 명사와 같이 자주 쓰여요.

➕ コンビニに ジュースを 買いに 行きます。 편의점에 주스를 사러 가요.

日本人の 友だちが 韓国に 遊びに 来ます。 일본인 친구가 한국에 놀러 와요.

コンビニ 편의점

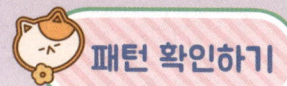 **패턴 확인하기** 실제 일본에서는 어떻게 쓰이는지 들어 보고, 빈칸에 알맞은 문장을 써 보세요. 정답 p.260-261

 유리
鈴木さん、どこに 行きますか。
스즈키 씨, 어디 가세요?

 스즈키
❶ _____。ユリさんは？
과제를 프린트하러 가요. 유리 씨는요?

今週、シンポジウムが あるから、❷ _____。
이번 주, 심포지엄이 있어서, 이 팸플릿을 자르러 가요.

忙しいですね。
바쁘네요.

そうだ！今日の 夜、同じ 学部の メンバーと 居酒屋で 会いますけど、
맞다! 오늘 밤, 같은 학부 멤버와 이자카야에서 만나는데,

❸ _____。
유리 씨도 마시러 오지 않을래요?

あ、今日は ❹ _____。
아, 오늘은 친구가 우리 집에 영화를 보러 와요.

残念！じゃ、また 今度ですね。
아쉽다! 그럼, 다음에 봐요.

はい。今日は 楽しんで ください。
네. 오늘은 재밌게 노세요.

はい、じゃ。
네, 그럼 갈게요.

✅ 다음을 기약하는 「また 今度」
「また 今度ですね」는 아쉽게도 이번에는 함께하지 못할 때 다음을 기약하는 뜻으로 자주 쓰이는 표현이에요.

 **단어**

シンポジウム 심포지엄 ・ 学部 학부 ・ メンバー 멤버 ・ 居酒屋 술집, 이자카야 ・ 残念！아쉽다！・
楽しんで ください 재미있게 노세요

〜ながら
〜(하)면서

POINT

동작의 동시진행

「동사 ます형+ながら」는 '〜하면서'라는 뜻으로 2가지 동작을 동시에 하는 것을 나타내요.

✓ 「ながら」 앞에 오는 동사와 뒤에 오는 동사를 바꿔서 쓸 수 있어요.

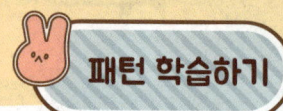 **패턴 학습하기** 오늘 배울 패턴이 들어간 문장을 학습해 봅시다.

1

ビールを 飲みながら レポートを 書きます。

맥주를 마시면서 리포트를 써요.

✓ **A 하면서 B / B 하면서 A**
「ながら」는 앞뒤 동사를 바꿔서 쓸 수 있지만 뒤에 오는 동작이 메인이 된다는 뉘앙스가 있어요.

➕ 新聞を 読みながら 朝ごはんを 食べます。
신문을 읽으면서 아침을 먹어요. (아침을 먹는 게 메인 동작)

朝ごはんを 食べながら 新聞を 読みます。
아침을 먹으면서 신문을 읽어요. (신문을 읽는 게 메인 동작)

2

映画を 見ながら 書きますね。

영화를 보면서 써요.

➕ インターネットで 調べながら 宿題を します。 인터넷으로 찾아보면서 숙제를 해요.

日本語で 考えながら 話します。 일본어로 생각하면서 이야기해요.

 단어

レポート 리포트, 보고서 · 新聞 신문 · インターネット 인터넷 · 調べる 알아보다, 찾아보다

3

近くの 公園を 走りながら、音楽を 聞きます。

근처 공원을 달리면서 음악을 들어요.

➕ ガムを かみながら 運転します。 껌을 씹으면서 운전해요.
　 ピアノを 弾きながら 歌います。 피아노를 치면서 노래를 불러요.

4

友だちと 電話を しながら ゲームを します。

친구와 전화를 하면서 게임을 해요.

➕ 運動を しながら ドラマを 見ます。 운동을 하면서 드라마를 봐요.
　 食事を しながら 話しませんか。 식사를 하면서 이야기하지 않을래요?

近く 근처, 가까운 곳 ・ ガム 껌 ・ かむ 씹다 ・ 弾く (악기를) 치다 ・ 歌う 노래하다, 노래를 부르다

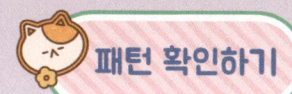 **패턴 확인하기** 실제 일본에서는 어떻게 쓰이는지 들어 보고, 빈칸에 알맞은 문장을 써 보세요. 정답 p.264-265 MP3 080

스즈키
ユリさんの レポートは いつも かんぺきですね。
유리 씨의 리포트는 언제나 완벽하네요.

ひけつは なんですか。
비결이 뭔가요?

유리
え！実は 私、❶ _____。
네? 사실 저, 맥주를 마시면서 리포트를 써요.

鈴木さんは どうですか。
스즈키 씨는 어때요?

え、ビール？ 僕は ❷ _____。
앗, 맥주? 저는 영화를 보면서 써요.

えぇ！そんな こと できますか。不思議ですね。
어머! 그런 게 가능해요? 신기하네요.

わりと できますよ。ちなみに 明日は 週末ですけど、何を しますか。
꽤 가능해요. 말 나온 김에, 내일은 주말인데 뭘 하나요?

週末は ❸ _____。
주말은 근처 공원을 달리면서 음악을 들어요.

鈴木さんは？
스즈키 씨는요?

アクティブですね。
활동적이네요.

僕は ❹ _____。
저는 친구와 전화를 하면서 게임을 해요.

 단어

かんぺきだ 완벽하다 ・ ひけつ 비결 ・ 不思議だ 신기하다 ・ アクティブだ 활동적이다

～方
～(방)법

POINT

방법

「동사 ます형+方」는 '～(방)법'이라는 뜻으로 무언가를 하는 방법을 나타내요.

1그룹 落とす(떨어뜨리다) [u단] → 落とし方(떨어뜨리는 법) [i단]

2그룹 やせる(마르다) → やせ方(마르는 법)

3그룹 する(하다) → 仕方(하는 법)

✓ 「～方」는 '～방법'이라는 명사가 되기 때문에 앞에 꾸미는 말이 올 때는 「～の…方」의 형태로 조사 「の」가 와요.

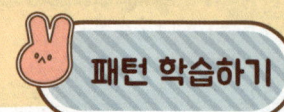 **패턴 학습하기** 오늘 배울 패턴이 들어간 문장을 학습해 봅시다.

1

あの人、走り方、独特ですよね。

저 사람 뛰는 모습, 독특하죠?

✅ ~方 : ~(방)법, 방식, 모습
「~方」에는 '~(방)법'이라는 뜻도 있지만 방식, 모습이라는 뜻도 있어요.

➕ 彼の 考え方は 理解が できません。 그의 사고방식은 이해를 못하겠어요.

　弟は 食べ方が あまり きれいじゃありません。 남동생은 먹는 모습이 별로 깨끗하지 않아요.

2

でも 体重の 落とし方が 全然 わかりません。

근데 살 빼는 방법을 전혀 모르겠어요.

✅ 体重の 落とし方 : 살 빼는 방법
「体重の 落とし方」를 직역하면 '체중을 떨어뜨리는 방법'이지만 '살 빼는 방법'을 이렇게 표현할 수 있어요.

➕ 駅までの 行き方を 説明します。 역까지 가는 방법을 설명할게요.

　漢字の 読み方は 難しいです。 한자를 읽는 방법은 어려워요.

独特だ 독특하다 ・ 体重 몸무게 ・ 落とす 떨어뜨리다, 빼다 ・ 説明する 설명하다

3

最近、流行りの やせ方が 何か ありますか。
요즘, 유행하는 다이어트 법이 뭔가 있나요?

✓ **やせ方 : 다이어트 법**
「やせ方」를 직역하면 '마르는 법, 살이 빠지는 법'이지만 여기서는 '다이어트 법'을 말해요.

➕ 鈴木さんは 教え方が 上手です。　스즈키 씨는 잘 가르쳐요(가르치는 방법이 능숙해요).
　 この 料理の 食べ方が わかりません。　이 요리의 먹는 방법을 모르겠어요.

4

やっぱり、何よりも 運動の 仕方が 大事だと 思います。
역시 무엇보다도 운동하는 방법이 중요하다고 생각해요.

✓ **運動の 仕方 : 운동하는 방법**
'(하는) 방법'이라는 뜻의 「仕方」는 「する」의 ます형에 「方」가 연결된 형태로 볼 수 있는데, 하나의 단어로 쓰이기 때문에 주로 한자로 표기해요. 「する」가 붙는 동사는 「する」를 뗀 명사 형태에 「～の 仕方」를 연결하면 돼요. 예를 들어 「運動する」의 경우 「運動 仕方」가 아니라 「運動の 仕方」가 돼요.

➕ 妹に 運転の 仕方を 教えます。　여동생에게 운전하는 방법을 가르쳐요.
　 日本語の 勉強の 仕方が 知りたいです。　일본어 공부하는 방법을 알고 싶어요.

流行り 유행 • 何よりも 무엇보다도 • 仕方 하는 방법, 수단, 방식

패턴 확인하기

실제 일본에서는 어떻게 쓰이는지 들어 보고, 빈칸에 알맞은 문장을 써 보세요. 정답 p.268-269

스즈키

先輩、❶ _____。
선배, 저 사람 뛰는 모습, 독특하죠?

다나카

僕も 思いました。でも、すごいですよね。
나도 생각했어요. 그래도 대단하네요.

あの人 いつも 走って いるから…。
저 사람, 항상 달리고 있으니까….

僕は 最近 飲み会と 夜食で おなかが 出ました。
나는 요즘 회식과 야식 때문에 배가 나왔어요.

僕も 太りました。❷ _____。
저도 살이 쪘어요. 근데 살 빼는 방법을 전혀 모르겠어요.

鈴木くんは 若いから 大丈夫ですよ。
스즈키 군은 젊으니까 괜찮아요.

❸ _____。
요즘, 유행하는 다이어트 법이 뭐가 있나요?

ウォーキング ダイエットとか、いろいろ ありますね。
걷기 다이어트라든가, 여러 가지 있어요.

でも 食事 ダイエットは あまり 体に よくないですね。
그래도 식사 다이어트는 별로 몸에 좋지 않네요.

❹ _____。
역시 무엇보다도 운동하는 방법이 중요하다고 생각해요.

飲み会 회식 • 夜食 야식 • 太る 살이 찌다 • ウォーキング 워킹, 걷기

〜すぎます
너무 〜합니다

POINT

과도의 상태

「〜すぎます」는 동사, い형용사, な형용사와 함께 쓰고 '너무 〜합니다, 지나치게 〜합니다'라는 뜻이에요.

동사	 飲む 마시다	→	飲みすぎます 너무 마십니다
い형용사	 悪い 나쁘다	→	悪すぎます 너무 나쁩니다
な형용사	 まじめだ 성실하다	→	まじめすぎます 너무 성실합니다

 원래는 부정적인 뜻으로 사용됐었지만 요즘은 긍정적인 뜻으로도 많이 써요.
• かわいすぎます(너무 귀여워요), おいしすぎます(너무 맛있어요)

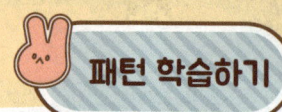 **패턴 학습하기** 오늘 배울 패턴이 들어간 문장을 학습해 봅시다.

1

昨日、お酒を 飲みすぎました。

어제 술을 너무 많이 마셨어요.

✓ 동사 ます형+すぎる : 너무 ~하다
「すぎる」 앞에 동사가 올 때는 동사의 ます형에 연결해요.

➕ 遊びすぎました。 너무 많이 놀았어요.
日本は 暑すぎました。 일본은 너무 더웠어요.

2

運転も しすぎましたから、よけい つらいです。

운전도 너무 많이 해서 더 힘들어요.

➕ セールで 買いすぎましたから、お金が ありません。
세일에서 너무 많이 사서 돈이 없어요.

昨日は 食べすぎましたから、今日は ジムに 行きます。
어제는 너무 많이 먹어서 오늘은 헬스장에 가요.

 단어

よけい 더, 더욱 ・ セール 세일

272

3

お酒は 体に 悪すぎると 思って 僕は 飲みません。

술은 몸에 너무 안 좋다고 생각해서 저는 마시지 않아요.

- ✓ **い형용사 + すぎる : 너무 ~하다**
  「すぎる」 앞에 い형용사가 올 때는 어미 「い」를 떼고 연결해요.

- ➕ 辛すぎる ものは 苦手です。 너무 매운 것은 잘 못 먹어요.

  この 値段は 高すぎます。 이 가격은 너무 비싸요.

4

あまり まじめすぎる のも よくないですよ。

너무 성실한 것도 좋지 않아요.

- ✓ **な형용사 + すぎる : 너무 ~하다**
  「すぎる」 앞에 な형용사가 올 때는 어미 「だ」를 떼고 연결해요.

  あまり : 너무, 지나치게
  「あまり」에는 '별로'라는 뜻 외에 '너무, 지나치게'라는 뜻도 있어요.

- ➕ あまり 静かすぎる 場所は 好きじゃないです。 너무 조용한 장소는 좋아하지 않아요.

  暇すぎるのも つらいです。 너무 한가한 것도 힘들어요.

あまり 너무, 지나치게 ・ 暇だ 한가하다

패턴 확인하기

실제 일본에서는 어떻게 쓰이는지 들어 보고, 빈칸에 알맞은 문장을 써 보세요. 정답 p.272-273

스즈키

先輩、もしかして 二日酔いですか。
선배, 혹시 숙취예요?

다나카

わかりますか。❶ _____。
티 나요? 어제, 술을 너무 많이 마셨어요.

今、とっても 気持ち悪いです。
지금 너무 속이 안 좋아요.

しかも、昨日、出張で ❷ _____。
게다가 어제, 출장 때문에 운전도 너무 많이 해서 더 힘들어요.

それは 大変ですね。
그건 힘들겠네요.

やっぱり、お酒は あんまり 体に よく ないですよ。
역시 술은 별로 몸에 좋지 않아요.

そうですよ。❸ _____。
맞아요. 술은 몸에 너무 안 좋다고 생각해서 저는 마시지 않아요.

ちょっと くらいは 大丈夫ですよ。
조금은 괜찮아요.

❹ _____。
너무 성실한 것도 좋지 않아요.

はいはい。
네네.

 気持ち悪い : 속이 안 좋다
몸 상태가 안 좋거나 속이 안 좋아서 토할 것 같을 때 「気持ち悪い」라는 표현을 써요.

あんまり : 너무, 너무나
「あんまり」는 「あまり」와 같은 뜻이지만 주로 회화에서 강조해서 말하고 싶을 때 써요.

二日酔い 숙취 ・ 気持ち悪い 속이 안 좋다 ・ 出張 출장

～やすいです, ～にくいです
～(하)기 쉽습니다, ～(하)기 어렵습니다

POINT

동작의 난이도 표현

「동사 ます형 + やすいです」는 어떤 것을 하는 게 쉽거나 편하다는 뜻을 나타내고, 「동사 ます형 + にくいです」는 반대로 어떤 것을 하는 게 어렵거나 불편하다는 것을 나타내요.

1그룹

u단 → i단

使う (사용하다) → 使いやすいです (사용하기 쉽습니다)

書く (필기하다) → 書きにくいです (필기하기 어렵습니다)

2그룹

見る (보다) → 見やすいです (보기 쉽습니다)

食べる (먹다) → 食べにくいです (먹기 어렵습니다)

 「やすい」는 '싸다, 저렴하다'는 뜻의 「安い」 외에 '쉽다'라는 뜻의 「易い」도 있는데, 여기 나온 「～やすいです」는 「易い」를 사용한 표현이에요.

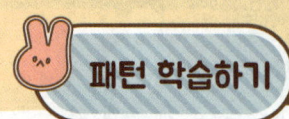 **패턴 학습하기** 오늘 배울 패턴이 들어간 문장을 학습해 봅시다.

1

無地ですから、すごく 使いやすいです。

무지라서 정말 쓰기 편해요.

✓ **すごく : 정말, 매우, 엄청**
'정말, 매우'라는 뜻의「すごく」는 주로 회화에서 쓰는 표현이에요.

➕ この お酒は 甘いですから 飲みやすいです。 이 술은 달아서 마시기 쉬워요.

鈴木さんの 家は うちから 近いですから、遊びに 行きやすいです。
스즈키 씨 집은 우리 집에서 가까워서 놀러 가기 편해요.

2

グラフなど、書きにくいですよね。

그래프 같은 걸 필기하기 어렵죠.

➕ ここでは ちょっと 話しにくいです。 여기서는 좀 말하기 어려워요.

字が 小さくて 読みにくいです。 글씨가 작아서 읽기 어려워요.

 단어

無地 무지, 무늬가 없음 · すごく 정말, 매우 · グラフ 그래프 · ～など ～등

3

重要な ポイントが 本当に 見やすいです。
중요한 포인트가 정말 보기 편해요.

✅ 「〜やすい」와 「〜にくい」의 연결형
「〜やすい」「〜にくい」는 い형용사 활용을 하기 때문에 연결형은 「〜やすくて(〜하기 쉽고, 〜하기 쉬워서)」「〜にくくて(〜하기 어렵고, 〜하기 어려워서)」가 돼요.

➕ この 説明は わかりやすくて いいです。 이 설명은 이해하기 쉬워서 좋아요.

この くつは 歩きやすくて じょうぶです。 이 구두[신발]는 걷기 편하고 튼튼해요.

この カメラは 使いにくくて 大変です。 이 카메라는 사용하기 어려워서 힘들어요.

この 料理は 食べにくくて おいしくないです。 이 요리는 먹기 불편하고 맛이 없어요.

ポイント 포인트 ・ 歩く 걷다 ・ カメラ 카메라

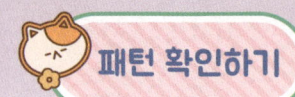 **패턴 확인하기** 실제 일본에서는 어떻게 쓰이는지 들어 보고, 빈칸에 알맞은 문장을 써 보세요. 정답 p.276-277

 유리가 학용품을 소개하고 있어요.

今日は ユリの 文房具を 紹介します〜。
오늘은 유리의 학용품을 소개할게요~.

まず、じゃん！ この ノートです。
먼저, 짜잔! 이 노트예요.

❶ _____。
무지라서 정말 쓰기 편해요.

線が ある ノートは 線が じゃまですから、
선이 있는 노트는 선이 방해가 돼서

❷ _____。
그래프 같은 걸 필기하기 어렵죠.

だから、私は この ノートを 使って います。
그래서 저는 이 노트를 쓰고 있어요.

そして、みなさん！ これ、何か わかりますか。
그리고 여러분! 이거 뭔지 아시나요?

これはですね。ハサミです。
이건 말이죠. 가위예요.

あと、これ！ これは ふせんです。学生は よく 使いますね。
그리고, 이거! 이건 포스트잇이에요. 학생들은 많이 쓰죠.

このように ❸ _____。
이렇게 중요한 포인트가 정말 보기 편해요.

全部 よく 使う おすすめ グッズでした。
전부 많이 쓰는 추천 용품이었습니다.

文房具 문방구, 학용품 • ノート 노트 • 線 선 • じゃまだ 방해되다 • 〜て います 〜하고 있습니다
ふせん 포스트잇 • おすすめ 추천 • グッズ 구즈, 상품, 용품

동사의 て형

POINT

동사의 연결형

'て형'이란 동사 활용 종류 중 하나로 '~하고, ~해서'의 뜻을 가진 「~て・で」가 연결될 때의 동사의 형태를 말해요.

※ 1그룹은 대화문에 나온 「る」로 끝난 동사를 예로 들었어요.

✅ 문장을 「~て」로 끝내면 부드러운 명령형이 돼요.
- 早く食べて。(빨리 먹어.) 早く行って。(빨리 가.)

279

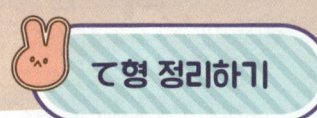 **て형 정리하기** 그룹별 て형 변형에 대해 학습하고, 예문을 보며 훈련해 보세요.

〈동사의 て형 접속 방법〉

❋ **1그룹 동사의 て형** 동사 기본형의 어미에 따라 바뀌는 형태가 달라져요. 4개의 유형이 있어요.

く → いて ぐ → いで	書く 쓰다 → 書いて 쓰고, 써서 泳ぐ 수영하다 → 泳いで 수영하고, 수영해서 **예외** 行く 가다 → 行って 가고, 가서
う・つ・る → って	会う 만나다 → 会って 만나고, 만나서 待つ 기다리다 → 待って 기다리고, 기다려서 作る 만들다 → 作って 만들고, 만들어서
ぬ・む・ぶ → んで	死ぬ 죽다 → 死んで 죽고, 죽어서 休む 쉬다 → 休んで 쉬고, 쉬어서 遊ぶ 놀다 → 遊んで 놀고, 놀아서
す → して	話す 말하다 → 話して 말하고, 말해서

🥕 「行く(가다)」의 て형은 「行いて」가 아니라 「行って」로 바뀌어요. 예외 동사로 기억하세요!

* **2그룹 동사의 て형** 어미 「る」를 떼고 「て」를 붙여요. 2그룹 동사의 て형은 앞에서 배운 ます형과 형태가 동일해요.

| る 떼고 て | 見る 보다 → 見て 보고, 봐서
食べる 먹다 → 食べて 먹고, 먹어서 |

* **3그룹 동사의 て형** 불규칙 활용이니까 그대로 외우세요. 3그룹 동사의 て형도 ます형과 형태가 동일해서 기억하기 쉬워요.

| 불규칙 | 来る 오다 → 来て 오고, 와서
する 하다 → して 하고, 해서 |

예문

地下鉄に 乗って 行きます。
지하철을 타고 갑니다.
乗る 타다

お茶を 飲んで 寝ます。
차를 마시고 잡니다.
飲む 마시다

少し 寝て 勉強を します。
조금 자고 공부를 합니다.
寝る 자다

会社に 行って 働きます。
회사에 가서 일합니다.
行く 가다

早く 勉強して。
빨리 공부해.
勉強する 공부하다

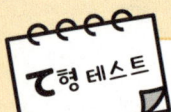 **て형 테스트** 배운 내용을 잘 생각해 보며 아래 동사의 그룹과 て형을 써 보세요.

동사	그룹	て형
예) 乗る 타다	1그룹	乗って
1 飲む 마시다		
2 寝る 자다		
3 行く 가다		
4 食べる 먹다		
5 する 하다		
6 遊ぶ 놀다		
7 見る 보다		
8 来る 오다		
9 読む 읽다		
10 教える 가르치다		

정답 ① 1그룹, 飲んで ② 2그룹, 寝て ③ 1그룹(예외), 行って ④ 2그룹, 食べて ⑤ 3그룹, して
⑥ 1그룹, 遊んで ⑦ 2그룹, 見て ⑧ 3그룹, 来て ⑨ 1그룹, 読んで ⑩ 2그룹, 教えて

～て ください
～(해) 주세요

POINT

부탁 표현

「동사 て형+て ください」는 '～(해) 주세요'라는 뜻으로 정중하게 의뢰, 지시, 권유할 때 쓰는 표현이에요.

1그룹	にぎる 잡다, 쥐다	→	にぎって ください 잡아 주세요
2그룹	食(た)べる 먹다	→	食べて ください 먹어 주세요 (=드세요)
3그룹	連絡(れんらく)する 연락하다	→	連絡して ください 연락해 주세요
	来(く)る 오다	→	来(き)て ください 와 주세요

※ 1그룹은 대화문에 나온 「る」로 끝난 단어를 예로 들었어요.

 명사 뒤에 「ください」를 연결하면 '～(을) 주세요'라는 뜻이 되고, 동사를 て형으로 바꾸고 「～て ください」를 연결하면 '～해 주세요'라는 뜻이 돼요.

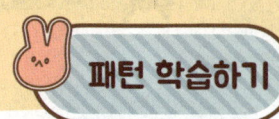 **패턴 학습하기** 오늘 배울 패턴이 들어간 문장을 학습해 봅시다.

1

これ、食(た)べて ください。
이거, 먹어 보세요.

✅ 여기서 「～て ください」는 권유의 뜻으로 사용되고 있기 때문에 한국어 해석은 '～해 주세요'보다 '～해 보세요'가 자연스러워요.

➕ これ、飲(の)んで ください。 이거, 마셔 보세요.

2

ユリさんの 気持(きも)ちを 教(おし)えて ください。
유리 씨의 마음을 알려 주세요.

➕ 日本語(にほんご)で 書(か)いて ください。 일본어로 써 주세요.
　 電話(でんわ)して ください。 전화해 주세요.

 단어

電話(でんわ)する 전화하다

3

手を にぎって ください。
손을 잡아 주세요.

✅ **手を にぎる・手を つなぐ : 손을 잡다**
앉아서 손을 꽉 쥘 때는 「にぎる」, 서로 손을 잡고 걸어 가는 상황에서는 「つなぐ」라는 동사를 써요.

➕ **手を つないで ください。** 손을 잡아 주세요.

4

ちゃんと 毎日 連絡して くださいね。
꼭 매일 연락해 주세요.

✅ **종조사 「ね」**
여기서 「ね」는 '알았죠?' 하는 느낌으로 다짐하는 뜻이에요.

手を にぎる 손을 잡다 · 手を つなぐ 손을 잡다 · ちゃんと 제대로, 틀림없이, 꼭

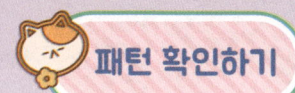 **패턴 확인하기** 실제 일본에서는 어떻게 쓰이는지 들어 보고, 빈칸에 알맞은 문장을 써 보세요. p.284-285

① _____。最近 人気の パフェです。
이거, 먹어 보세요. 요즘 인기 있는 파르페예요.

わぁ！いただきます！
와! 잘 먹겠습니다!

ユリさん、この前は すみませんでした。びっくりしましたよね。
유리 씨, 지난번에는 미안했어요. 깜짝 놀랐죠?

でも 僕は 本気ですから。今日は ② _____。
그래도 저는 진심이니까. 오늘은 유리 씨의 마음을 알려 주세요.

うん。いろいろ 考えましたけど…。
응. 여러 가지 생각해 봤는데….

田中さんは 優しくて まじめで いい 人だと 思いました。だから…。
다나카 씨는 상냥하고 착실하고 좋은 사람이라고 생각해요. 그래서….

だから？ 그래서?

だから… 私も 好きです。 그래서… 저도 좋아해요.

え！まじで！じゃ、③ _____。
헐! 진짜?! 그럼, 손을 잡아 주세요.

え！早くないですか。 네? 빠르지 않나요?

やった！ 앗싸!

④ _____。
꼭 매일 연락해 주세요.

もちろん！毎日 何度も 連絡します。
물론이죠! 매일 몇 번이고 연락할게요.

 **단어**

人気だ 인기가 있다 ・ **パフェ** 파르페 ・ **びっくりする** 깜짝 놀라다 ・ **本気だ** 진심이다 ・
まじで！ 진짜？ (「まじめだ」에서 유래된 단어로 주로 젊은 사람들이 쓰는 말) ・ **やった！** 앗싸! ・ **何度も** 몇 번이고

～て います, ～て みます
～(하)고 있습니다, ～(해) 보겠습니다

POINT

동사의 진행형&시도

「동사 て형+て います」는 '(지금) ～(하)고 있습니다'라는 뜻으로 현재 진행하고 있는 것을, 「동사 て형+て みます」는 '～(해) 보겠습니다'라는 뜻으로 어떤 일을 확인하기 위해 시도해 본다는 것을 표현할 때 사용해요.

1그룹 買う (사다) → 買って います 사고 있습니다
　　　　　　　　　　　　買って みます 사 보겠습니다

2그룹 見る (보다) → 見て います 보고 있습니다
　　　　　　　　　　　　見て みます 봐 보겠습니다

3그룹 する (하다) → して います 하고 있습니다
　　　　　　　　　　　　して みます 해 보겠습니다

※1그룹은 대화문에 나온 「う」로 끝난 단어를 예로 들었어요.

✅ 「～て います」는 실제 대화에서는 「い」가 생략된 「～てます」의 형태로 쓰이는 경우도 많아요.

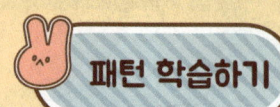

패턴 학습하기
오늘 배울 패턴이 들어간 문장을 학습해 봅시다.

1

お弁当の 材料を 買って います。

도시락 재료를 사고 있어요.

- 夕飯を 食べて います。 저녁을 먹고 있어요.
- 旅行の 準備を して います。 여행 준비를 하고 있어요.

2

ちょっと 天気予報 見て みますね。

잠깐 일기예보를 봐 볼게요.

- 종조사 「ね」
  여기서 「ね」는 말투를 부드럽게 해 주는 역할을 하고 있어요.

- ちょっと 考えて みますね。 좀 생각해 볼게요.
- 私も そこへ 行って みますね。 저도 거기에 가 볼게요.

材料 재료 ・ 天気予報 일기예보

3

遠足(えんそく)も 減(へ)って いますから、いい 思(おも)い出(で)が 少(すく)ないですね。 소풍도 줄고 있어서 좋은 추억이 적네요.

✓ **1그룹 동사 「減る」**
「減る(줄다)」는 1그룹 예외 동사예요. 2그룹처럼 보이지만 1그룹 동사라는 것에 주의하세요!
※활용 : 減る→減ります, 減って

➕ 今(いま)、調(しら)べて いますから、ちょっと 待(ま)って ください。
지금 알아보고 있으니까 좀 기다려 주세요.

4

私(わたし)も 作(つく)って みますね。

저도 만들어 볼게요.

➕ 彼(かれ)と 話(はな)して みます。 그와 이야기해 볼게요.
私(わたし)も その本(ほん)、読(よ)んで みます。 저도 그 책, 읽어 볼게요.

遠足(えんそく) 소풍 ・ 減(へ)る 줄다 ・ 思(おも)い出(で) 추억 ・ 少(すく)ない 적다

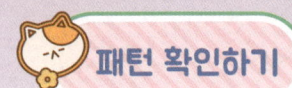 **패턴 확인하기** 실제 일본에서는 어떻게 쓰이는지 들어 보고, 빈칸에 알맞은 문장을 써 보세요. 정답 p.288-289

 유리
木村さん、何を 買って いますか。
기무라 씨, 뭘 사고 계세요?

 기무라
明日、息子の 遠足だから、❶ _____。
내일 아들 소풍이라, 도시락 재료를 사고 있어요.

遠足ですか。私、❷ _____。
소풍이군요. 저, 잠깐 일기예보를 봐 볼게요.

お～ 明日は 晴れですね。
오～ 내일은 맑음이네요.

最近は だんだん ❸ _____。
최근에는 점점 소풍도 줄고 있어서, 좋은 추억이 적네요.

それは 悲しいですね。おいしい お弁当で いい 思い出を 残して ください。
그건 슬프네요. 맛있는 도시락으로 좋은 추억을 남겨 주세요.

最近は こんなに かわいい お弁当も 多いですよ。キャラ弁と いいます。
요즘은 이렇게 귀여운 도시락도 많아요. 캬라벤(캐릭터 도시락)이라고 해요.

えー。すごい！じゃ、❹ _____。
와, 대단하다! 그럼, 저도 만들어 볼게요.

 명사+と いいます : ~라고 합니다
무언가의 이름, 명칭을 말해 줄 때 「명사+と いう」로 표현해요.

息子 아들 · だんだん 점점 · 悲しい 슬프다 · 残す 남기다 · キャラ弁 캐릭터 도시락

～ても いいです, ～ては いけません
～(해)도 괜찮습니다, ～(해)서는 안 됩니다

POINT | **허가와 금지 표현**

「동사 て형+ても いいです」는 '～(해)도 괜찮습니다'라는 뜻으로 상대방에서 허가할 때 쓰는 표현이에요. 「동사 て형+ては いけません」은 '～(해)서는 안 됩니다'라는 뜻으로 금지를 나타내는 표현이에요.

허가

信じ~~る~~ → 信じても いいです
しん
믿다　　　　 믿어도 됩니다

来る → 来ても いいです
く　　　　　き
오다　　　 와도 괜찮습니다

금지

出す → 出しては いけません
だ　　　　
내다　　　 내서는 안 됩니다

する → しては いけません
하다　　　 해서는 안 됩니다

 「～ては いけません」은 부모가 자식에게, 상사가 부하에게, 선생님이 학생에게, 주로 윗사람이 아랫사람에게 쓰는 표현이에요.

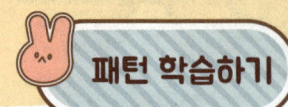 **패턴 학습하기** 오늘 배울 패턴이 들어간 문장을 학습해 봅시다.

1

大きい 声を 出しては いけませんよ。

큰 소리를 내면 안 돼요.

➕ ここに 入っては いけませんよ。 여기에 들어가면[들어오면] 안 돼요.

遅刻しては いけませんよ。 지각하면 안 돼요.

2

僕、その 話、信じても いいですか。

저 그 얘기 믿어도 되나요?

✓ ~ても いいですか : ~해도 됩니까?, ~해도 되나요?
허가를 의미하는 「~ても いいです」에 「か」를 붙여서 의문형을 만들면 허가를 구하는 의미가 돼요.

➕ 質問しても いいですか。 질문해도 돼요?

今度、遊びに 行っても いいですか。 다음에 놀러 가도 돼요?

 단어

声 목소리 ・ 遅刻する 지각하다 ・ 話 이야기, 말 ・ 信じる 믿다 ・ 質問する 질문하다

3

ちょっと 電話して 来ても いいですか。

잠깐 전화하고 와도 돼요?

✓ **～て 来る : ～하고 오다**
電話する(전화하다) + 来る(오다) → 電話して 来る(전화하고 오다)

➕ トイレに 行って 来ても いいですか。 화장실에 갔다 와도 돼요?

ここで 食べて 行っても いいですか。 여기서 먹고 가도 돼요?

4

彼女に 個人的に 連絡しては いけませんよ。

그녀한테 개인적으로 연락하면 안 돼요.

➕ 彼に 教えては いけません。 그에게 알려 주면 안 돼요.

誰にも 話しては いけません。 누구에게도 이야기하면 안 돼요.

個人的に 개인적으로

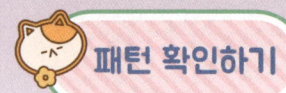 **패턴 확인하기** 실제 일본에서는 어떻게 쓰이는지 들어 보고, 빈칸에 알맞은 문장을 써 보세요. 정답 p.292-293

다나카
ユリちゃんと 付き合う ことに なりました！
유리 씨하고 사귀게 됐어요!

스즈키
えーーーっ！
네?!

こら、鈴木くん！他の 人も いるから、❶ _____。
이봐, 스즈키 군! 다른 사람들도 있으니까, 큰 소리를 내면 안 돼요.

あ、すみません。❷ _____。
아, 죄송해요. 저 그 얘기 믿어도 되나요?

いや、本当ですから。あ、会社から 電話だ。
아니, 진짜라니까요. 아, 회사에서 전화 왔다.

❸ _____。
잠깐 전화하고 와도 돼요?

ごめんなさい。あ、そうだ！❹ _____。
미안해요. 아, 맞다! 그녀한테 개인적으로 연락하면 안 돼요.

いや、僕たちは 友だちですよ。
아니, 저희는 친구예요!

冗談、冗談!
농담이에요, 농담!

～ことに なる ～하게 되다 ・ こら 이봐 ・ 本当だ 진짜다, 정말이다 ・ 冗談 농담

～て しまいます
～(해) 버립니다

POINT

완료 · 후회 표현

「동사 て형+て しまいます」는 '～(해) 버립니다'라는 뜻으로 어떤 행위의 완료, 또는 의도치 않게 하게 된 행위에 대한 아쉬움이나 후회를 나타내는 표현이에요.

1그룹
読む → 読んでしまいます
읽다   읽어 버립니다

2그룹
寝る → 寝てしまいます
자다   자 버립니다

3그룹
する → してしまいます
하다   해 버립니다

来る → 来てしまいます
오다   와 버립니다

※1그룹은 대화문에 나온 「む」로 끝난 단어를 예로 들었어요.

✅ 과거형 「～て しまいました」의 형태로 사용하는 경우가 많아요.

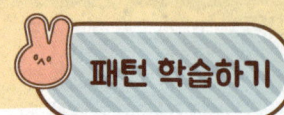 **패턴 학습하기** 오늘 배울 패턴이 들어간 문장을 학습해 봅시다.

1

おもしろすぎて 昨日 一日で 全部 読んで しまいました。
너무 재밌어서, 어제 하루 만에 전부 읽어 버렸어요.

- のどが かわきすぎて、ジュースを 一気に 飲んで しまいました。
  목이 너무 말라서 주스를 단숨에 마셔 버렸어요.

  おいしすぎて、一人で 全部 食べて しまいました。
  너무 맛있어서 혼자서 전부 먹어 버렸어요.

2

授業中に 寝て しまいました。
수업 중에 자 버렸어요.

- 約束の 時間に 遅れて しまいました。 약속 시간에 늦어 버렸어요.
  宿題を するのを 忘れて しまいました。 숙제를 하는 것을 잊어버렸어요.

 단어

一日で 하루 만에 ・ のど 목 ・ かわく 마르다 ・ 一気に 단숨에 ・ 〜中 〜중, 〜도중 ・ 遅れる 늦다

3

うそを ついて しまう ところが 特に おもしろいです。

거짓말을 해 버리는 부분이 특히 재미있어요.

✅ 「〜て しまう」의 명사수식형
뒤에 명사가 이어지는 경우 「〜て しまう」의 형태 그대로 명사를 수식해요.
うそを つく(거짓말을 하다)+て しまう(〜해 버리다)+ところ(부분)

➕ 彼は 何でも 一人で して しまう ところが すごいです。
그는 뭐든지 혼자서 해 버리는 부분이 대단해요.

4

おもしろくて、つい 笑って しまいます。

재밌어서, 저도 모르게 웃음이 나와요.

✅ つい : 나도 모르게, 무의식적으로
「つい 〜て しまう」의 형태로 많이 쓰여요.

「〜て しまう」의 해석
보통 '〜해 버리다, 〜하고 말다'로 해석하지만 그렇게 하면 어색할 때도 있어요. 위에 나온 것처럼 「笑って しまいます」를 직역하면 '웃어 버려요'지만 '웃음이 나와요, 웃게 돼요' 정도로 해석하면 돼요.

➕ 寝る 前に、つい SNSを 見て しまいます。 자기 전에 무의식적으로 SNS를 보게 돼요.

うそを つく 거짓말을 하다 ・ ところ 부분, 점, 곳 ・ つい 나도 모르게, 무의식적으로 ・ 笑う 웃다

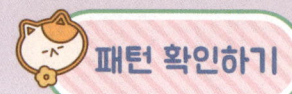 **패턴 확인하기** 실제 일본에서는 어떻게 쓰이는지 들어 보고, 빈칸에 알맞은 문장을 써 보세요. p.296-297

기무라
ユリさん、何を 読んで いますか。
유리 씨, 뭘 읽고 있어요?

유리
あ、木村さん！これ 最近 人気の 小説ですよ。
아, 기무라 씨! 이거, 요즘 인기 있는 소설이에요.

❶ _____。
너무 재밌어서, 어제 하루 만에 전부 읽어 버렸어요.

えー！それを 一日で？ 勉強も ちゃんと して くださいね。
네?! 그걸 하루 만에? 공부도 제대로 해 주세요.

実は 今日、❷ _____。
사실은 오늘, 수업 중에 자 버렸어요.

まあ！たまには いいですよね。でも 何が そんなに おもしろいですか。
아이고! 가끔은 좋죠. 그런데 뭐가 그렇게 재밌어요?

主人公が ありえない ❸ _____。
주인공이 말도 안 되는 거짓말을 해 버리는 부분이 특히 재미있어요.

そうなんですね。
그렇군요.

❹ _____。
재밌어서, 저도 모르게 웃음이 나와요.

ストレス 発散できて いいですね。
스트레스 발산이 돼서 좋네요.

小説 소설 ・ たまには 가끔은 ・ 主人公 주인공 ・ ありえない 말도 안 되다 ・ ストレス 스트레스 ・ 発散 발산

동사의 た형

POINT

동사의 보통체 과거형

'た형'이란 동사 활용 종류 중 하나로 '~했다'라는 과거의 뜻을 가진 「~た・だ」가 연결될 때의 동사의 형태를 말해요. た형은 반말의 과거 표현이에요.

※1그룹은 「る」로 끝난 동사를 예로 들었어요.

✓ 「勉強した 人(공부한 사람)」처럼 명사를 과거형으로 수식할 때도 た형을 쓸 수 있어요.

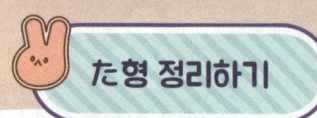
た형 정리하기

그룹별 た형 변형에 대해 학습하고, 예문을 보며 훈련해 보세요.

〈동사의 た형 접속 방법〉

❋ **1그룹 동사의 た형** 동사 기본형의 어미에 따라 바뀌는 형태가 달라져요. て형과 형태가 동일해요.

く → いた ぐ → いだ	書く 쓰다 → 書いた 썼다 泳ぐ 수영하다 → 泳いだ 수영했다 【예외】 行く 가다 → 行った 갔다
う・つ・る → った	会う 만나다 → 会った 만났다 待つ 기다리다 → 待った 기다렸다 作る 만들다 → 作った 만들었다
ぬ・む・ぶ → んだ	死ぬ 죽다 → 死んだ 죽었다 休む 쉬다 → 休んだ 쉬었다 遊ぶ 놀다 → 遊んだ 놀았다
す → した	話す 말하다 → 話した 말했다

✅ 「行く(가다)」의 た형은 「行った」로 바뀌어요. 예외 동사로 기억하세요!

✱ **2그룹 동사의 た형** 어미「る」를 떼고「た」를 붙여요. て형과 형태가 동일해요.

る 떼고 た	見る 보다 → 見た 봤다 食べる 먹다 → 食べた 먹었다

✱ **3그룹 동사의 た형** 불규칙 활용이니까 그대로 외우세요. て형과 형태가 동일해요.

불규칙	来る 오다 → 来た 왔다 する 하다 → した 했다

예문

彼に 会った。
그를 만났다.
会う 만나다

家に 帰って 休んだ。
집에 돌아가서 쉬었다.
休む 쉬다

おもしろい 映画を 見た。
재미있는 영화를 봤다.
見る 보다

昨日は いっしょうけんめい 勉強した。
어제는 열심히 공부했다.
勉強する 공부하다

レポート 全部 書いた？
리포트 다 썼어?
書く 쓰다

た형 테스트

배운 내용을 잘 생각해 보며 아래 동사의 그룹과 た형을 써 보세요.

동사	그룹	た형
예) 乗る 타다	1그룹	乗った
1. 飲む 마시다		
2. 寝る 자다		
3. 行く 가다		
4. 食べる 먹다		
5. する 하다		
6. 遊ぶ 놀다		
7. 見る 보다		
8. 来る 오다		
9. 読む 읽다		
10. 教える 가르치다		

정답 ① 1그룹, 飲んだ ② 2그룹, 寝た ③ 1그룹(예외), 行った ④ 2그룹, 食べた ⑤ 3그룹, した
⑥ 1그룹, 遊んだ ⑦ 2그룹, 見た ⑧ 3그룹, 来た ⑨ 1그룹, 読んだ ⑩ 2그룹, 教えた

～た後で
～(한) 후에

POINT

동작의 순서

「동사 た형+た 後で」는 '~(한) 후에'라는 뜻으로 동작의 순서를 나타내는 표현이에요.

1그룹
みが**く** → みが**いた** 後で
닦다　　　　　닦은 후에

入る → 入った 後で
들어가다　　　들어간 후에

2그룹
食べ**る** → 食べた 後で
먹다　　　　　먹은 후에

3그룹
する → **した** 後で
하다　　　　　한 후에

✓ 반대로 '~하기 전에'는 「동사 기본형+前に」로 표현해요.

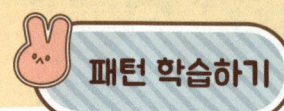 **패턴 학습하기** 오늘 배울 패턴이 들어간 문장을 학습해 봅시다.

1

> シャンプーを した 後で 体を 洗いますね。
>
> 머리를 감은 후에 몸을 씻어요.

➕ 買い物を した 後で 帰ります。 장을 본 후에 돌아가요.

図書館で 勉強した 後で、公園に 行きます。 도서관에서 공부한 후에 공원에 가요.

2

> 最初に 歯を みがいた 後で お風呂に 入ります。
>
> 처음에 이를 닦은 후에 목욕을 해요.

✅ **最初に : 처음에, 맨 먼저**
직역하면 '최초로'지만 '처음에, 먼저'라는 뜻으로 순서를 나타낼 때 자주 사용돼요.

お風呂に 入る : 목욕을 하다
「風呂」는 '목욕, 목욕탕, 욕조'라는 뜻이 있어요. 「(お)風呂に 入る」라고 하면 '목욕을 하다'라는 뜻이에요.

➕ 最初に 顔を 洗った 後で、体を 洗います。 처음에 세수를 한 후에 몸을 씻어요.

 **단어**

シャンプーを する 머리를 감다 ・ 図書館 도서관 ・ 最初に 처음에 ・ 歯を みがく 이를 닦다 ・
お風呂に 入る 목욕을 하다 ・ 顔を 洗う 세수를 하다

3

お風呂に 入った 後で 歯を みがきますよ。

목욕한 후에 이를 닦아요.

➕ 仕事が 終わった 後で、ジムに 行きます。 일이 끝난 후에 헬스장에 가요.
　お酒を 飲んだ 後で、運転しては いけません。 술을 마신 후에 운전하면 안 돼요.

4

ご飯は 食べた 後で 歯を みがきますか。

밥은 먹은 후에 이를 닦나요?

➕ 子どもが 寝た 後で、仕事を します。 아이가 잠든 후에 일을 해요.
　映画を 見た 後で、カフェに 行きませんか。 영화를 본 후에 카페로 가지 않을래요?

終わる 끝나다 ・ カフェ 카페

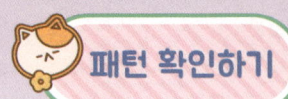 **패턴 확인하기** 실제 일본에서는 어떻게 쓰이는지 들어 보고, 빈칸에 알맞은 문장을 써 보세요. 정답 p.304-305

 ユリさんは シャワーする 時、頭が 先ですか、体が 先ですか。
유리 씨는 샤워할 때, 머리가 먼저인가요, 몸이 먼저인가요?

 あー。私は ❶ _____ 。
아! 저는 머리를 감은 후에 몸을 씻어요.

 じゃ、歯は いつ みがきますか。
그럼, 이는 언제 닦아요?

 ❷ _____ 。
처음에 이를 닦은 후에 목욕을 해요.

 え！私と 逆ですね。私は ❸ _____ 。
앗! 저랑 반대네요. 저는 목욕한 후에 이를 닦아요.

 そうなんですね！本当に 人それぞれ 違いますね。
그렇군요! 정말 사람마다 다르네요.

 じゃ、❹ _____ 。
그럼, 밥은 먹은 후에 이를 닦나요?

 はい。それは 当たり前ですよね。
네. 그건 당연하잖아요?

✅ 人それぞれ : 사람마다
「それぞれ」는 '각각'이라는 뜻인데 「人それぞれ」라고 하면 '사람마다'라는 뜻이 돼요.

 단어

シャワーする 샤워하다 • 頭 머리 • 先 먼저 • 逆 반대 • それぞれ 각각 • 違う 다르다 • 当たり前だ 당연하다

～た ことが あります
~(한) 적이 있습니다

POINT

경험 표현

「동사 た형+た ことが あります」는 '~(한) 적이 있습니다'라는 뜻으로 과거 경험을 나타내는 표현이에요.

| 1그룹 | 切^きる
자르다 | → | 切った ことが あります
자른 적이 있습니다 |

2그룹 教え~~る~~ (おし) → 教えた ことが あります
       가르치다   가르친 적이 있습니다

3그룹 する   → した ことが あります
       아르바이트하다   아르바이트한 적이 있습니다

       来る (く)   → 来た ことが あります (き)
       오다   온 적이 있습니다

※1그룹은 대화문에 나온 「る」로 끝난 단어를 예로 들었어요.

🥕 반대로 경험이 없다는 것을 말할 때는 「~た ことが ありません(~한 적이 없습니다)」이라고 표현할 수 있어요.

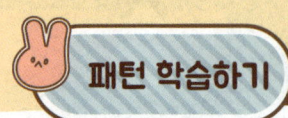 **패턴 학습하기** 오늘 배울 패턴이 들어간 문장을 학습해 봅시다.

1

コンビニでは ２年間 バイトした ことが あります。

편의점에서는 2년 동안 아르바이트 한 적이 있어요.

➕ 図書館で 10時間 勉強した ことが あります。 도서관에서 10시간 공부한 적이 있어요.

前に 一度、ここに 来た ことが あります。 전에 한 번 여기에 온 적이 있어요.

2

居酒屋で ５時間も たまねぎを 切った ことが あります。

이자카야에서 5시간이나 양파를 썰었던 적이 있어요.

✅ ～も : ～이나
수량을 나타내는 표현과 함께 쓰이는 「も」는 '～이나'라는 뜻으로 많다는 뉘앙스를 가지고 있어요.

➕ ワインを 一人で ３本も 飲んだ ことが あります。 와인을 혼자서 3병이나 마신 적이 있어요.

～年間 ～년 동안 ・ ～も ～이나 ・ たまねぎ 양파

3

韓国語を 教えた ことが ありましたけど、
한국어를 가르친 적이 있었는데,

➕ 学生の 時、ラブレターを 書いた ことが ありました。
학생 때 러브 레터를 쓴 적이 있었어요.
昔、そこで 働いた ことが ありました。 옛날에 거기서 일한 적이 있었어요.

4

楽しすぎて 一度も 休んだ ことが ありませんでした。
너무 즐거워서 한 번도 쉰 적이 없었어요.

➕ 外国に 行った ことが ありませんでした。 외국에 간 적이 없었어요.
今まで 負けた ことが ありませんでした。 지금까지 진 적이 없었어요.

ラブレター 러브 레터 ・ 外国 외국 ・ 負ける 지다

패턴 확인하기

실제 일본에서는 어떻게 쓰이는지 들어 보고, 빈칸에 알맞은 문장을 써 보세요. 정답 p.308-309 MP3 089

 スズキ
ユリさん、いつも 授業の 後は アルバイトですか。
유리 씨, 항상 수업이 끝나면 아르바이트인가요?

やっぱり、バイトの 経験は 多いですか。
역시 아르바이트 경험이 많은가요?

 유리
生活費の ために バイトは いっぱい しましたね。
생활비를 위해서 아르바이트는 꽤 많이 했어요.

❶ _____。
편의점에서는 2년 동안 아르바이트한 적이 있어요.

一番 大変だった アルバイトは 何ですか。
제일 힘들었던 아르바이트는 무엇인가요?

❷ _____。
이자카야에서 5시간이나 양파를 썰었던 적이 있어요.

それが 本当に 大変でしたね。
그게 정말 힘들었어요.

じゃ、楽しかった アルバイトは ありますか。
그럼 즐거웠던 아르바이트는 있나요?

夏休み中、韓国語教室で ❸ _____、
여름 방학 중에, 한국어 교실에서 한국어를 가르친 적이 있었는데,

みんな 韓国好きの 方で 楽しかったです。
다들 한국을 좋아하는 분들이라서 즐거웠어요.

❹ _____。
너무 즐거워서 한 번도 쉰 적이 없었어요.

学生さんたちは ラッキーでしたね。
학생들이 운이 좋았네요.

経験 경험 • 〜の ために 〜을 위해서 • 〜好き 〜을 좋아함, 혹은 그런 사람 • 方 분

〜たり …たり します
〜(하)거나 …(하)거나 합니다

POINT

동작의 예시・병렬

「동사의 た형+たり+동사의 た형+たり します」는 '〜(하)거나 …(하)거나 합니다' 라는 뜻으로 여러 가지 행위 중에서 대표적인 것을 골라서 이야기할 때 쓰는 표현이에요.

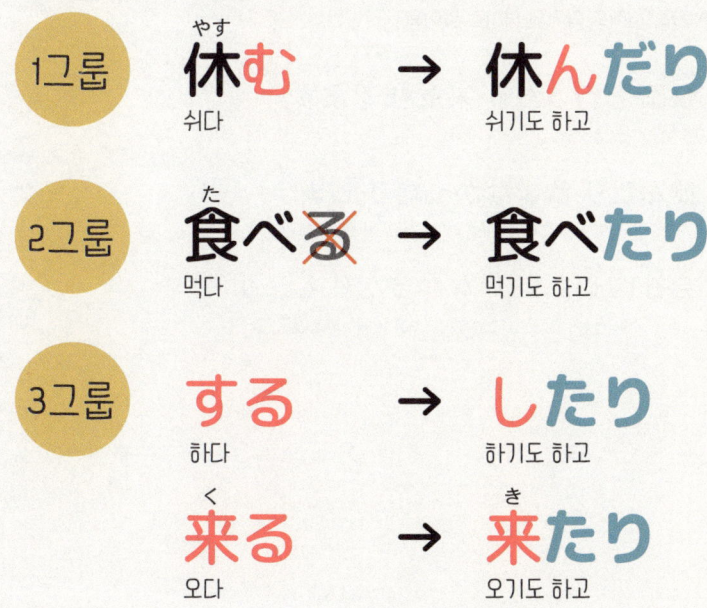

※1그룹은 대화문에 나온 「む」로 끝난 단어를 예로 들었어요.

✅ '왔다 갔다 합니다'라는 표현은 「行ったり 来たり します」라고 하는데, 우리말과 달리 '가다'라는 동사를 먼저 말해요.

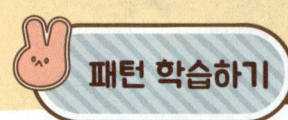 **패턴 학습하기** 오늘 배울 패턴이 들어간 문장을 학습해 봅시다.

1

パンダを 見たり 散歩を したり します。

판다를 보거나 산책을 하거나 할 거예요.

➕ 本を 読んだり 歌を 歌ったり します。
책을 읽거나 노래를 부르거나 해요.

掃除を したり 料理を 作ったり します。
청소를 하거나 요리를 만들거나 해요.

✅ **반복, 대조적인 동작의 「~たり…たり」**
「~たり…たり します」는 반복되는 동작이나 대조적인 동작에 대해서도 쓸 수 있어요.
또 '~하지 않기도 하고'처럼 부정 표현을 할 때는 「たり」 앞에 과거부정형이 오게 돼요. 「見たり」에 과거의 의미가 없듯이 「見なかったり」에도 과거의 의미는 없어요.

➕ 日本と 韓国を 行ったり 来たり します。
일본과 한국을 왔다 갔다 해요.

お酒は 飲んだり 飲まなかったり します。
술은 마시거나 안 마시거나 해요(마실 때도 있고 안 마실 때도 있어요).

社長は 会社に いたり いなかったり します。
사장님은 회사에 있거나 없거나 해요(있을 때도 있고 없을 때도 있어요).

 **단어**

パンダ 판다 • 散歩 산책

2

そこで ランチを 食(た)べたり お茶(ちゃ)を したり しましょう。

거기서 점심을 먹거나 차를 마시거나 합시다.

✓ **お茶(ちゃ)を 飲(の)む vs お茶(ちゃ)する**

둘 다 '차를 마시다'로 해석할 수 있지만 「お茶を 飲む」는 다른 음료가 아니라 '차 종류를 마시다'라는 뜻이고 「お茶する」는 음료 종류는 상관없이 '음료를 마시는 시간을 가지다', 더 나아가서 '카페에 가다'라는 의미까지 포함되어 있어요.

〜たり …たり しましょう : 〜(하)거나 …(하)거나 합시다

뒷부분은 「します」 말고도 「しました(했습니다)」, 「しましょう(합시다)」, 「しませんか(하지 않을래요?)」, 「したいです(하고 싶어요)」 등등 다양한 형태로 쓸 수 있어요.

➕ 昨日(きのう)は カフェに 行(い)ったり 買(か)い物(もの)を したり しました。
어제는 카페에 가기도 하고 쇼핑을 하기도 했어요.

遊園地(ゆうえんち)で 観覧車(かんらんしゃ)に 乗(の)ったり パレードを 見(み)たり しませんか。
놀이공원에서 관람차를 타거나 퍼레이드를 보거나 하지 않을래요?

夏休(なつやす)みは 海(うみ)で 泳(およ)いだり 山(やま)で キャンプを したり したいです。
여름방학에는 바다에서 수영하거나 산에서 캠핑을 하거나 하고 싶어요.

お茶(ちゃ)する 차를 마시다, 티타임을 가지다 • 観覧車(かんらんしゃ) 관람차 • パレード 퍼레이드 • キャンプ 캠핑

패턴 확인하기

실제 일본에서는 어떻게 쓰이는지 들어 보고, 빈칸에 알맞은 문장을 써 보세요. p.312-313 MP3 090

유리

みなさん、こんにちは。ユリです。
여러분, 안녕하세요. 유리예요.

今日(きょう)は 彼氏(かれし)と デートの 日(ひ)です。
오늘은 남자 친구와 데이트 하는 날이에요.

みなさんには 初(はじ)めての 公開(こうかい)ですね。
여러분에게는 처음으로 공개하네요.

ちょっと はずかしいですねー。あ！もう 来(き)て いますね。
조금 부끄럽네요~. 아! 벌써 와 있네요.

まずは、あいさつからしますか。
먼저, 인사부터 할까요.

다나카

こんにちは、みなさん。ユリの 彼氏、田中(たなか) 真(まこと)です。
안녕하세요, 여러분. 유리의 남자 친구, 다나카 마코토입니다.

あ、今日の デートコースは 何(なん)ですか。
아, 오늘의 데이트 코스는 뭔가요?

今日は まず、動物園(どうぶつえん)に 行(い)って、❶ _____ 。
오늘은 먼저, 동물원에 가서, 판다를 보거나 산책을 하거나 할 거예요.

おぉっ！パンダ 見(み)たい！
우와! 판다 보고 싶다!

❷ _____ 。
거기서 점심을 먹거나 차를 마시거나 합시다.

動物園で ランチ？ いいですね！
동물원에서 점심? 좋네요!

公開(こうかい) 공개 · 来(き)て いる 와 있다 · あいさつ 인사 · コース 코스 · 動物園(どうぶつえん) 동물원

〜た方が いいです
〜(하)는 편이 좋습니다[낫습니다]

POINT

조언·충고 표현

「동사 た형 + た 方が いいです」는 '〜(하)는 편이 좋습니다[낫습니다]'라는 뜻으로 조언이나 충고를 할 때 쓰는 표현이에요.

| 1그룹 | 帰る
 돌아가다 | → | 帰った 方がいいです
 돌아가는 편이 좋습니다 |

| 2그룹 | 寝る
 자다 | → | 寝た 方が いいです
 자는 편이 좋습니다 |

| 3그룹 | する
 하다 | → | した 方が いいです
 하는 편이 좋습니다 |
| | 来る
 오다 | → | 来た 方が いいです
 오는 편이 좋습니다 |

※ 1그룹은 대화문에 나온 「る」로 끝난 단어를 예로 들었어요.

 이 표현에 동사의 た형이 쓰이지만 과거의 뜻은 없어요.

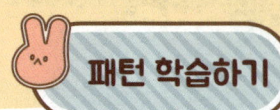 **패턴 학습하기** 오늘 배울 패턴이 들어간 문장을 학습해 봅시다.

1

今日(きょう)は ゆっくり 寝(ね)**た 方(ほう)が いい**ね。

오늘은 푹 자는 편이 좋겠다.

✅ **ゆっくり : 천천히, 충분히, 느긋하게**
「ゆっくり」는 '천천히'라는 뜻 외에도 '느긋하게, 충분히'라는 뜻이 있어요. 자거나 쉬는 것에 대해서는 '충분히, 푹' 등의 뜻으로 쓰여요.

い형용사의 보통체(=반말)
지금까지 배운 정중체는 예의 바른 표현이었다면 보통체는 친구나 편한 사이에 쓸 수 있는 반말 표현이에요. い형용사의 정중체에서 です를 빼면 보통체가 돼요.

2

それは 薬(くすり)を 飲(の)**んだ 方が いい**よ。

그건 약을 먹는 게 좋아.

✅ **薬(くすり)を 飲(の)む? 食(た)べる?**
한국어에서는 '약을 먹다'라고 하지만 일본어에서는 「食べる(먹다)」를 쓰지 않고 알약이든 물약이든 「飲む(마시다)」를 써서 표현해요. 「のむ」에는 '삼키다'라는 뜻도 있어서 그래요. '삼키다'라는 뜻으로 쓸 때는 「呑む」로 표기하기도 해요.

종조사 「ね」 vs 「よ」
둘 다 조언을 할 때 쓸 수 있는 종조사지만 「ね」는 상대방에게 공감한다는 뉘앙스를 가지고 있고, 「よ」는 자신의 의견을 말하는 단순한 조언의 뉘앙스를 가지고 있어요.

➕ もう 少(すこ)し 待(ま)っ**た 方が いい**よ。 좀 더 기다리는 게 좋아.

すぐ 食(た)べ**た 方が いい**ですよ。 바로 먹는 게 좋아요.

 단어

ゆっくり 천천히, 충분히, 푹 · 薬(くすり) 약

3

でも、明日の 授業は 出席した 方が いいかな。
그래도 내일 수업은 출석하는 편이 좋으려나…?

✓ ～かな : ～려나?, ～까나?
종조사 「～かな」에는 여러 가지 뜻이 있는데 여기서는 걱정하거나 고민하는 뉘앙스로 쓰였어요.

➕ 彼氏に 連絡した 方が いいかな。 남자 친구에게 연락하는 게 좋으려나?
週末も 会社に 来た 方が いいかな。 내일도 회사에 오는 게 좋을까?

4

今日も 早く 家に 帰った 方が いいね。
오늘도 빨리 집에 가는 게 좋겠네.

✓ 1그룹 동사「帰る」
「帰る(돌아가다, 돌아오다)」는 1그룹 동사예요. た형도「帰った」가 된다는 점, 주의하세요!

➕ 健康の ために 毎日 走った 方が いいね。 건강을 위해 매일 뛰는 게 좋겠네.
そろそろ 髪を 切った 方が いいですね。 슬슬 머리를 자르는 게 좋겠네요.

出席する 출석하다 ・ 早く 빨리, 일찍 ・ そろそろ 슬슬

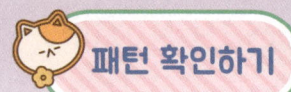 **패턴 확인하기** 실제 일본에서는 어떻게 쓰이는지 들어 보고, 빈칸에 알맞은 문장을 써 보세요. 정답 p.316~317

다나카
ユリ、顔色 悪いね。大丈夫？
유리, 안색이 안 좋네. 괜찮아?

유리
この前の デートで 風邪 ひいたかも。
지난번 데이트에서 감기 걸린 것 같아.

え、ほんと？ あの日 寒かったよね。❶ _____。
어, 진짜? 그날 추웠지. 오늘은 푹 자는 편이 좋겠다.

ちょっと 熱も あるかも。
조금 열도 있는 것 같아.

❷ _____。あとで 僕が 買って 届けるから。
그건 약을 먹는 게 좋아. 이따가 내가 사서 갖다줄 테니까.

❸ _____。
그래도 내일 수업은 출석하는 편이 좋으려나…?

とにかく 今は 体が 大事だから。明日は 休んだ 方が いいと 思うけど。
일단 지금은 몸이 중요하니까, 내일은 쉬는 게 좋을 것 같은데.

❹ _____。
오늘도 빨리 집에 가는 게 좋겠네.

✓ **大丈夫？ : 괜찮아?**
'괜찮아요?'라고 물어볼 때는「大丈夫ですか」라고 하면 되는데, 편한 사람에게 '괜찮아?'라고 물어볼 때는「大丈夫？」라고 끝을 올려서 말하면 돼요.

風邪 ひいたかも : 감기 걸렸을지도, 감기 걸린 것 같아
「風邪をひく(감기에 걸리다)」에서 동사「ひく」를 과거형으로 만들어서「ひいた」가 됐어요. 문장 끝에 붙는「かも」는 '~인 것 같아'라는 뜻으로 추측을 나타내요.

顔色 안색 · 風邪を ひく 감기에 걸리다 · ~かも ~인 것 같아, ~일지도 (몰라) · 熱 열 · 届ける 갖다주다
とにかく 어쨌든, 일단

동사의 ない형

POINT

동사의 보통체 부정형

'ない형'이란 동사 활용 종류 중 하나로 '~하지 않다'라는 뜻을 가진 「~ない」가 연결될 때의 동사의 형태를 말해요. ない형은 반말의 부정 표현이에요.

※ 1그룹은 「る」로 끝난 동사를 예로 들었어요.

✓ ない형에 「です」를 붙여서 「~ないです」 형태로도 쓸 수 있어요. '~하지 않습니다'라는 뜻으로 앞에서 배운 동사의 부정형 「~ません」 대신에 쓸 수 있는데 「~ないです」는 주로 회화에서 쓰는 표현이에요.
- お酒は 飲まないです。= お酒は 飲みません。(술은 마시지 않아요.)

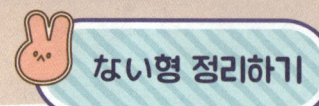 **ない형 정리하기** 그룹별 ない형 변형에 대해 학습하고, 예문을 보며 훈련해 보세요.

〈동사의 ない형 접속 방법〉

✱ **1그룹 동사의 ない형** 어미를 あ단으로 바꾸고 「ない」를 붙여요. 예외로 「う」로 끝나는 동사는 「わ」로 바뀌어요.

어미 う단 → あ단 + ない		
書く 쓰다	→	書かない 쓰지 않다
話す 말하다	→	話さない 말하지 않다
待つ 기다리다	→	待たない 기다리지 않다
死ぬ 죽다	→	死なない 죽지 않다
読む 읽다	→	読まない 읽지 않다
入る 들어가다	→	入らない 들어가지 않다

예외 う로 끝나는 동사 う → わ + ない		
会う 만나다	→	会わない 만나지 않다
買う 사다	→	買わない 사지 않다
歌う 노래하다	→	歌わない 노래하지 않다

✽ 2그룹 동사의 ない형   어미 「る」를 떼고 「ない」를 붙여요.

✽ 3그룹 동사의 ない형   불규칙 활용이니까 그대로 외우세요.

| 불규칙 | 来る 오다 → 来ない 오지 않다 |
| | する 하다 → しない 하지 않다 |

예문

日本語で 書かない。
일본어로 쓰지 않아(안 써).
　　　　　　　　　　　　　　　書く 쓰다

明日は 彼女に 会わない。
내일은 그녀를 만나지 않아(안 만나).
　　　　　　　　　　　　　　　会う 만나다

映画を 見ない。
영화를 보지 않아(안 봐).
　　　　　　　　　　　　　　　見る 보다

これは 食べなかった。
이것은 먹지 않았어(안 먹었어).
　　　　　　　　　　　　　　　食べる 먹다

✅ 「ない형＋なかった」는 '~하지 않았다'라는 뜻으로 보통체 과거부정형이에요.

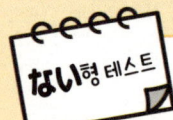 **ない형 테스트** 배운 내용을 잘 생각해 보며 아래 동사의 그룹과 ない형을 써 보세요.

동사	그룹	ない형
예) 乗る 타다	1그룹	乗らない
1. 飲む 마시다		
2. 寝る 자다		
3. 行く 가다		
4. 食べる 먹다		
5. する 하다		
6. 遊ぶ 놀다		
7. 見る 보다		
8. 来る 오다		
9. 読む 읽다		
10. 教える 가르치다		

 정답
① 1그룹, 飲まない ② 2그룹, 寝ない ③ 1그룹, 行かない ④ 2그룹, 食べない ⑤ 3그룹, しない
⑥ 1그룹, 遊ばない ⑦ 2그룹, 見ない ⑧ 3그룹, 来ない ⑨ 1그룹, 読まない ⑩ 2그룹, 教えない

〜ないで ください
〜(하)지 말아 주세요

POINT

금지 표현

「동사 ない형+ないで ください」는 '〜(하)지 말아 주세요, 〜(하)지 마세요'라는 뜻으로 어떤 행동을 하지 말라고 상대방에게 요구할 때 쓰는 표현이에요.

✓ 「ください」가 있어서 정중한 표현이긴 하지만 윗사람에게 쓰면 실례가 되니까 조심하세요!

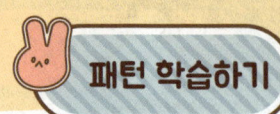 **패턴 학습하기** 오늘 배울 패턴이 들어간 문장을 학습해 봅시다.

1

燃えない ゴミは 出さないで ください。

안 타는 쓰레기는 내놓지 마세요.

✓ **쓰레기 분류**
燃えるゴミ 타는 쓰레기, 燃えないゴミ 안 타는 쓰레기, 生ごみ 음식물 쓰레기,
プラスチック 플라스틱, カン 캔, ビン 병, ペットボトル 페트병

➕ ゴミは 捨てないで ください。 쓰레기는 버리지 마세요.

2

いっぱい 連れて 来ないで くださいね。

많이 데리고 오지 말아 주세요.

➕ 無理しないで ください。 무리하지 마세요.

 **단어**

燃える 타다 ・ ゴミ 쓰레기 ・ 生ごみ 음식물 쓰레기 ・ プラスチック 플라스틱 ・ カン 캔 ・ ビン 병 ・
ペットボトル 페트병 ・ 捨てる 버리다 ・ 連れて 来る 데리고 오다 ・ 無理する 무리하다

3

家の 中では 走らないで くださいね。

집 안에서는 뛰지 마세요.

➕ タバコを 吸わないで ください。 담배를 피우지 마세요.

　ここに 座らないで ください。 여기에 앉지 마세요.

4

テレビを 見ないで ください。

TV를 보지 말아 주세요.

➕ 授業中に 寝ないで ください。 수업 중에 자지 마세요.

　窓を 開けないで ください。 창문을 열지 마세요.

タバコを 吸う 담배를 피우다 ・ 座る 앉다 ・ テレビ TV, 텔레비전 ・ 窓 창문 ・ 開ける 열다

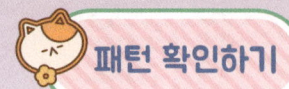 **패턴 확인하기** 실제 일본에서는 어떻게 쓰이는지 들어 보고, 빈칸에 알맞은 문장을 써 보세요. 정답 p.324-325

 こんにちは。
안녕하세요.

 水曜日は 燃える ゴミの 日だから ❶ _____ 。
수요일은 타는 쓰레기를 버리는 날이니까, 안 타는 쓰레기는 내놓지 마세요.

 あ！今日、水曜日でしたね。ごめんなさい。
아! 오늘 수요일이었군요. 죄송합니다.

 あと、夜遅く 友だちを ❷ _____ 。
그리고, 밤늦게 친구들을 많이 데리고 오지 말아 주세요.

子どもが 寝る 時間に 大きい 声が 聞こえます。
아이가 잘 때 큰 목소리가 들려요.

 それ、僕じゃないですよ。
그거, 저 아니에요.

 あ！それと ❸ _____ 。
아! 그거랑 집 안에서는 뛰지 마세요.

とても うるさくて 困ります。
너무 시끄러워서 곤란해요.

 僕は 家の 中で 走った ことは ありませんけど…。
저는 집 안에서 뛴 적이 없는데요….

 あ、そうそう！あと 大きい ボリュームで ❹ _____ 。
아, 맞아 맞아! 그리고 큰 소리로 TV를 보지 말아 주세요.

 あ、あの！ちょっと！
저, 저기요! 잠깐!

夜遅く 밤늦게 · **聞こえる** 들리다 · **困る** 곤란하다 · **ボリューム** 볼륨, 음량

～ない 方(ほう)が いいです
～(하)지 않는 편이 좋습니다

POINT

금지의 조언 · 충고

「동사 ない형+ない 方が いいです」는 '～(하)지 않는 편이 좋습니다'라는 뜻으로 조언이나 충고를 할 때 쓰는 표현이에요.

※「う」로 끝난 동사는 「わ」로 바뀌어요.

✓ '～(하)지 않는 편이 좋습니다'와 반대로 '～(하)는 편이 좋습니다'라고 할 때는 앞에서 배운 '～た 方が いいです'라는 표현을 쓰면 돼요.

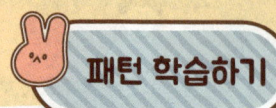 **패턴 학습하기** 오늘 배울 패턴이 들어간 문장을 학습해 봅시다.

1

付き合って いること 言わない 方が いいよ。

사귄다는 건 말 안 하는 게 좋아.

✅ **付き合う : 사귀다, 동행하다**
이 문장에서는 「付き合う」는 '사귀다'라는 뜻으로 쓰였지만 이 외에 '동행하다'라는 뜻도 있어요.
買い物に 付き合いましょうか。 쇼핑 동행할까요? (=같이 갈까요?)

2

人の 悪口は 言わない 方が いいよ。

남의 험담은 하지 않는 편이 좋아.

➕ 彼には 話さない 方が いいよ。 그에게는 이야기하지 않는 편이 좋아.

人の ケータイは 見ない 方が いいよ。 남의 휴대폰은 안 보는 편이 좋아.

 단어

言う 말하다 • 人 사람, 남 • 悪口 험담(わるくち라고 읽는 경우도 있음)

3

人の話は途中で切らない方がいいと思うけど。

남의 말은 도중에 끊지 않는 게 좋다고 생각하는데.

➕ もう会わない方がいいと思うけど。 이제 안 만나는 게 좋다고 생각하는데.

全部食べない方がいいと思うけど。 다 안 먹는 게 좋다고 생각하는데.

4

当分、私たち連絡しない方がいいかも。

당분간 우리 연락하지 않는 게 좋겠다.

✅ **〜かも : 〜인 것 같아, 〜일지도**
문장 끝에 붙는 「かも」는 '〜인 것 같아'라는 뜻으로 추측을 나타내요.

➕ 一人で行かない方がいいかも。 혼자서 안 가는 게 좋을 것 같아.

お酒は飲まない方がいいかも。 술은 안 마시는 게 좋을 것 같아.

もう 이제 ・ 途中で 도중에 ・ 当分 당분간 ・ 私たち 우리

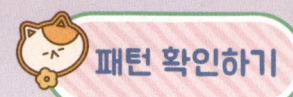 **패턴 확인하기** 실제 일본에서는 어떻게 쓰이는지 들어 보고, 빈칸에 알맞은 문장을 써 보세요. p.328-329

そうだ！木村さんに 僕たちが ❶ _____。
맞다! 기무라 씨한테는 우리가 사귄다는 건 말 안 하는 게 좋아.

え、なんで？
응? 왜?

あの人 いつも ああだ こうだ うるさいから。
그 사람, 늘 이러쿵 저러쿵 시끄러우니까.

真くん、そうやって ❷ _____。あと、
마코토, 그런 식으로 남의 험담은 하지 않는 편이 좋아. 그리고,

悪口じゃないよ。この前も いろいろ 僕に 言ったよ。
험담이 아니야. 얼마 전에도 엄청 나한테 말했어.

❸ _____。
남의 말은 도중에 끊지 않는 게 좋다고 생각하는데.

そ、そうだね、僕が 悪かった。
그, 그렇네. 내가 나빴어.

❹ _____。
당분간 우리 연락하지 않는 게 좋겠다.

え！ちょっと！
응? 잠시만!

 言った : 말했다, 말했어
「言う(말하다)」의 정중체 과거형은 「言いました(말했습니다)」인데, 보통체 과거형은 「言った」예요. 상황에 따라 '말했다' 또는 '말했어'라고 해석할 수 있어요.

ああだ こうだ 이러쿵 저러쿵 · そうやって 그렇게 (해서), 그런 식으로

～なくても いいです
～(하)지 않아도 괜찮습니다

행위의 불필요함

「동사 ない형+なくても いいです」는 '～(하)지 않아도 괜찮습니다'라는 뜻으로 어떤 행위를 할 필요가 없다는 것을 나타내는 표현이에요.

1그룹
おこ
怒る (u단) → 怒らなくても いいです (a단)
화내다   화내지 않아도 됩니다

2그룹
かんが
考える → 考えなくても いいです
생각하다   생각하지 않아도 됩니다

3그룹
しんぱい
心配する → 心配しなくても いいです
걱정하다   걱정하지 않아도 됩니다

く
来る → 来(こ)なくても いいです
오다   오지 않아도 됩니다

✓ 「～なくても いいです」는「～ない(～하지 않다)」와「～ても いいです(～해도 됩니다)」가 합쳐진 문형이에요.

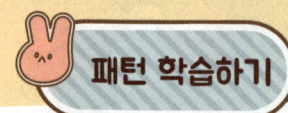 **패턴 학습하기** 오늘 배울 패턴이 들어간 문장을 학습해 봅시다.

1

田中さん 優しいから 心配しなくても いいですよ。

다나카 씨는 상냥하니까 걱정 안 해도 돼요.

- 無理しなくても いいですよ。 무리하지 않아도 돼요.
  大変だから、明日は 来なくても いいですよ。 힘드니까 내일은 오지 않아도 돼요.

2

彼の 気持ちなんか 知らなくても いいと 思いました。

그의 감정 따위 몰라도 된다고 생각했어요.

- **명사+なんか : ~따위**
  「なんか」에는 다양한 뜻이 있지만 여기서는 대상에 대한 경멸이나 겸손의 마음을 나타내는 '~따위'라는 뜻으로 쓰였어요. 비슷한 뜻으로 「~など」가 있지만 「~なんか」는 회화에서 주로 사용되는 표현이에요.

- 彼には 話さなくても いいと 思いました。 그에게는 이야기하지 않아도 된다고 생각했어요.

心配する 걱정하다 · ~なんか ~따위, ~같은 것

3

私が 怒らなくても いい ところで 怒って しまいました。

제가 화내지 않아도 될 부분에서 화를 내 버렸어요.

✅ **～なくても いい＋ところ(명사) : ～(하)지 않아도 될 부분**
い형용사의 명사수식형과 같이 명사 앞에 올 때는 그대로 연결하면 돼요.

➕ 来週、バイトに 行かなくても いい 日は ありますか。
다음 주에 아르바이트 하러 가지 않아도 되는 날은 있나요?

4

そんなに 重く 考えなくても いいですよ。

그렇게 무겁게 생각하지 않아도 괜찮아요.

➕ 全部 食べなくても いいです。 전부 안 먹어도 돼요.
明日は 早く 起きなくても いいです。 내일은 일찍 일어나지 않아도 돼요.

怒る 화내다 ・ 早く 일찍

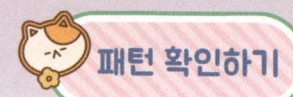 **패턴 확인하기** 실제 일본에서는 어떻게 쓰이는지 들어 보고, 빈칸에 알맞은 문장을 써 보세요. p.332-333

 스즈키 ユリさん、元気が ないですね。どうしましたか。
유리 씨, 기운이 없어 보이네요. 무슨 일이에요?

 유리 あ、わかりますか。実は 彼氏と ケンカして しまいました。
아, 티가 나나요? 사실 남자 친구랑 싸워 버렸어요.

あ！ケンカですか。❶ _____。
아! 싸웠군요. 다나카 씨는 상냥하니까 걱정 안 해도 돼요.

❷ _____。
그의 감정 따위 몰라도 된다고 생각했어요.

 あれ、なんか ひどく ケンカしちゃいましたね。
어라, 뭔가 심하게 싸웠나 보네요.

どうして ケンカしたんですか。
왜 싸운 거예요?

 ❸ _____。
제가 화내지 않아도 될 부분에서 화를 내 버렸어요.

そうでしたか。でも、絶対 彼から 連絡 来ますよ。
그랬군요. 그래도 반드시 그한테서 연락이 올 거예요.

❹ _____。
그렇게 무겁게 생각하지 않아도 괜찮아요.

 ちゃんと 話を 聞いて、二人で 合わせて いく 努力が 必要ですね。
얘기를 잘 듣고, 둘이서 맞춰 가는 노력이 필요하네요.

 「〜て しまう」의 축약 표현 「〜ちゃう」
「〜て しまう(〜해 버리다)」는 회화에서 「〜ちゃう」 형태로 생략해서 쓰는 경우가 많아요.

 **단어**

元気が ない 기운이 없다 ・ ケンカする 싸우다 ・ なんか 뭔가 ・ ひどく 심하게 ・ 二人で 둘이서 ・
合わせる 맞추다 ・ 努力 노력

～て くれます
~(해) 줍니다

POINT

행위의 수익 て くれる

「동사 て형+て くれます」는 '~(해) 줍니다'라는 뜻이고 '남'이 '나(혹은 나와 같은 그룹 사람)'에게 어떤 행위를 해 준다는 것을 나타내는 표현이에요.

(私_{わたし}に) 教_{おし}える →

教えて くれます
가르쳐 줍니다

教えて くれません
가르쳐 주지 않습니다

教えて くれました
가르쳐 주었습니다

教えて くれませんでした
가르쳐 주지 않았습니다

 「~を くれる」는 명사에 붙어 '~을 주다'의 뜻을 나타내고 「~て くれる」는 동사의 て형에 붙어 '~해 주다'의 뜻을 나타내요.

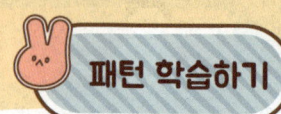 **패턴 학습하기** 오늘 배울 패턴이 들어간 문장을 학습해 봅시다.

1

帰(かえ)りに うちに 寄(よ)って くれませんか。

집에 갈 때 우리 집에 들르지 않을래요?

✓ **〜て くれませんか : 〜해 주지 않겠습니까?**
의문형 「〜て くれませんか」는 '〜해 주지 않겠습니까?'라는 의뢰 표현이 돼요.

➕ 電話番号(でんわばんごう)を 教(おし)えて くれませんか。 전화번호를 알려 주지 않을래요?

　 帰(かえ)りに パンを 買(か)って 来(き)て くれませんか。 집에 올 때 빵을 사다 주지 않을래요?

2

今日(きょう)も 夕食(ゆうしょく)に 招待(しょうたい)して くれましたね。

오늘도 저녁 식사에 초대해 주셨네요.

➕ 姉(あね)が 宿題(しゅくだい)を 手伝(てつだ)って くれました。 언니[누나]가 숙제를 도와줬어요.

　 友(とも)だちが 子(こ)どもと 遊(あそ)んで くれました。 친구가 아이와 놀아 줬어요.

 **단어**

帰(かえ)りに 집에 돌아가는[돌아오는] 길에 ・ 寄(よ)る 들르다 ・ 電話番号(でんわばんごう) 전화번호 ・ 買(か)って 来(く)る 사 오다 ・
夕食(ゆうしょく) 저녁 식사 ・ 招待(しょうたい)する 초대하다

3

もう 旦那が 材料を 切って くれましたから 大丈夫です。

이미 남편이 재료를 잘라 줘서 괜찮아요.

➕ 旦那は 毎日、部屋の 掃除を して くれます。 남편은 매일 방 청소를 해 줘요.

4

少し そこの 窓を 開けて くれますか。

거기 창문을 조금만 열어 줄래요?

✔ ~て くれますか : ~해 주겠습니까?
의문형 「~て くれますか」도 앞에 나온 「~て くれませんか(~해 주지 않겠습니까?)」와 마찬가지로 의뢰할 때 쓰는 표현이에요. 비교하자면 「~て くれませんか」가 더 정중한 표현이에요.

➕ ドアを 閉めて くれますか。 문을 닫아 줄래요?

ドア 문 ・ 閉める 닫다

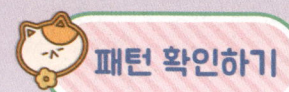 **패턴 확인하기** 실제 일본에서는 어떻게 쓰이는지 들어 보고, 빈칸에 알맞은 문장을 써 보세요. 정답 p.336-337 MP3 095

기무라
もしもし、ユリさん、今日 ❶ _____。
여보세요, 유리 씨, 오늘 집에 갈 때 우리 집에 들르지 않을래요?

유리
いいですよ。でも どうしましたか。
좋아요. 근데 왜 그러세요?

よかったら、夕食 いっしょに どうですか。
괜찮으면, 같이 저녁 어때요?

わぁ!ありがとうございます。ちょうど おなかが 空いて いて。
와! 감사합니다. 마침 배가 고파서.

今 すぐ 行きますね。
지금 바로 갈게요.

お邪魔します。❷ _____。
실례합니다. 오늘도 저녁 식사에 초대해 주셨네요.

ありがとうございます。何か 手伝いますか。
감사해요. 뭔가 도와드릴까요?

❸ _____。
이미 남편이 재료를 잘라 줘서 괜찮아요.

あっ、ユリさん、❹ _____。
아, 유리 씨, 거기 창문을 조금만 열어 줄래요?

はい。
네.

✓ 「お邪魔します」는 '실례합니다'라고 해석되지만 남의 집을 방문했을 때에 한해서 쓰는 표현이에요.

 단어

よかったら 괜찮으면 ・ おなかが 空く 배가 고프다 ・ お邪魔します 실례합니다

338

～て もらいます
～(해) 받습니다

POINT

행위의 수익 ~て もらう

「もらう」는 '받다'라는 뜻이기 때문에 「～て もらいます」 형태는 직역하면 '(내가 남에게) ~해 받다'라는 뜻이에요. 하지만 한국어로 어색한 표현이기 때문에 '(남이 나에게) ~해 줍니다'라고 해석하는 것이 좋아요. 이 표현에서는 받는 사람이 '나'라는 것을 기억하세요!

教える
가르치다
→

教えて もらいます
(나는 친구에게) 가르쳐 받습니다 = (친구가 나에게) 가르쳐 줍니다

教えて もらいません
(나는 친구에게) 가르쳐 받지 않습니다 = (친구가 나에게) 가르쳐 주지 않습니다

教えて もらいました
(나는 친구에게) 가르쳐 받았습니다 = (친구가 나에게) 가르쳐 주었습니다

教えて もらいませんでした
(나는 친구에게) 가르쳐 받지 않았습니다 = (친구가 나에게) 가르쳐 주지 않았습니다

 「(나는 남에게) ~て もらいます」와 「(남이 나에게) ~て くれます」는 서로 바꿔서 쓸 수 있어요. 주는 사람과 받는 사람이 누구인지 생각하면 돼요.

패턴 학습하기
오늘 배울 패턴이 들어간 문장을 학습해 봅시다.

1
陸上部の 友だちに コツを 教えて もらったの。
육상부 친구한테 비법을 배웠어.

✅ 「~て もらう」와 「~て くれる」의 차이
둘 다 같은 상황을 표현하지만 만약에 내가 남에게 어떤 것을 해 달라고 부탁해서 남이 그것을 해 줬을 때는 「~て もらう」를 쓰는 게 좋아요.

➕ 友だちが 外で 待って くれました。
(친구에게 아무 말도 안 했지만) 친구가 밖에서 기다려 줬어요.

友だちに 外で 待って もらいました。
(친구에게 기다려 달라고 부탁을 해서) 친구가 밖에서 기다려 줬어요.

✅ 종조사 「の」
종조사 「の」는 여러 가지 뜻이 있지만 여기서는 보통체에 붙어 '~거든'처럼 이유를 설명하는 뉘앙스로 쓰였어요. 또 「の」는 주로 여성이 쓰는 말투지만 의문형에서는 남성도 쓸 수 있어요.

➕ 友だちに 教えて もらったの。 친구가 가르쳐 줬어. 〈여성어〉

誰に 教えて もらったの? 누가 가르쳐 줬어? (성별 상관없이 사용 가능)

陸上部 육상부 ・ コツ 비법, 요령

2

クラスメイトに 代わりに 走って もらった。
반 친구가 대신 뛰어 줬어.

➕ 辛いものが 苦手ですから、兄に 代わりに 食べて もらいました。
매운 것을 잘 못 먹어서 오빠[형]가 대신 먹어 줬어요.

漢字が 難しいですから、日本人の 友だちに 読んで もらいました。
한자가 어려워서 일본인 친구가 읽어 줬어요.

3

でも、クラスの みんなに はげまして もらったよ。
그래도 반 친구들이 모두 위로해 줬어.

➕ 大好きな 俳優に いっしょに 写真を 撮って もらったよ！
정말 좋아하는 배우가 같이 사진을 찍어 줬어!

お酒は あまり 好きじゃないから、彼氏に 飲んで もらったよ。
술은 별로 좋아하지 않아서 남자 친구가 마셔 줬어.

クラスメイト 클래스메이트, 반 친구 ・ **代わりに** 대신 ・ **クラス** 클래스, 반 ・ **はげます** 위로하다, 격려하다

패턴 확인하기

실제 일본에서는 어떻게 쓰이는지 들어 보고, 빈칸에 알맞은 문장을 써 보세요. 정답 p.340-341

 ユリ、意外と 走るの 速いね。
유리, 의외로 달리기 빠르네.

 でしょ？高校の 時、❶ _____ 。
그렇지? 고등학생 때, 육상부 친구한테 비법을 배웠어.

 いい 経験に なったね。リレーとかも 参加した？
좋은 경험이 됐네. 릴레이 같은 것도 참가했어?

 うん。クラス代表だったよ。でも、リレー 前日に ケガして しまって、
응. 반 대표였어. 그런데, 릴레이 전날에 다쳐서,

❷ _____ 。
반 친구가 대신 뛰어 줬어.

 あー、それは 残念だったね。
아, 그건 아쉽다.

 ❸ _____ 。
그래도 반 친구들이 모두 위로해 줬어,

 優しいね、みんな。これからも こうやって たまには いっしょに 走りましょう。
착하네, 다들. 앞으로도 이렇게 가끔 같이 뛰자.

✅ **でしょ？: 그렇지？**
「でしょ？」는「そうでしょう？」를 줄인 표현이고 반말 회화에서 자주 쓰는 표현이에요.

やる : 하다
동사「する(하다)」는 회화에서「やる」라고 표현될 때가 많아요. 여기서도 '이렇게 해서'라는 뜻의「こうして」를「こうやって」로 표현했어요.

でしょ？ 그렇지？ · 速い 빠르다 · リレー 릴레이 · 代表 대표 · 前日 전날 · けがする 다치다 ·
こうやって 이렇게 해서

현지에서 통하는
실전 회화

일본에서 생활하고 있는 주인공 유리 씨에게
미션을 드릴 거예요.
어떤 표현을 써서 미션을 성공했는지,
원어민은 어떤 대답을 하는지 학습해 보아요~!

일본에 가면 한 번씩은 가게 되는 장소에서 어떤 말들을 해야 할까요? 저와 함께 미션을 수행하면서 배워 보아요~!

호텔 체크인하기

호텔 체크인에 도전하는 유리 씨! 어떤 문장을 만들 수 있을까요?

오늘의 미션

- 호텔 체크인하기
- 레스토랑 위치 물어보기
- 방 옵션 체크하기
- 체크아웃 시간 물어보기

단어

チェックイン	パスポート	バウチャー
체크인	여권	예약증

禁煙(きんえん)	朝食(ちょうしょく)	チェックアウト
금연	조식	체크아웃

 일본 호텔에서는 보통 금연실과 흡연실이 구별되어 있고 요즘에는 금연층, 흡연층으로 층마다 나누는 호텔도 늘어나고 있어요. 예약할 때 잘못 예약하지 않도록 금연실인지 흡연실인지 꼭 확인하고 예약하세요.

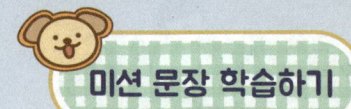

미션 문장 학습하기
유리 씨가 미션을 어떻게 성공했는지 함께 살펴봅시다.

☑ 호텔 체크인하기

유리 ① チェックイン お願いします。
체크인 부탁드립니다.

직원 かしこまりました。
알겠습니다.

パスポートと バウチャーを お願いいたします。
여권과 예약증을 보여 주세요.

- 「かしこまりました」는 「わかりました」의 겸양 표현으로 손님이나 윗사람에게 쓰는 표현이에요.
- 「いたします」는 「します」의 겸양 표현이에요.

☑ 방 옵션 체크하기

유리 ② 部屋は 禁煙ですか。
방은 금연입니까?

직원 お客様の お部屋は 禁煙室でございます。
손님의 방은 금연실입니다.

- 「~でございます」는 「~です」의 겸양 표현이에요. 주로 점원이 손님에게 써요.

禁煙 금연 (↔ **喫煙** 흡연) · **お客様** 손님, 고객님 · **禁煙室** 금연실 (↔ **喫煙室** 흡연실) · **いたす** 하다 (する의 겸양어)

☑ 레스토랑 위치 물어보기

유리 ❸ 朝食は どこで 食べますか。
조식은 어디서 먹나요?

직원 1階に レストランが あります。
1층에 레스토랑이 있습니다.

こちらの チケットを いっしょに お持ちに なって くださいませ。
이 티켓을 같이 가지고 와 주세요.

- 조식이 포함되어 있는지 물어볼 때는 「朝食つきですか」라고 하면 돼요.
- 「〜階」는 '층'을 세는 말이에요. ※p.426 조수사 참조
- 「こちら」는 「これ」의 공손한 표현이에요. 또 문장 끝에 붙이는 「〜ませ」도 정중함을 나타내는 표현이에요. 손님에게 무언가 의뢰하거나 인사할 때 자주 쓰여요.

☑ 체크아웃 시간 물어보기

유리 ❹ チェックアウトは 何時ですか。
체크아웃은 몇 시예요?

직원 チェックアウトは 明日の 午前 10時でございます。
체크아웃은 내일 오전 10시입니다.

こちら、お部屋の カードキーです。どうぞ。
이건 방 카드 키입니다. 여기 있습니다.

レストラン 레스토랑 ・ チケット 티켓 ・
お持ちになる 가지고 계시다, 소지하시다 (〈경어〉「お+ます형+になる」의 형태) ・ カードキー 카드 키

미션 문장 확인하기

미션 성공기를 들어 보며, 빈칸을 채워 보세요.

정답 p.346-347   MP3 097

こんにちは。❶ _____。
안녕하세요. 체크인 부탁드립니다.

あ、かしこまりました。パスポートと バウチャーを お願（ねが）いいたします。
아, 알겠습니다. 여권과 예약증을 보여 주세요.

❷ _____。
방은 금연인가요?

はい。お客様（きゃくさま）の お部屋（へや）は 禁煙室（きんえんしつ）でございます。
네, 손님의 방은 금연실입니다.

❸ _____。
조식은 어디서 먹나요?

1階（いっかい）に レストランが あります。
1층에 레스토랑이 있습니다.

こちらの チケットを いっしょに お持（も）ちになって くださいませ。
이 티켓을 같이 가지고 와 주세요.

❹ _____。
체크아웃은 몇 시예요?

チェックアウトは 明日（あした）の 午前（ごぜん）10時（じゅうじ）でございます。
체크아웃은 내일 오전 10시입니다.

こちら、お部屋の カードキーです。どうぞ。
이건 객실 카드 키입니다. 여기 있습니다.

ありがとうございます。
감사합니다.

午前（ごぜん）오전(↔午後（ごご）오후)

호텔에 짐 맡기기

호텔에 짐 맡기기에 도전하는 유리 씨! 어떤 문장을 만들 수 있을까요?

오늘의 미션

- 호텔에 짐 맡기기
- 추가 비용 물어보기
- 시간 제한 물어보기

HINT

단어

| 荷物(にもつ) 짐, 수하물 | 預ける(あずける) 맡기다 | 何時(なんじ) 몇 시 |
| 費用(ひよう) 비용 | 預かる(あずかる) 맡다 | いくら 얼마 |

 일본에서는 대부분 호텔이 체크인 전이나 체크아웃 후에 짐을 맡아 주는 서비스를 하고 있어요. 짐을 맡길 때 안에 날음식(なまもの), 현금이나 귀중품(げんきん, きちょうひん), 파손 우려가 있는 물건(こわれもの) 등이 들어가 있지 않은지 직원이 물어보는 경우도 많아서 이런 단어도 외워 두면 좋아요. 만약에 이런 물건이 있다면 미리 꺼내서 맡기세요.

미션 문장 학습하기
유리 씨가 미션을 어떻게 성공했는지 함께 살펴봅시다.

☑ 호텔에 짐 맡기기

유리 ① ちょっと 荷物を 預けたいのですが。
짐을 좀 맡기고 싶은데요.

・「〜たいのですが」는 '〜하고 싶은데요'라는 뜻으로 자주 쓰는 표현이에요. 좀 더 가볍게 「〜たいんですが」라고 해도 돼요.

직원 本日 チェックアウトでいらっしゃいますね。
오늘 체크아웃이시군요.

・「〜でいらっしゃる」는 「〜です」의 공손한 표현이고 '〜이시다'라는 뜻이에요.

☑ 시간 제한 물어보기

유리 ② 何時まで 預かって もらえますか。
몇 시까지 맡아 주실 수 있나요?

・「〜てもらえますか」는 의뢰할 때 쓰는 표현이에요.

직원 お荷物の 預かりは 午後 6時までと なって おります。
짐은 6시까지 맡아 드릴 수 있습니다.

・「〜となっております」는 「〜です」의 정중한 표현으로 주로 손님이나 윗사람에게 시스템에 대해서 설명할 때 쓰는 표현이에요.

お荷物は 何点 ございますか。
짐은 몇 개 있으신가요?

・짐을 셀 때 「いくつ」도 쓰지만 「何点」이라는 표현도 많이 써요.
「ございますか」는 「ありますか」의 경어 표현이에요.

유리 これ 一つです。
이거 하나예요.

・※ p.425 고유 수사 참조

本日 오늘 ・ **預かり** 맡음, 맡는 것 ・ **何点** 몇 점, 몇 개 (≒いくつ 몇 개) ・ **一つ** 하나, 한 개

☑ 추가 비용 물어보기

유리 ③ 費用は いくらですか。
비용은 얼마인가요?

직원 費用は かかりません。
비용은 들지 않습니다.

こちら 荷物の タグでございます。
이것이 짐의 태그입니다.

お受け取りの 際に、こちらの タグを フロントに お見せくださいませ。
찾으러 오셨을 때, 이 태그를 프런트에 보여 주세요.

- 「無料ですか(무료입니까?)」라고 물어볼 수도 있어요.

- 「お+ます형+ください」는 「～てください」의 공손한 표현이에요.

無料 무료 · **タグ** 태그 · **受け取り** 수취 · **際** 때 (「時」의 정중한 표현) · **フロント** 프런트 · **見せる** 보여 주다

351

 미션 문장 확인하기   미션 성공기를 들어 보며, 빈칸을 채워 보세요.   정답 p.350-351

유리
すみません。❶ _____。
실례합니다. 짐을 좀 맡기고 싶은데요.

직원
はい。かしこまりました。
네, 알겠습니다.

本日(ほんじつ) チェックアウトでいらっしゃいますね。
오늘 체크아웃이시군요.

❷ _____?
몇 시까지 맡아 주실 수 있나요?

お荷物(にもつ)の 預(あず)かりは 午後(ごご) 6時(ろくじ)までと なって おります。
짐은 6시까지 맡아 드릴 수 있습니다.

お荷物は 何点(なんてん) ございますか。
짐은 몇 개 있으신가요?

これ 一(ひと)つです。❸ _____。
이거 하나예요. 비용은 얼마인가요?

費用(ひよう)は かかりません。こちら 荷物の タグで ございます。
비용은 들지 않습니다. 이것이 짐의 태그입니다.

お受(う)け取りの 際(さい)に、こちらの タグを フロントに お見(み)せくださいませ。
찾으러 오셨을 때, 이 태그를 프런트에 보여 주세요.

ありがとうございます。
감사합니다.

〜の 際(さい)に 〜때에

길 묻기

길 묻기에 도전하는 유리 씨! 어떤 문장을 만들 수 있을까요?

오늘의 미션

☐ 길 묻고 목적지까지 안내받기 1
☐ 길 묻고 목적지까지 안내받기 2

단어

| 道
みち
길 | お聞きする
き
여쭤보다 | おすし屋さん
や
초밥집 |

| 合う
あ
맞다 | 歩く
ある
걷다 | かかる
걸리다 |

 최근에는 스마트폰 지도 앱을 이용해서 길 찾기가 쉬워졌지만 그래도 찾기 힘들 때에는 지나가는 일본 사람에게 도움을 요청해 보세요. 근처라면 직접 데려다 주기도 하고, 마치 자기 일처럼 도와주는 친절한 사람들이 많답니다.

 **미션 문장 학습하기**   유리 씨가 미션을 어떻게 성공했는지 함께 살펴봅시다.

☑ 길 묻고 목적지까지 안내받기 1

유리 ① すみません。ちょっと 道を お聞きしたいんですが。
실례합니다. 잠시 길을 여쭤보고 싶은데요.

・「お+ます형+する」는 나를 낮추는 겸양 표현이에요. 「お聞きする」는 '여쭤보다'라는 뜻이 돼요.

행인 はい。
네.

유리 ② この 周辺に おすし屋さんは ありますか。
이 주변에 초밥집이 있나요?

・「おすし屋さん」은 「すし屋」를 정중하게 말한 표현이에요.

행인 この 道を 渡って 左方向に まーっすぐ 行くと おすし屋さんが あります。
이 길을 건너서 왼쪽 방향으로 쭉 가면 초밥집이 있습니다.

・「渡って」는 「渡る」의 て형이에요.
・「동사 기본형+と」는 '~(하)면'의 뜻으로 길안내를 할 때 자주 쓰는 표현이에요.

周辺 주변 ・ 渡る 건너다 ・ 左方向 왼쪽 방향 (↔ 右方向 오른쪽 방향) ・ ~と ~(하)면

✅ 길 묻고 목적지까지 안내받기 2

유리 ③ この 道で 合ってますか。
이 길이 맞나요?

행인 はい！
네.

유리 ④ 歩いて どの くらい かかりますか。
걸어서 얼마나 걸리나요?

행인 5分 くらいですね。
5분 정도요.

いっしょに 行きましょうか。
같이 가 드릴까요?

• 확인 표현 「～で合っていますか」는 조사 「で」를 쓴다는 점과 현재진행형 「～ています」의 형태로 쓴다는 점이 포인트예요. 또 회화에서는 「～ています」의 「い」가 생략되고 「～てます」 형태로도 많이 쓰여요.

• 소요 시간을 물어볼 때 쓰는 표현이에요. 「교통수단＋で」와 함께 쓰는 경우도 많아요.

※p.429 시간 읽기 참조

• 「동사 ます형＋ましょうか (～할까요?)」

合う 맞다 (＋会う 만나다)

 **미션 문장 확인하기** 미션 성공기를 들어 보며, 빈칸을 채워 보세요.  정답 p.354-355 MP3 099

유리

なんか、あの人、優(ひと)(やさ)しそうですね!!
뭔가 저 사람 상냥해 보이네요!

❶ _____ 。
실례합니다. 잠시 길을 여쭤보고 싶은데요.

행인

はい。
네.

❷ _____ 。
이 주변에 초밥집이 있나요?

この 道(みち)を 渡(わた)って 左方向(ひだりほうこう)に まーっすぐ 行(い)くと おすし屋(や)さんが あります。
이 길을 건너서 왼쪽 방향으로 쭉 가면 초밥집이 있습니다.

❸ _____ 。
이 길이 맞나요?

はい！
네.

❹ _____ 。
걸어서 얼마나 걸리나요?

5分(ごふん) くらいですね。いっしょに 行きましょうか。
5분 정도요. 같이 가 드릴까요?

あ！ありがとうございます。
아! 감사합니다.

 **단어**

なんか 뭔가, 어쩐지, 왠지 ・ 〜そうだ 〜해 보이다, 〜(할) 것 같다

식당에서 주문하기

식당에서 음식 주문에 도전하는 유리 씨! 어떤 문장을 만들 수 있을까요?

오늘의 미션

- 현지 맛집에서 추천 메뉴 주문하기
- 음료 주문하기 1
- 음료 주문하기 2
- 메뉴에 추가 요청하기

HINT

단어

おすすめ
추천

まぐろ丼 (どん)
참치 덮밥

飲み物 (の / もの)
음료(수)

選ぶ (えら)
고르다

ジンジャーエール
진저에일

さび抜き (ぬ)
고추냉이를 뺀 것

 오래된 가게나 관광객이 별로 안 가는 숨겨진 맛집에는 메뉴에 사진이 없거나 요리 이름이 한자로 쓰여 있어서 주문하기 어려울 수도 있어요. 그럴 때는 점원에게 추천 메뉴를 물어보는 것이 실패하지 않는 가장 현명한 방법이에요.

미션 문장 학습하기
유리 씨가 미션을 어떻게 성공했는지 함께 살펴봅시다.

☑ 현지 맛집에서 추천 메뉴 주문하기

유리 すみませ～ん。
저기요~.

점원 は～い。いらっしゃいませ。
네, 어서 오세요.

유리 ❶ おすすめは 何(なん)ですか。
추천 메뉴는 뭔가요?

○ 가게에서 점원을 부를 때는 '저기요'라는 뜻의「すみません」을 쓰면 돼요.

○ 어떤 것을 시킬지 고민될 때 유용한 표현이니까 꼭 알아 두세요!

점원 まぐろ丼(どん)が おすすめですね。
참치 덮밥이 추천 메뉴입니다.

☑ 음료 주문하기 1

유리 それ 一(ひと)つと、❷ 飲(の)み物(もの)は 何(なに)が ありますか。
그거 하나랑, 음료는 무엇이 있나요?

점원 こちらの メニューから お選(えら)びください。
여기 메뉴에서 골라 주세요.

○ 「お+ます형+ください」 문형의 「お選びください」는 「選んでください」의 경어 표현이에요.

メニュー 메뉴

☑ 음료 주문하기 2

유리 ❸ ジンジャーエール ください。
진저에일을 주세요.

점원 少々 お待ちください。
잠시만 기다려 주세요.

・「ちょっと待ってください」의 정중한 표현이에요.

⊕ 메뉴에 추가 요청하기

유리 ❹ さび抜きで お願いできますか。
고추냉이는 빼 주실 수 있나요?

점원 わさび抜きで。かしこまりました。
고추냉이는 빼고. 알겠습니다.

・고추냉이를 뺀 것을 「さび抜き」라고 해요.
「お願いします」보다 더 정중하게 부탁하고 싶을 때 「お願いできますか」라는 표현을 써요.

少々 잠시, 조금 ・ さび 고추냉이(わさび의 줄임말) ・ ～抜き ～을 제외함, ～을 뺌 ・ 抜く 빼다(+抜ける 빠지다)

 **미션 문장 확인하기** 미션 성공기를 들어 보며, 빈칸을 채워 보세요. p.358-359

 すみませ～ん。
유리 저기요~.

 は～い。いらっしゃいませ。
점원 네, 어서 오세요.

 ❶ _____ 。
추천 메뉴는 뭔가요?

 まぐろ丼が おすすめですね。
참치 덮밥이 추천 메뉴입니다.

 じゃ、それ 一つと、❷ _____ 。
그럼, 그거 하나랑, 음료는 뭐가 있나요?

 こちらの メニューから お選びください。
여기 메뉴에서 골라 주세요.

 じゃ、❸ _____ 。
그럼 진저에일을 주세요.

 ジンジャーエール、かしこまりました。少々 お待ちください。
진저에일, 알겠습니다. 잠시만 기다려 주세요.

 あ、すみません。あと、❹ _____ 。
아, 실례합니다. 그리고 고추냉이는 빼 주실 수 있나요?

 あ、わさび抜きで。かしこまりました。少々 お待ちください。
네, 고추냉이는 빼고, 알겠습니다. 잠시만 기다려 주세요.

 단어

あと 그리고, 그 다음에

옷 가게에서 쇼핑하기

옷 가게에서 쇼핑하기에 도전하는 유리 씨! 어떤 문장을 만들 수 있을까요?

오늘의 미션

- 옷 가게에서 쇼핑하기
- 고른 옷 입어 보기
- 계산하기

HINT

단어

試着(しちゃく)	サイズ	～ずつ
시착, 입어 봄	사이즈	～씩

全部(ぜんぶ)で	いくら	お返(かえ)し
다 해서, 합해서	얼마	거스름돈, 잔돈

✅ 일본 옷 가게에 가면 점원들이 굉장히 친절하게 고객을 대하는 모습을 볼 수 있을 거예요. 특히 계산이 끝난 후, 점원이 옷이 담긴 쇼핑백을 들고 가게 입구까지 배웅해 줄 때도 많아요. 그럴 때는 부담 갖지 말고 입구에서 상품을 받고 인사하면 돼요.

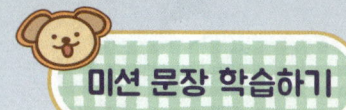

미션 문장 학습하기
유리 씨가 미션을 어떻게 성공했는지 함께 살펴봅시다.

☑ 옷 가게에서 쇼핑하기

유리 ❶ すみません。これ、試着できますか。
실례합니다. 이거 입어 볼 수 있나요?

'입어 봐도 되나요?'라는 뜻으로 「着てみてもいいですか」라는 표현도 쓸 수 있어요.

점원 はい、もちろんです。
네, 물론입니다.

こちら、試着室でございます。
이쪽이 피팅룸입니다.

☑ 고른 옷 입어 보기

유리 ちょっと 大きいですね。
조금 크네요.

❷ これより 小さい サイズは ありますか。
이거보다 작은 사이즈는 있나요?

점원 はい、ございます。
네, 있습니다.

着てみる 입어 보다 • 試着室 시착실, 피팅룸 (＋フィッティングルーム 피팅룸) • サイズ 사이즈

✓ 계산하기

유리: じゃ、❸ネイビーと 黒を、一つずつ ください。
그럼 네이비와 검정을 하나씩 주세요.

점원: かしこまりました。お会計は こちらに なります。
알겠습니다. 계산은 이쪽입니다.

> 「～になります」는 「～です」의 정중한 표현이에요. 「～になります」보다 더 정중한 표현이 앞에 나온 「～となっております」예요.

유리: ❹全部で いくらですか。
다 해서 얼마인가요?

점원: こちらの 商品 2点で 8,800円と なって おります。
이 상품 2개에 8,800엔입니다.

お預かりします。
돈 받았습니다.

1,200円の お返しで ございます。
거스름돈 1,200엔입니다.

> 「お返し」는 '돌려주다'라는 뜻의 「返す」가 명사로 변한 단어예요. 여기서는 '거스름돈'이라는 뜻이에요.

ネイビー 네이비 · 黒 검정(색) · お会計 대금 지불, 셈, 계산 · 商品 상품

 **미션 문장 확인하기** 미션 성공기를 들어 보며, 빈칸을 채워 보세요.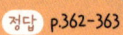

유리

❶ _____
실례합니다. 이거 입어 볼 수 있나요?

점원

はい、もちろんです。こちら、試着室(し ちゃくしつ)でございます。どうぞ。
네, 물론입니다. 이쪽이 피팅룸입니다.

[옷을 입어 보고]

すみません、ちょっと 大(おお)きいですね。
죄송해요, 조금 크네요.

❷ _____
이거보다 작은 사이즈는 있나요?

はい、ございます。
네, 있습니다.

[피팅룸에서 나와서]

じゃ、❸ _____
그럼, 네이비와 검정(색)을 하나씩 주세요.

かしこまりました。お会計(かいけい)は こちらになります。
알겠습니다. 계산은 이쪽입니다.

❹ _____
다 해서 얼마인가요?

こちらの 商品(しょうひん) 2点(にてん)で 8,800円(はっせん はっぴゃくえん)と なって おります。
이 상품 2개에 8,800엔입니다.

お預(あず)かりします。1,200円(せん にひゃく)の お返(かえ)しでございます。
돈 받았습니다. 거스름돈 1,200엔입니다.

小(ちい)さい 작다 (↔ 大(おお)きい 크다)

일본 길거리 음식 사 먹기

일본 길거리 음식 사 먹기에 도전하는 유리 씨! 어떤 문장을 만들 수 있을까요?

오늘의 미션
- 현지인이 추천하는 길거리 음식 소개하기
- 메뉴에 토핑 추가하기
- 포장하기

HINT

단어

アイス	入（はい）る	カシスソース
아이스크림	들어가다	카시스 소스

税（ぜい）込（こ）み	トッピング	持（も）ち帰（かえ）り
세금 포함	토핑	포장

 일본에서 파는 음식에는 지역마다 그 지역 특산물을 사용한 메뉴나 제철 재료를 사용한 계절 메뉴가 많아요. 길거리 음식 중에도 그 지역에서만, 또는 그 계절에만 맛볼 수 있는 특색 있는 음식들이 많아서 일부러 찾아 다니는 재미도 있어요.

✅ 현지인이 추천하는 길거리 음식 소개하기

점원 いらっしゃいませ。
어서 오세요.

유리 ❶ 和栗モンブランソフトを ください。
'일본밤몽블랑아이스크림' 주세요.

> 「和栗モンブランソフト」는 3개의 명사가 연결되어 있지만 고유명사이기 때문에 중간에 「の」는 안 들어가요.

점원 はい。ありがとうございます！
네, 감사합니다.

유리 ❷ 中に アイス 入って いますよね。
안에 아이스크림이 들어 있죠?

> 「〜ています」는 현재진행 외에 상태를 나타내기도 해요.

점원 はい。そうです。
네, 맞아요.

和栗 일본 밤 (わくり라고 읽는 경우도 있음) · 入って いる 들어 있다 〈상태〉

☑ 메뉴에 토핑 추가하기

유리 ❸ それと カシスソースを トッピングして ください。
그리고 카시스 소스를 토핑 해 주세요.

점원 トッピング 追加で 税込み 1,100円に なります。
토핑 추가해서 세금 포함 1,100엔입니다.

- 일본에는 세금이 포함되어 있는 가격(税込み価格)과 포함되지 않은 가격(税抜き価格), 2가지 표기 방법이 있어요.

☑ 포장하기

유리 ❹ 持ち帰りで お願いします。
포장으로 부탁드립니다.

점원 ちょうど お預かりします。
정확히 받았습니다.

- 「持ち帰り」대신 「テイクアウト」도 많이 써요.

- 거스름돈이 필요 없도록 금액을 정확하게 냈을 때 점원이 해 주는 말이에요.

それと 그리고 ・ カシスソース 카시스 소스(+生クリーム 생크림) ・ 追加 추가 ・
税込み 세금 포함 ・ 価格 가격 ・ 税抜き 세금 별도 ・ 持ち帰り 포장해서 가지고 감 ・ テイクアウト 테이크아웃

미션 문장 확인하기

미션 성공기를 들어 보며, 빈칸을 채워 보세요.

정답 p.366-367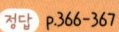

 점원
いらっしゃいませ。
어서 오세요.

 유리
❶ _____ 。
'일본밤몽블랑아이스크림' 주세요.

はい。ありがとうございます！
네, 감사합니다.

あ、❷ _____ 。
안에 아이스크림이 들어 있죠?

はい。そうです。
네, 맞아요.

❸ _____ 。
그리고 카시스 소스를 토핑 해 주세요.

はい、トッピング 追加で 税込み 1,100円に なります。
토핑 추가해서 세금 포함 1,100엔입니다.

❹ _____ 。
포장으로 부탁드립니다.

はい。わかりました。ちょうど お預かりします。
네, 알겠습니다. 정확히 받았습니다.

あー、楽しみ！
아, 기대된다!

 단어

楽しみだ 즐거움이다, 기대되다

일본 편의점 탐방하기

일본 편의점 탐방에 도전하는 유리 씨! 어떤 문장을 만들 수 있을까요?

오늘의 미션
- 도시락 데워 달라고 하기
- 뜨거운 커피 주문하기
- 뜨거운 물 구하기
- 젓가락, 숟가락 확인하기

단어

お弁当(べんとう)	チンする	ホットコーヒー
도시락	전자레인지로 데우다	뜨거운 커피
お湯(ゆ)	おはし	スプーン
뜨거운[따뜻한] 물	젓가락	숟가락

일본 편의점에서는 값싸고 맛있는 음식이나 음료를 즐길 수 있을 뿐만 아니라, 영화나 각종 공연, 고속버스 티켓을 예약하거나, 사진, 서류의 복사·인쇄, 엽서나 우표 구매, 공과금 지불, 택배 배송·수령 등 다양한 서비스를 누릴 수 있어요.

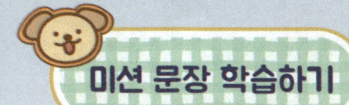 **미션 문장 학습하기** 유리 씨가 미션을 어떻게 성공했는지 함께 살펴봅시다.

✅ 도시락 데워 달라고 하기

유리 ① お弁当は、チンして ください。
도시락은 데워 주세요.

> 「チンする」는 전자레인지에서 조리가 완료됐을 때 나는 소리를 이용한 표현이에요.

점원 はい、かしこまりました。
네, 알겠습니다.

✅ 뜨거운 커피 주문하기

유리 ② あと、ホットコーヒーの Mサイズ ください。
그리고, 뜨거운 커피를 M 사이즈로 주세요.

> 일본어로 '따뜻한 ~', '차가운 ~'는 영어를 써서 「ホット~」「アイス~」 등으로 표현해요.

점원 ホットの Mサイズですね。
뜨거운 걸로 M 사이즈 말씀이시죠?

> 「~ですね」는 '~군요'라는 뜻 외에 상대방이 한 말을 다시 한 번 확인할 때도 써요.

 **단어**

ホットコーヒー 뜨거운 커피(+ **アイスコーヒー** 아이스커피, **アイスラテ** 아이스라떼, **ホットラテ** 핫라떼)
Mサイズ M 사이즈(+ **レギュラー** 레귤러)

➕ 뜨거운 물 구하기

유리: お湯(ゆ)は どこに ありますか。
뜨거운 물은 어디에 있나요?

점원: あちらの レジを 曲(ま)がった ところに あります。
저쪽의 계산대를 돌면 있습니다.

- 「お湯」에는 '뜨거운 물'과 '따뜻한 물' 2가지 뜻이 있어요.
- 「あちら」는 「あそこ」의 정중한 표현이에요.

✅ 젓가락, 숟가락 확인하기

유리: 中(なか)に おはしと スプーンは 入(はい)ってますか。
안에 젓가락과 숟가락이 들어 있나요?

점원: はい。全部(ぜんぶ) 入(い)れて あります。
네, 전부 들어 있습니다(=넣어 두었습니다).

- 「타동사+てあります」는 '(누군가에 의해) ~되어 있습니다'라는 뜻이에요.

レジ 계산대 · 曲(ま)がる 돌다 · ~て あります ~되어 있습니다, ~해 둔 상태입니다

 **미션 문장 확인하기** 미션 성공기를 들어 보며, 빈칸을 채워 보세요. 정답 p.370-371

 유리
❶ _____
도시락은 데워 주세요.

 점원
はい、かしこまりました。
네, 알겠습니다.

❷ _____
그리고, 뜨거운 커피를 M 사이즈로 주세요.

ホットの Mサイズですね。
뜨거운 걸로 M 사이즈 말씀이시죠?

こちら どうぞ。
여기 있습니다.

❸ _____
뜨거운 물은 어디에 있나요?

あちらの レジを 曲がった ところに あります。
저쪽 계산대를 돌면 있습니다.

❹ _____
안에 젓가락과 숟가락이 들어 있나요?

はい。全部 入れて あります。
네, 전부 들어 있습니다.

 단어

あちら 저쪽 (+こちら 이쪽, そちら 그쪽, どちら 어느 쪽, 어디)

지하철 이용하기

지하철 이용하기에 도전하는 유리 씨! 어떤 문장을 만들 수 있을까요?

오늘의 미션
- ☐ 텐노지 역까지 얼마인지 확인하고 표 사기
- ☐ 텐노지 역 서쪽 출구에서 사진 찍어 보내기

HINT

단어

切符(きっぷ)	売り場(うりば)	何番(なんばん)
표	파는 곳, 매장	몇 번

ホーム	西口(にしぐち)	どちら
승강장	서쪽 출구	어디, 어느 쪽

 일본 지하철 요금은 출발지에서 목적지까지의 거리에 따라 달라지고 기본적으로 한국보다 비싼 편이에요. 며칠 여행할 예정이라면 정해진 기간 동안 지정된 구간을 무제한으로 탈 수 있는 프리 패스 티켓이나 외국인만 구매 가능한 할인 티켓도 있으니 미리 알아보시면 도움이 될 거예요.

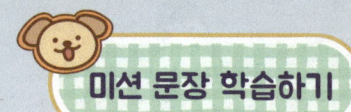

미션 문장 학습하기
유리 씨가 미션을 어떻게 성공했는지 함께 살펴봅시다.

☑ 텐노지 역까지 얼마인지 확인하고 표 사기

[길에서]

유리 ❶ 切符 売り場は どこですか。
매표소는 어디인가요?

행인 切符 売り場ですか。あちらですね。
매표소요? 저쪽이네요.

いっしょに 行きましょうか。
같이 갈까요?

유리 あっ！ありがとうございます！
아, 감사합니다!

> 「～ですか」는 '～입니까?'라는 뜻 외에 상대방이 한 말을 다시 확인할 때 '～요?' 또는 '～말씀이세요?'라는 뜻으로도 써요.

[매표소 앞에서]

유리 ❷ ここから 天王寺に 行きたいんですが…。
여기서부터 텐노지에 가고 싶은데….

행인 天王寺ですか。ここが 今宮戎だから 天王寺までは ２９０円ですね。
텐노지요? 여기가 이마미야에비스니까 텐노지까지는 290엔이네요.

> 「～たいんですが」는 '～하고 싶은데요'라는 뜻으로 회화에서 주로 쓰는 표현이에요. 「ん」에는 강조하는 느낌이 있어요.

天王寺 〈지명〉 테노지 • **今宮戎** 〈역 이름〉 이마미야에비스

374

✅ 텐노지 역 서쪽 출구에서 사진 찍어 보내기

[개찰구 앞에서]

유리 ❸ 天王寺に 行きたいんですが、何番ホームですか。
텐노지에 가고 싶은데 몇 번 승강장인가요?

행인2 今宮戎から 天王寺駅だと 1番ホームですね。
이마미야에비스부터 텐노지 역까지라면, 1번 승강장이네요.

● 「〜だと」는 '〜라면', '〜라고 하면'이라는 뜻이에요.

[텐노지 역에 도착해서]

유리 ❹ すいません。西口は どちらですか。
실례합니다. 서쪽 출구는 어디인가요?

● 회화에서는 「すみません」을 「すいません」이라고 할 때도 많아요.
「どちら」는 「どこ」의 정중한 표현이에요.

행인3 ここは 東口の 方です。西口は 反対側ですね。
여기는 동쪽 출구 쪽이에요. 서쪽 출구는 반대편이네요.

● 「反対」는 '반대'라는 뜻이고 「側」는 '측, 쪽, 편'이라는 뜻이에요.

ホーム (プラットホーム의 줄임말) 플랫폼, 승강장 · 東口 동쪽 출구 · 反対側 반대편

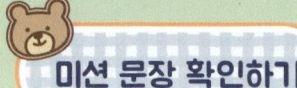 **미션 문장 확인하기** 미션 성공기를 들어 보며, 빈칸을 채워 보세요. 정답 p.374-375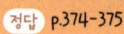

[길에서]

유리
すみません。❶ _____。
실례합니다. 매표소는 어디인가요?

행인 1
切符 売り場ですか。あちらですね。
매표소요? 저쪽이네요.

[매표소 앞에서]

❷ _____。
여기서부터 텐노지에 가고 싶은데요….

天王寺ですか。ここが 今宮戎だから 天王寺までは ２９０円ですね。
텐노지요? 여기가 이마미야에비스니까 텐노지까지는 290엔이네요.

[개찰구 앞에서]

すみません、❸ _____。
실례합니다. 텐노지에 가고 싶은데 몇 번 승강장인가요?

今宮戎から 天王寺駅だと １番 ホームですね。
이마미야에비스부터 텐노지 역까지라면, 1번 승강장이네요.

[텐노지 역에 도착해서]

❹ _____。
실례합니다. 서쪽 출구는 어디인가요?

행인 2
ここは 東口の 方です。西口は 反対側ですね。
여기는 동쪽 출구 쪽입니다. 서쪽 출구는 반대편이네요.

売り場 파는 곳, 매장

이자카야에서 혼술하기

이자카야에서 혼술하기에 도전하는 유리 씨! 어떤 문장을 만들 수 있을까요?

오늘의 미션

- 이자카야 혼술하기
- 추천 안주 받기
- 생맥주 시키기
- 추가 주문하기

단어

一人 (ひとり)
한 명, 혼자

とりあえず
일단

生ビール (なま)
생맥주

おつまみ
안주

おすすめ
추천

一杯 (いっぱい)
한 잔

✓ 일본에는 혼자 하는 것을 즐기는 사람이 많고 특히 음식점에 가면 혼자 식사를 즐기는 사람들의 모습을 흔히 볼 수 있어요. 한국에도 '혼술'이라는 말이 생겼지만 일본 이자카야도 마찬가지죠. 우연히 옆 자리에 혼자 온 사람들과 친해져 즐거운 시간을 보낼 수도 있으니 용기를 내서 한번 도전해 보세요.

미션 문장 학습하기

유리 씨가 미션을 어떻게 성공했는지 함께 살펴봅시다.

✅ 이자카야 문솔하기

점원 いらっしゃいませ。何名様(なんめいさま)でしょうか。
어서 오세요. 몇 분이신가요?

> 「何名様」는 「何人(몇 명)」의 정중한 표현이에요.
> 「〜でしょうか」는 「〜ですか」를 좀 더 부드럽게 한 말투예요.
> ※ p.425 조수사 참조

유리 あ、❶ 一人(ひとり)です。
아, 한 명입니다.

점원 こちらの 席(せき)で よろしいですか。
이쪽 자리로 괜찮으신가요?

> 「よろしいですか」는 「いいですか」의 정중한 표현이에요.

✅ 생맥주 시키기

유리 ❷ とりあえず 生(なま)ビール ください。
일단 생맥주를 주세요.

점원 かしこまりました。
알겠습니다.

何名様(なんめいさま) 몇 분 (+何人(なんにん) 몇 명) • 一人(ひとり) 한 명 (+二人(ふたり) 두 명, 三人(さんにん) 세 명) • 席(せき) 자리

☑ 추천 안주 받기

점원 お待たせしました。
오래 기다렸습니다.

유리 ❸おつまみは 何が おすすめですか。
안주는 어떤 게 추천 메뉴인가요?

점원 当店は やっぱり「名物ぎょうざ」が 一番
人気に なってます。
저희 가게는 역시 '명물 교자'가 제일 인기가 있습니다.

유리 じゃ、それを 一つ ください！
그럼 그걸 하나 주세요.

- 음식점에서 음식을 가지고 올 때 점원이 자주 쓰는 표현이에요.

- 「人気になってます」는 「人気です」의 정중한 표현이에요.

⊕ 추가 주문하기

유리 すみません、❹生ビール もう 一杯 ください！
여기요, 생맥주 한 잔 더 주세요!

- 「もう」는 '더'라는 뜻으로 추가로 주문할 때 쓰는 표현이에요.
악센트의 위치에 따라서 「いっぱい」의 뜻이 달라져요.
いっぱい(한 잔),
いっ**ぱ**い(많이)

当店 저희 가게 · **名物** 명물 · **ぎょうざ** 교자, 만두

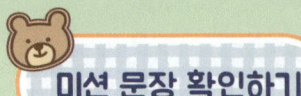

미션 문장 확인하기

미션 성공기를 들어 보며, 빈칸을 채워 보세요.   정답 p.378-379

いらっしゃいませ。何名様(なんめいさま)でしょうか。
어서 오세요. 몇 분이신가요?

あ、❶ _____。
아, 한 명입니다.

こちらの 席(せき)で よろしいですか。
이쪽 자리로 괜찮으신가요?

はい。(착석한 후) ❷ _____。
네, 일단 생맥주를 주세요.

かしこまりました。
알겠습니다.

(맥주를 가지고 와서) お待(ま)たせしました。
오래 기다리셨습니다.

❸ _____。
안주는 어떤 게 추천 메뉴인가요?

当店(とうてん)は やっぱり 「名物(めいぶつ)ぎょうざ」が 一番(いちばん) 人気(にんき)に なってます。
저희 가게는 역시 '명물 교자'가 제일 인기 있습니다.

じゃ、それを 一(ひと)つ ください！
그럼 그걸 하나 주세요.

すみません。お手洗(てあら)いは どちらですか。
실례합니다. 화장실은 어디인가요?

こちらの 廊下(ろうか)の つきあたりを 左(ひだり)に 曲(ま)がった ところに あります。
이쪽 복도 끝에서 왼쪽으로 돌아가면 있습니다.

[화장실 다녀온 후]

すみません、❹ _____ ！
여기요, 생맥주 한 잔 더 주세요!

お手洗(てあら)い 화장실(「トイレ」의 우회적인 표현) ・ 廊下(ろうか) 복도 ・ つきあたり 막다른 곳

기모노 렌털하기

기모노 렌털하기에 도전하는 유리 씨! 어떤 문장을 만들 수 있을까요?

오늘의 미션
- 기모노 2시간 렌털하기
- 서비스 알아보기
- 추가 요금 알아보기

단어

着物体験(きものたいけん)	含まれる(ふく まれる)	記入(きにゅう)
기모노 체험	포함되다	기입

返却(へんきゃく)	遅れる(おく れる)	追加料金(ついかりょうきん)
반납	늦다	추가 요금

✔ 전통적인 분위기가 남아 있는 일본 관광지에서는 기모노나 유카타(여름에 입는 일본 전통 옷)를 렌털해 주는 가게가 많이 있어요. 전통 옷을 입고 들어가면 요금을 할인해 주거나 선물을 주는 가게도 있으니 주변 관광을 즐기면서 혜택도 꼭 받아 보세요!

미션 문장 학습하기
유리 씨가 미션을 어떻게 성공했는지 함께 살펴봅시다.

☑ 기모노 2시간 렌탈하기

유리 ① 2時間の 着物体験を したいのですが。
2시간 기모노 체험을 하고 싶은데요.

점원 一名様ですと、2時間で 5,500円に なります。
한 분이시면 2시간에 5,500엔입니다.

> 「명사+ですと」는 '~라면' 이라는 뜻으로 가정을 나타내요. 「명사+だと(~라면)」의 정중한 표현이에요.

☑ 서비스 알아보기

유리 ② どんな サービスが 含まれて いますか。
어떤 서비스가 포함되어 있나요?

점원 着物と ぞうり、バッグ、あと、ヘアセットも させて いただきます。
기모노와 전통 신발(조리), 가방, 그리고, 헤어 스타일링까지 해 드립니다.

> 「させていただきます」는 '해 드립니다'라는 뜻으로 「してあげます」의 겸양 표현이에요.

유리 うわ、ヘアセットまで！
우와! 헤어 스타일링까지!

サービス 서비스 ・ 含まれる 포함되다 ・ ぞうり 기모노를 입을 때 신는 일본 전통 신발 ・ ヘアセット 헤어 스타일링

| 직원 | では、よろしければ ③ こちらに ご記入
ください。
그럼, 괜찮으시다면 이쪽에 기입 부탁드립니다.

- 「よろしければ」는 '괜찮으시다면'이라는 뜻으로 상대방에게 양해를 구할 때 쓰는 표현이에요.
- 「ご記入」처럼 한자어 앞에 「ご」를 붙여서 정중한 표현을 만들 수 있어요. 「ご+한자어+ください」로 '~해 주세요, ~부탁 드립니다'라는 뜻이 돼요.

☑ 추가 요금 알아보기

| 직원 | 返却の 時間に 遅れますと 1時間 ごとに
반납 시간에 늦으시면 1시간당

④ 1,000円の 追加 料金が かかるので ご注意
ください。
1,000엔의 추가 요금이 생기므로 주의해 주세요.

- 「동사 ます형+ますと」는 '~하시면'이라는 뜻으로 가정을 나타내요. 「동사 기본형+と(~하면)」의 정중한 표현이에요.

- 「~ので」는 '~이기 때문에, ~이므로'라는 뜻으로 이유를 나타내는 표현이에요. 같은 이유 표현 「~から」는 주로 회화에서 사용되지만 「~ので」는 회화나 문장에서 모두 쓸 수 있어요. 동사와 연결할 때는 정중체와 보통체에 모두 사용할 수 있어요.

よろしければ 괜찮으시다면 • ~ごとに ~당, ~마다 • ~ので ~이기 때문에, ~이므로

 **미션 문장 확인하기** 미션 성공기를 들어 보며, 빈칸을 채워 보세요. 정답 p.382-383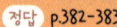

 こんにちは。
안녕하세요.

 いらっしゃいませ。
어서 오세요.

 ❶ _____。
2시간 기모노 체험을 하고 싶은데요.

 一名様ですと、2時間で 5,500円に なります。
한 분이시면 2시간에 5,500엔입니다.

 ❷ _____。
어떤 서비스가 포함되어 있나요?

 着物と ぞうり、バッグ、あと、ヘアセットも させて いただきます。
기모노와 전통 신발(조리), 가방, 그리고, 헤어 스타일링까지 해 드립니다.

 うわ、ヘアセットまで!
우와! 헤어 스타일링까지!

 では、よろしければ ❸ _____。
그럼, 괜찮으시다면 이쪽에 기입 부탁드립니다.

[기입이 끝나고]

 返却の 時間に 遅れますと 1時間ごとに
반납 시간에 늦으시면 1시간당

❹ _____。
1,000엔의 추가 요금이 생기므로 주의해 주세요.

かかる (돈이) 들다, (시간이) 걸리다

무한 리필 고깃집에서 먹방하기

무한 리필 고깃집에서 먹방하기에 도전하는 유리 씨! 어떤 문장을 만들 수 있을까요?

오늘의 미션
☐ 무한 리필 고깃집에서 주문하기 ☐ 음료 주문하기

 HINT

단어

食た べ放ほう題だい	制せい限げん	飲の み物もの 付つき
음식 무한 리필	제한	음료 포함

飲の み放ほう題だい	別べつ 料りょう 金きん	瓶びん ビール
음료 무한 리필	별도 요금	병맥주

 일본 고깃집이나, 이자카야에는 무한 리필 메뉴가 있는 가게들이 많아요. 보통 1시간 반~2시간의 시간 제한이 있지만 가성비 좋은 다양한 음식과 음료를 즐길 수 있으니 꼭 한번 이용해 보세요. 단, 무한 리필에 포함되어 있지 않은 것도 있으니까 메뉴를 잘 확인하는 것이 중요해요.

미션 문장 학습하기

유리 씨가 미션을 어떻게 성공했는지 함께 살펴봅시다.

✅ 무한 리필 고깃집에서 주문하기

유리 ① こちらの メニューは 食べ放題ですか。
이쪽 메뉴는 무한 리필인가요?

● 「放題」는 '마음껏 ~함'이라는 뜻이에요.

점원 ３種類の 食べ放題 コースが ございます。
세 종류의 무한 리필 코스가 있습니다.

● 「ございます」는 「あります」의 정중한 표현이에요.

유리 ② じゃ、Aコースを 一つ お願いします。
그럼 A 코스 하나 부탁드립니다.

● 일본어로 「A」의 발음은 「エー」예요. 「エイ」라고 하지 않도록 주의하세요.

점원 はい。お一人様 ２時間 制限で、
네. 한 분 2시간 제한으로.

こちらの メニュー 全部 ご利用 できます。
이쪽 메뉴를 전부 이용하실 수 있습니다.

단어

コース 코스 ・ お一人様 한 분 ・ 利用 이용

✅ 음료 주문하기

유리 あ、飲み物付きですか。
아, 음료도 같이 나오나요?

점원 いいえ、お飲み物は別料金となっております。
아니요, 음료는 따로 구매하셔야 합니다.

유리 飲み放題も ありますね！私は あんまり 飲まないから…。
음료 무한 리필도 있네요! 나는 별로 안 마시니까….

瓶ビール 一つ ください。
병맥주 하나 주세요.

점원 はい、かしこまりました。
네, 알겠습니다.

「명사+付き」는 '~포함'이라는 뜻이에요.

~付き ~포함(+**朝食付き** 조식 포함) · **瓶ビール** 병맥주(+**生ビール** 생맥주)

 **미션 문장 확인하기** 미션 성공기를 들어 보며, 빈칸을 채워 보세요.   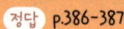 p.386-387

 유리
すみません。❶ _____。
저기요. 이쪽 메뉴는 무한 리필인가요?

 점원
はい、そうです。3種類の 食べ放題コースが ございます。
네, 맞습니다. 세 종류의 무한 리필 코스가 있습니다.

❷ _____。
그럼 A 코스 하나 부탁드립니다.

はい。お一人様 2時間 制限で、こちらの メニュー 全部 ご利用 できます。
네. 한 분 2시간 제한으로 이쪽 메뉴를 전부 이용하실 수 있습니다.

あ、❸ _____。
아, 음료도 같이 나오나요?

いいえ、お飲み物は 別料金となって おります。
아니요, 음료는 따로 구매하셔야 합니다.

飲み放題も ありますね！私は あんまり 飲まないから…。
음료 무한 리필도 있네요! 나는 별로 안 마시니까….

❹ _____。
병맥주 하나 주세요.

はい、かしこまりました。
네, 알겠습니다.

種類 종류 (+ 1種類 한 종류, 2種類 두 종류, 3種類 세 종류)

일본 전통술 구매하기

일본 전통술 구매하기에 도전하는 유리 씨! 어떤 문장을 만들 수 있을까요?

오늘의 미션

- 야마가타산 일본주 구매하기
- 어울리는 안주 추천받기
- 과일 향 일본주 구매하기

HINT

단어

～産(さん)	日本酒(にほんしゅ)	フルーティー
～산	일본주	과일 향의, 과일 맛이 나는

有名(ゆうめい)だ	合(あ)う	おつまみ
유명하다	맞다	안주

 일본에서는 일본주뿐만 아니라 소주, 맥주, 위스키, 와인 등 각종 주류의 토주(그 고장의 술)가 굉장히 다양해서 지역마다 특색 있는 술을 즐길 수 있어요. 도시에는 지방에 가지 않더라도 일본 전국의 토주를 한 자리에서 맛볼 수 있는 곳이 많아서 마음에 드는 술을 찾아볼 수 있어요.

미션 문장 학습하기

유리 씨가 미션을 어떻게 성공했는지 함께 살펴봅시다.

☑ 야마가타산 일본주 구매하기

점원: 何か お探しですか。
찾으시는 게 있나요?

유리: ① 山形産の 日本酒って ありますか。
야마가타산 일본주 있나요?

> 「お+동사 ます형+ですか」는 '~하고 계세요?' 또는 '~하세요?'라는 뜻으로 「~ていますか」보다 정중한 표현이에요.

☑ 과일 향 일본주 구매하기

유리: あと、② フルーティーで 飲みやすい お酒も ありますか。
그리고, 과일 향의 마시기 쉬운 술도 있나요?

점원: フルーティーな 日本酒は こちらの 「東洋美人」に なります。
과일 향이 나는 일본주는 이 '동양미인' 입니다.

> 한국에서는 '사케'를 일본주라는 뜻으로 사용하지만 일본어에서 「酒」는 일본주뿐만 아니라 술 종류 전체를 가리키는 말이에요.

探す 찾다 ・ 山形〈지명〉야마가타 ・ フルーティー 프루티(fruity), 과일 향의, 과일 맛이 나는 ・
お酒 술 (+焼酎 소주, ビール 맥주, ウィスキー 위스키, ワイン 와인) ・ 東洋美人〈일본 술 이름〉동양미인

유리: 「東洋美人」？ ❸有名な お酒ですか。
'동양미인'? 유명한 술인가요?

점원: はい。日本でも とても 有名で、特に 女性に 人気の ある お酒に なります。
네. 일본에서도 매우 유명하고, 특히 여성분들에게 인기 있는 술입니다.

> '인기 있는 ~'의 형태로 명사를 수식할 때는 「人気がある~」 대신에 「人気のある~」라고도 표현할 수 있어요.

☑ 어울리는 안주 추천받기

유리: 最後に、❹この お酒に 合う おつまみは ありますか。
마지막으로, 이 술에 맞는 안주 있을까요?

점원: はい。こちら、神戸牛の グリルに なります。
네. 이쪽, 고베 소고기로 만든 그릴 스테이크입니다.

女性 여성 · **神戸牛** 〈소고기 이름〉 고베규, 고베 소고기 · **グリル** 스테이크 (망 위에 올려서 불에 직접 구운 요리)

미션 문장 확인하기

미션 성공기를 들어 보며, 빈칸을 채워 보세요.

정답 p.390-391

何か お探しですか。
찾으시는 게 있나요?

① _____
야마가타산 일본주 있나요?

はい、ございます。こちらになります。
네, 있습니다. 여기 있습니다.

ありがとうございます。
감사합니다.

あと、**②** _____
그리고, 과일 향의 마시기 쉬운 술도 있나요?

フルーティーな 日本酒は こちらの「東洋美人」に なります。
과일향이 나는 일본주는 이 '동양미인'입니다.

「東洋美人」？ **③** _____
'동양미인'? 유명한 술인가요?

はい。日本でも とても 有名で、特に 女性に 人気の ある お酒に なります。
네. 일본에서도 매우 유명하고, 특히 여성분들에게 인기 있는 술입니다.

これに します。
이걸로 할게요.

最後に、**④** _____
마지막으로, 이 술에 맞는 안주 있을까요?

はい。こちら、神戸牛の グリルに なります。
네. 이쪽, 고베 소고기로 만든 그릴 스테이크입니다.

단어

最後に 마지막으로, 끝으로 (+まず 우선, 次は 다음은)

392

관광지 입장하기

관광지 입장하기에 도전하는 유리 씨! 어떤 문장을 만들 수 있을까요?

오늘의 미션

- 매표소에서 티켓 사기
- 사진 촬영에 대한 허가받기
- 한국어 팸플릿 있는지 물어보기
- 사진 찍어 달라고 부탁하기

단어

大人(おとな) 어른	写真(しゃしん) 사진	撮る(と) 찍다
撮影(さつえい) 촬영	足(あし) 다리	写る(うつ) (사진에) 찍히다, 나오다

✅ 관광지 중에서도 특히 일본 신사나 절은 신성한 장소이기 때문에 조심해야 하는 일이 있어요. 음식을 먹는 것은 물론 큰 소리로 이야기하거나 노출이 많은 옷차림, 선글라스를 낀 채 참배하는 것을 삼가야 해요. 또 사진 촬영이 금지되어 있는 장소도 있으니까 안내판을 잘 확인하는 것이 중요해요.

미션 문장 학습하기

유리 씨가 미션을 어떻게 성공했는지 함께 살펴봅시다.

✅ 매표소에서 티켓 사기

유리 ① 大人 一人です。いくらですか。
어른 한 명입니다. 얼마예요?

점원 大人 一人、1,500円です。
어른 한 명, 1,500엔입니다.

✅ 한국어 팸플릿 있는지 물어보기

유리 ② 韓国語の パンフレットは ありますか。
한국어 팸플릿이 있나요?

점원 はい、あちらに ございます。
네. 저쪽에 있습니다.

パンフレット 팸플릿

☑ 사진 촬영에 대한 허가받기

유리 ③ ここで 写真(しゃしん)を 撮(と)っても いいですか。
여기서 사진을 찍어도 되나요?

점원 申(もう)し訳(わけ)ありませんが、こちらでの 写真撮影(しゃしんさつえい)は ご遠慮(えんりょ)いただけませんでしょうか。
죄송하지만, 여기에서의 사진 촬영은 삼가 주실 수 있나요?

- 허가를 구하는 표현 「동사 て형+てもいいですか(~해도 됩니까?)」가 쓰였어요.

- 「申し訳ありません」은 '죄송합니다'라는 뜻으로 「すみません」의 정중한 표현이에요.
「ご+한자어+いただけませんでしょうか」는 '~해 주실 수 있습니까?'라는 뜻으로 상대방에게 정중하게 부탁하는 표현이에요.

☑ 사진 찍어 달라고 부탁하기

유리 すみません、④ 写真(しゃしん) お願(ねが)いしても いいですか。
실례합니다. 사진을 찍어 주실 수 있나요?

행인 いいですよ。
좋아요.

유리 足(あし)は 写(うつ)らないように お願(ねが)いします。
다리는 나오지 않게 부탁드립니다.

- 「お願いしてもいいですか」를 직역하면 '부탁드려도 될까요?'지만 여기서는 '(사진을) 찍어 주실 수 있나요?'라는 뜻이에요.

- 「동사 ない형+ないように」는 '~하지 않게, ~하지 않도록'이라는 뜻으로 목적을 나타내는 표현이에요.

• 申(もう)し訳(わけ)ありません 죄송합니다 • 遠慮(えんりょ) 삼감, 조심함, 하지 않음 • 写(うつ)る (사진에) 찍히다, 나오다

미션 문장 확인하기

미션 성공기를 들어 보며, 빈칸을 채워 보세요.   정답 p.394-395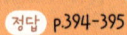

유리
❶ _____。
어른 한 명입니다. 얼마예요?

점원
大人 一人、1,500円です。
おとな ひとり せん ごひゃくえん
어른 한 명, 1,500엔입니다.

あの、❷ _____。
저, 한국어 팸플릿이 있나요?

はい、あちらに ございます。
네, 저쪽에 놓여 있습니다.

[공중 정원에 올라가서]

❸ _____。
여기서 사진을 찍어도 되나요?

직원
申し訳ありませんが、こちらでの 写真撮影は ご遠慮いただけませんでしょうか。
もう わけ　　　　　　　　　　　　しゃしんさつえい　　えんりょ
죄송하지만, 여기에서의 사진 촬영은 삼가 주실 수 있나요?

はい、わかりました。
네, 알겠습니다.

[장소를 이동해서]

すみません、❹ _____。
실례합니다. 사진을 찍어 주실 수 있나요?

행인
いいですよ。
좋아요.

足は 写らないように お願いします。
あし うつ　　　　　　　　ねが
다리는 나오지 않게 부탁드립니다.

はい、チーズ！
자, 치즈~!

チーズ 치즈

라멘집에서 주문하기

라멘집에서 주문하기에 도전하는 유리 씨! 어떤 문장을 만들 수 있을까요?

오늘의 미션

- 한국어 메뉴 있는지 확인하기
- 면 추가 주문하기
- 라멘 굵은 면으로 주문하기
- 물수건 요청하기

HINT

단어

メニュー	めん 麺	ふと めん 太麺
메뉴	면	굵은 면

か だま 替え玉	もらえる	おしぼり
라멘 사리	받을 수 있다	물수건, 물티슈

✓ 일본은 지역 특색이 강한 나라인데 라멘도 육수나 면 굵기, 들어가는 재료에 지역 특징이 담겨 있어요. 특히 육수는 한국에서도 유명한 돈코츠(돼지 뼈 육수) 외에도 쇼유(간장), 시오(소금), 미소(된장), 교카이(해물 육수) 등 다양한 종류가 있어요. 일본 전국을 여행하면서 좋아하는 라멘을 찾아보는 것도 재미있을 거예요.

미션 문장 학습하기
유리 씨가 미션을 어떻게 성공했는지 함께 살펴봅시다.

☑ 한국어 메뉴 있는지 확인하기

유리 すみませ~ん。❶韓国語の メニューも ありますか。
저기요~. 한국어 메뉴도 있나요?

점원 申し訳ありません。韓国語の メニューは ありませんが、英語の メニューなら あります。
죄송합니다. 한국어 메뉴는 없지만, 영어 메뉴라면 있습니다.

> 「명사+なら」는 '~라면'이라는 뜻으로 한정을 나타내는 표현이에요. 여기서는 다른 외국어 메뉴는 없지만 영어라면 있다는 뜻으로 쓰였어요.

☑ 라멘 굵은 면으로 주문하기

유리 塩ラーメン 一つ ください。
소금 라멘 하나 주세요.

점원 麺の 太さは どうしますか。
면 굵기는 어떻게 해 드릴까요?

유리 ❷麺は 太麺で お願いします。
면은 굵은 면으로 부탁드립니다.

> い형용사의 어미「い」를 떼고「さ」를 붙이면 명사가 돼요. 여기서는 い형용사「太い(굵다)」가 명사「太さ(굵기)」가 됐어요.

塩ラーメン 소금 라멘(+しょうゆラーメン 간장 라멘, みそラーメン 된장 라멘) · 太さ 굵기 ·
太麺 굵은 면(↔細麺 얇은 면, 가느다란 면)

☑ 면 추가 주문하기

유리 すみません。 ❸ 替え玉 もらえますか。
죄송합니다. 면을 더 주실 수 있나요?

> 「もらえますか」는 '받을 수 있나요?'라는 뜻으로 「もらう(받다)」의 가능형 「もらえる」를 써서 정중하게 표현한 말이에요.

점원 はい！ 替え玉 一丁！
예! 면 추가 하나!

> 「一丁」는 여기서는 '하나'라고 해석했는데 음식점 점원들이 주문을 셀 때 쓰는 조수사예요. 「丁」이라는 한자에는 '장사가 잘되고 있다'는 뜻이 있어서 가게 분위기를 만들기 위해 쓰기 시작된 말이에요.

☑ 물수건 요청하기

유리 すみません。 ❹ おしぼり ありますか。
실례합니다. 물수건 있나요?

점원 はい、ただいま お持ちいたします。 どうぞ。
네, 지금 가지고 오겠습니다. 여기요.

> 「ただいま」는 '지금'이라는 뜻으로 「今」의 경어 표현이에요.

一丁 하나 · ただいま 지금 〈경어 표현〉

미션 문장 확인하기

미션 성공기를 들어 보며, 빈칸을 채워 보세요.   정답 p.398-399

유리
すみませ〜ん。❶ _____。
저기요~. 한국어 메뉴도 있나요?

점원
申(もう)し訳(わけ)ありません。韓国語(かんこくご)の メニューは ありませんが、英語(えいご)の メニュー なら あります。
죄송합니다. 한국어 메뉴는 없지만, 영어 메뉴라면 있습니다.

塩(しお)ラーメン 一(ひと)つ ください。
소금 라멘 하나 주세요.

麺(めん)の 太(ふと)さは どうしますか。
면의 굵기는 어떻게 해 드릴까요?

❷ _____。
면은 굵은 면으로 부탁드립니다.

[소금 라멘을 다 먹은 후]

すみません。❸ _____。
저기요. 면을 더 주실 수 있나요?

はい！ 替(か)え玉(だま) 一丁(いっちょう)！
예! 면 추가 하나!

すみません。❹ _____。
실례합니다. 물수건 있나요?

はい、ただいま お持(も)ちいたします。
네, 지금 가지고 오겠습니다.

[식사가 끝난 후]

ごちそうさまでした。
잘 먹었습니다.

ごちそうさまでした 잘 먹었습니다(↔ いただきます 잘 먹겠습니다)

카페에서 음료 주문하기

카페에서 음료 주문하기에 도전하는 유리 씨! 어떤 문장을 만들 수 있을까요?

오늘의 미션

- ☐ 카페에서 아이스커피 주문하기
- ☐ 충전 가능한지 물어보기
- ☐ 와이파이 비밀번호 물어보기
- ☐ 추천 디저트 포장하기

HINT

단어

アイスコーヒー	ワイファイ	パスワード
아이스커피	와이파이	비밀번호

充電(じゅうでん)	できる	デザート
충전	가능하다	디저트

 일본에서도 와이파이를 무료로 이용할 수 있는 카페가 많아지고 있지만 개인이 운영하는 카페에서는 와이파이 제공이 안 되는 카페도 많아요. 또 가게에서 충전하고 싶을 때는 먼저 점원에게 물어보고 이용하는 것이 매너예요.

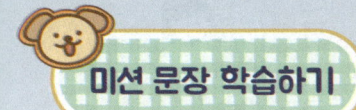# 미션 문장 학습하기
유리 씨가 미션을 어떻게 성공했는지 함께 살펴봅시다.

☑ 카페에서 아이스커피 주문하기

유리 ① アイスコーヒー 一(ひと)つ ください。
아이스커피 하나 주세요.

• 에스프레소에 물을 넣어서 희석해서 만든 것을 아메리카노(アメリカーノ)라고 하고「アイスコーヒー」는 드립식으로 만든 커피예요.

점원 ご注文(ちゅうもん)は 以上(いじょう)で よろしいでしょうか。
주문은 이상이신가요?

☑ 와이파이 비밀번호 물어보기

유리 ② ワイファイの パスワードを 教(おし)えて もらえますか。
와이파이 비밀번호를 알려 주실 수 있나요?

• 의뢰 표현「~てもらえますか(~해 주실 수 있습니까?)」

점원 パスワードは レシートに 書(か)いて あります。
비밀번호는 영수증에 적혀 있습니다.

注文(ちゅうもん) 주문 ・ レシート 영수증 ・ ~て あります ~되어 있습니다, ~해 두었습니다

✓ 충전 가능한지 물어보기

유리 ③ 充電できますか。
충전 가능할까요?

점원 店内の コンセントは ご自由に 使って いただいて けっこうです。
가게 안의 콘센트는 자유롭게 사용하셔도 됩니다.

- 교통 카드에 돈을 충전할 때는 「チャージ」라는 단어를 써요.
- 「〜ていただいてけっこうです(〜하셔도 됩니다)」는 「〜てもらっていいです(〜해도 좋습니다)」의 정중한 표현이에요.

✓ 추천 디저트 포장하기

유리 ④ おすすめの デザートって ありますか。
추천 디저트는 있나요?

점원 ワッフルが 当店の おすすめです。
와플이 저희 가게의 추천 메뉴입니다.

유리 おいしそう！それ、持ち帰りで お願いします。
맛있겠다! 그거 포장해 주세요.

- い형용사 어미 「い」를 떼고 「〜そうだ」를 붙이면 '〜해 보이다, 〜(할) 것 같다'라는 뜻이 돼요. 여기서는 혼잣말이라서 「だ」를 뺀 반말 표현이 쓰였어요.

充電 충전 ・ チャージ (교통 카드) 충전 ・ 店内 가게 안 ・ コンセント 콘센트 ・ 自由だ 자유롭다 ・
けっこうだ 좋다, 괜찮다 ・ ワッフル 와플 ・ おいしそう！맛있겠다!

미션 문장 확인하기

미션 성공기를 들어 보며, 빈칸을 채워 보세요.   정답 p.402-403

유리
① _____。
아이스커피 하나 주세요.

점원
はい。ご注文は 以上で よろしいでしょうか。
네, 주문은 이상이신가요?

はい。すみませんが、② _____。
네, 죄송하지만, 와이파이 비밀번호를 알려 주실 수 있나요?

あ！パスワードは レシートに 書いて あります。
아! 비밀번호는 영수증에 적혀 있습니다.

わかりました。あと、③ _____。
알겠습니다. 그리고 충전 가능할까요?

はい。店内の コンセントは ご自由に 使って いただいて けっこうです。
네. 가게 안의 콘센트는 자유롭게 사용하셔도 됩니다.

[커피를 거의 다 마신 후]

④ _____。
추천 디저트는 있나요?

ワッフルが 当店の おすすめです。
와플이 저희 가게의 추천 메뉴입니다.

おいしそう！それ、持ち帰りで お願いします。
맛있겠다! 그거 포장해 주세요.

以上 이상

스티커 사진 찍기

스티커 사진 찍기에 도전하는 유리 씨! 어떤 문장을 만들 수 있을까요?

오늘의 미션
- 동전 교환하기
- 스티커 사진 꾸미기
- 사진 메일로 보내기

HINT

단어

りょうがえ	かざ	で
両替	**飾る**	**出る**
동전 교환, 환전	장식하다, 꾸미다	나오다

		おく
プリクラ	**ケータイ**	**送る**
스티커 사진	핸드폰	보내다

 일본 오락실(ゲームセンター)에는 한국 오락실에서도 흔히 볼 수 있는 기계들이 많아서 익숙한 느낌을 받으실 거예요. 일본 오락실에는 특히 뽑기 캡슐 기계 종류가 많아요. 퀄리티도 높고 다양한 캡슐 뽑기에 열중하는 어른들도 많아요.

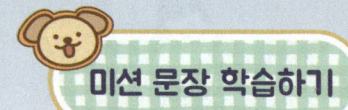

미션 문장 학습하기
유리 씨가 미션을 어떻게 성공했는지 함께 살펴봅시다.

☑ 동전 교환하기

유리 ① 両替は どこで できますか。
동전 교환은 어디서 할 수 있나요?

다나카 あそこに 両替機が ありますよ。
저기 동전 교환기가 있어요.

そこで 両替しましょう。
저기서 교환해요.

「両替」에는 '동전 교환'이라는 뜻 외에 '환전'이라는 뜻도 있어요.

☑ 스티커 사진 꾸미기

유리 ② こうやって 写真を 飾る ことも できますよ。
이렇게 사진을 꾸밀 수도 있어요.

다나카 これで 目を 大きく できます。
이걸로 눈을 크게 할 수 있어요.

「こうやって」는 '이렇게'라는 뜻으로 회화에서 주로 쓰는 표현이에요.

両替機 동전 교환기

✅ 사진 메일로 보내기

유리 ❸ 写真は どこから 出ますか。
사진은 어디서 나와요?

다나카 プリクラ機の 横の 方から 出ますよ。
스티커 사진 기계의 옆에서 나와요.

유리 ❹ プリクラは どうやって ケータイに 送りますか。
스티커 사진은 어떻게 핸드폰에 보내요?

다나카 自分の メールを 入力して 送ります。
자신의 이메일을 입력해서 보내요.

유리 もう、届きました。
벌써 도착했네요.

다나카 よかったね。
다행이네.

プリクラ機 스티커 사진 기계 (**プリクラ**는 **プリント倶楽部**(프린트 클럽)의 줄임말) · **入力する** 입력하다 · **届く** 도착하다

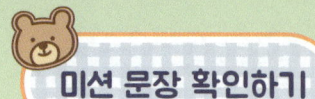 **미션 문장 확인하기** 미션 성공기를 들어 보며, 빈칸을 채워 보세요.   정답 p.406-407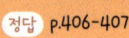

 유리
❶ _____
동전 교환은 어디서 할 수 있나요?

 다나카
あそこに 両替機(りょうがえき)が ありますよ。そこで 両替(りょうがえ)しましょう。
저기 동전 교환기가 있어요. 저기서 교환해요.

[가게 안을 돌아다니면서]

ここで 撮(と)りましょう。
여기서 찍어요.

[촬영이 끝나고]

❷ _____
이렇게 사진을 꾸밀 수도 있어요.

これで 目(め)を 大(おお)きく できます。
이걸로 눈을 크게 할 수 있어요.

❸ _____
사진은 어디서 나와요?

プリクラ機(き)の 横(よこ)の 方(ほう)から 出(で)ますよ。
스티커 사진 기계의 옆에서 나와요.

❹ _____
스티커 사진은 어떻게 핸드폰에 보내요?

自分(じぶん)の メールを 入力(にゅうりょく)して 送(おく)ります。
자신의 이메일을 입력해서 보내요.

もう、届(とど)きました。
벌써 도착했네요.

よかったね。
다행이네.

 단어

撮(と)る 찍다 ・ 横(よこ) 옆

잡화점에서 기념품 사기

잡화점에서 기념품 사기에 도전하는 유리 씨! 어떤 문장을 만들 수 있을까요?

오늘의 미션

☐ 잡화점에서 기념품 사기   ☐ 면세 혜택 받기

단어

画像(がぞう)	同(おな)じもの	レジ袋(ぶくろ)
사진, 이미지	같은 것	비닐봉지

レシート	免税(めんぜい)	カウンター
영수증	면세	카운터, 계산대

✓ 일본에서 여행 선물을 살 때는 잡화점만큼 좋은 곳은 없죠. 디자인도 예쁘고 기능도 다양한 아이디어 상품을 찾을 수 있을 거예요. 잡화점에서 5,500엔(세금 포함) 이상 구매하면 대부분 면세 혜택이 있으니까 면세 신청을 하는 것도 잊지 마세요!

 **미션 문장 학습하기** 유리 씨가 미션을 어떻게 성공했는지 함께 살펴봅시다.

✓ 잡화점에서 기념품 사기

유리 すみません。① クレンジングフォームは どこに ありますか。
저기 죄송합니다. 클렌징 폼은 어디에 있나요?

점원 はい、ご案内(あんない)します。
네, 안내해 드리겠습니다.

유리 ② この 画像(がぞう)と 同(おな)じものは ありますか。
이 사진과 같은 것은 있나요?

점원 あ、あります。これです。
아, 있습니다. 이거예요.

> 「画像」는 화면에서 보는 사진을 뜻해요. 한국에서는 주로 '이미지'라고 해요.
> 「同じだ」는 な형용사지만 명사를 수식할 때 「な」 없이 그냥 「同じ+명사」가 된다는 점, 잊지 않으셨죠?

クレンジングフォーム 클렌징 폼 · 画像(がぞう) 화상, 사진, 이미지

✅ 면세 혜택받기

점원: １２点で お会計　９，９００円に なります。
じゅうにてん　　かいけい　きゅうせん きゅうひゃくえん
12개이고 금액은 9,900엔입니다.

※p.427 조수사 참조

유리: はい。　❸レジ袋と レシート ください。
　　　　　　　　ぶくろ
네. 비닐봉지와 영수증 주세요.

「レジ袋」는 '계산대에서 주는 비닐봉지'라는 뜻이에요. 그냥 '비닐봉지'는 「ビニール袋」라고 하면 돼요.

점원: はい、 かしこまりました。
네, 알겠습니다.

유리: あと、 ❹免税カウンターは どこですか。
　　　　　　　　めんぜい
그리고 면세 카운터는 어디인가요?

점원: ここで 対応 できます。
　　　　　　たいおう
여기서 대응 가능합니다.

유리: お願いします。
　　　　ねが
부탁드립니다.

〜点 〜점, 〜개 ・ 対応 대응
　てん　　　　　　　　たいおう

411

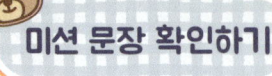

미션 문장 확인하기 미션 성공기를 들어 보며, 빈칸을 채워 보세요.   정답 p.410-411   MP3 113

유리
すみません。❶ _____。
저기 죄송합니다. 클렌징 폼은 어디에 있나요?

점원
はい、ご案内(あんない)します。
네, 안내해 드리겠습니다.

❷ _____。
이 사진과 같은 것은 있나요?

あります。これです。
있습니다. 이거예요.

[계산대에서]

１２点(じゅうにてん)で お会計(かいけい) ９,９００円(きゅうせんきゅうひゃくえん)になります。
12개이고 금액은 9,900엔입니다.

はい。❸ _____。
네. 비닐봉지와 영수증 주세요.

はい、かしこまりました。
네, 알겠습니다.

あと、❹ _____。
그리고, 면세 카운터는 어디인가요?

ここで 対応(たいおう) できます。
여기서 대응 가능합니다.

お願(ねが)いします。
부탁드립니다.

タックスフリーで ９００円(きゅうひゃく)が 返(かえ)ってきました！ 得(とく)した 気分(きぶん)！
면세로 990엔을 돌려받았어요! 이득 본 것 같아!

タックスフリー 택스프리(tax-free), 면세(의), 비과세(의) • **返(かえ)ってくる** (사물이) 돌아오다 •
得(とく)する 이득을 얻다, 득을 보다 • **気分(きぶん)** 기분

100엔 스시 주문하기

100엔 스시 주문하기에 도전하는 유리 씨! 어떤 문장을 만들 수 있을까요?

오늘의 미션
☐ 여러 종류의 스시 주문하기 ☐ 차가운 물 요청하기

단어

サーモン	マグロ	イカ
연어	참치	오징어

甘(あま)えび	お冷(ひや)	セルフサービス
단 새우	시원한 물	셀프서비스

 일본 회전 초밥집에서 파는 초밥은 생선마다 가격에 약간의 차이가 있고 알기 쉽게 접시 색깔로 가격이 구분되어 있어요. 또 초밥뿐만 아니라 과일이나 디저트 종류, 덮밥, 면 종류 등 사이드 메뉴도 아주 다양해서 회 종류를 잘 못 먹는 사람이나 아이들도 즐길 수 있어요.

미션 문장 학습하기

유리 씨가 미션을 어떻게 성공했는지 함께 살펴봅시다.

☑ 여러 종류의 스시 주문하기

유리 ① サーモン、マグロ、イカ、甘えび、サバ、アジ。

연어, 참치, 오징어, 단 새우, 고등어, 전갱이.

すみません、この ソースは 何ですか。

실례합니다, 이 소스는 무엇입니까?

직원 こちら 甘だれに なります。

이것은 아마다레(단 간장 소스)입니다.

- 이 외에도 「ハマチ(방어)」 「ヒラメ(광어)」「ウニ(성게)」 등 다양한 메뉴가 있어요.

- 「甘だれ」는 달달한 간장 소스인데, 새우튀김이나 붕장어 초밥을 먹을 때 뿌리면 맛있어요.

➕ TIP

✱ **초밥 관련 용어** 일본어에는 초밥집에서만 쓰는 독특한 초밥 전문 용어가 있어요.

あがり	お茶 차	▶ '마지막'이라는 뜻의 「あがり」에서 유래
かっぱ	きゅうり 오이	▶ 오이를 좋아하는 일본 요괴 이름에서 유래
ガリ	しょうが 생강	▶ 씹는 소리 「ガリガリ」에서 유래
ギョク	玉子焼き 계란말이	▶ 한자 「玉」의 읽는 법에서 유래
軍艦巻き	밥을 김으로 두른 초밥	▶ 군함처럼 보이는 것에서 유래
げそ	イカの足 오징어 다리	▶ 벗은 신발 「げそく」에서 유래
ネタ	초밥 재료	
光り物	껍질이 빛나는 생선(고등어, 전갱이 등)	

단어 サバ 고등어 · アジ 전갱이 · ハマチ 방어 · ヒラメ 광어 · ウニ 성게 · 甘だれ 아마다레(단 간장 소스)

✅ 차가운 물 요청하기

유리 あ！ あと、お冷 お願いします。
아! 그리고 시원한 물 주세요.

점원 申し訳ございません。
죄송합니다.

お冷は セルフサービスと なって おります。
시원한 물은 셀프서비스입니다.

유리 わかりました。
알겠습니다.

サーモン、大葉真イカ、玉子、マグロ、イカ。
연어, 차조기잎을 곁들인 오징어, 계란, 참치, 오징어.

じゃ、いただきます～！
그럼, 잘 먹겠습니다~!

- 냉수를 일본어로 「お冷」라고도 해요. 가게에서 자주 사용하는 단어예요.
- 「申し訳ございません」은 「すみません」보다 정중한 표현이에요.

大葉真イカ 오징어와 차조기잎을 얹은 초밥 · **大葉** 푸른 차조기잎(しそ라고도 함) ·
真イカ 오징어(우리가 알고 있는 일반적인 오징어를 말함) · **玉子** 계란

 **미션 문장 확인하기** 미션 성공기를 들어 보며, 빈칸을 채워 보세요. 정답 p.414-415

유리

❶ _____。
연어, 참치, 오징어, 단 새우, 고등어, 전갱이.

すみません、この ソースは 何(なん)ですか。
실례합니다, 이 소스는 뭐예요?

점원

こちら 甘(あま)だれに なります。
이것은 아마다레(단 간장 소스)입니다.

ありがとうございます！
감사합니다!

あ！ ❷ _____。
아! 그리고 시원한 물 주세요.

申(もう)し訳(わけ)ございません。お冷(ひや)は セルフサービスと なって おります。
죄송합니다. 시원한 물은 셀프서비스입니다.

わかりました。
알겠습니다.

サーモン、大葉(おおば)真(ま)イカ、玉子(たまご)、マグロ、イカ。じゃ、いただきます〜！
연어, 차조기잎을 곁들인 오징어, 계란, 참치, 오징어. 그럼, 잘 먹겠습니다〜!

ソース 소스(+調味料(ちょうみりょう) 조미료)

드러그스토어에서 물건 구매하기

드러그스토어에서 물건 구매하기에 도전하는 유리 씨! 어떤 문장을 만들 수 있을까요?

오늘의 미션
- 클렌징 폼 구매하기
- 목감기 약 구매하기
- 파스 구매하기
- 카드로 계산하기

단어

湿布 (しっぷ) 파스

鼻 (はな) 코

のど 목, 인후

風邪薬 (かぜぐすり) 감기약

クレジットカード 신용카드

払う (はらう) 지불하다

 일본 드러그스토어에는 의료품뿐 아니라 미용 제품, 건강식품, 생활 잡화 등 다양한 제품을 팔아요. 세일 기간에는 마트나 편의점보다 저렴하게 구매할 수도 있고 면세 시스템이 도입되어 있는 드러그스토어도 많으니까 쇼핑할 때 꼭 한번 들러 보세요.

미션 문장 학습하기
유리 씨가 미션을 어떻게 성공했는지 함께 살펴봅시다.

☑ 클렌징 폼 구매하기

유리 ① クレンジングフォームは どこに ありますか。
클렌징 폼은 어디에 있나요?

점원 はい、あちらの 洗顔(せんがん)コーナーに ございます。
네, 저쪽 세안 코너에 있습니다.

· '~코너에 있어요'라는 뜻으로 점원이 「~コーナーに ございます」라고 말해요.

☑ 파스 구매하기

유리 ② 湿布(しっぷ)も 買(か)いたいんですが。
파스도 구매하고 싶은데요.

점원 はい、こちらへ どうぞ。
네, 이쪽으로 오세요.

· 일본에서는 붙이는 파스 종류를 「湿布」라고 해요.

クレンジングフォーム 클렌징 폼(+洗顔(せんがん)フォーム 세안 폼) · 洗顔(せんがん)コーナー 세안 코너

☑ 목감기 약 구매하기

유리: そうだ！風邪薬（かぜぐすり）も ほしいです。
맞다! 감기약도 필요해요.

점원: のどの 風邪、鼻（はな）の 風邪 いろいろ 種類（しゅるい）が ございます。
목감기, 코감기 등 여러 종류가 있습니다.

유리: ❸ のどの 風邪薬を ください。
목감기 약으로 주세요.

점원: はい、のどでしたら、こちらが おすすめです。
네, 목감기라면, 이것을 추천해 드립니다.

- 찾는 물건이 있을 때 「ほしいです」를 써서 '필요해요, 사고 싶어요'라는 표현을 해요.
- 「のど」는 목 안쪽의 '인후, 목구멍'이라는 뜻이고 바깥쪽의 근육이나 뼈는 「首」예요.
- 코감기 약은 「鼻の風邪薬」라고 해요.
- 「～でしたら」는 「～なら(～라면)」의 정중한 표현이에요.

☑ 카드로 계산하기

유리: ❹ クレジットカードで 払（はら）えますか。
카드로 결제 가능한가요?

점원: はい、大丈夫（だいじょうぶ）です。
네, 가능합니다.

- 「払える(지불할 수 있다)」는 「払う(지불하다)」의 가능형이에요.

のど 목, 인후 (+のどあめ 목 사탕, 목 캔디) • **首（くび）** 목, 고개 • **鼻（はな）** 코 (+鼻の風邪薬（はなのかぜぐすり） 코감기 약) •
～でしたら ～라면 • **クレジットカード** 신용카드 (+現金（げんきん） 현금)

 **미션 문장 확인하기** 미션 성공기를 들어 보며, 빈칸을 채워 보세요. 정답 p.418~419

 유리
❶ _____ 。
클렌징 폼은 어디에 있나요?

 점원
はい、あちらの 洗顔(せんがん)コーナーに ございます。
네, 저쪽 세안 코너에 있습니다.

❷ _____ 。
파스도 구매하고 싶은데요.

はい、こちらへ どうぞ。
네, 이쪽으로 오세요.

そうだ！風邪薬(かぜぐすり)も ほしいです。
맞다! 감기약도 필요해요.

はい、では、こちら。
네, 그럼 이쪽으로.

のどの 風邪(はな)、鼻の 風邪 いろいろ 種類(しゅるい)が ございます。
목감기, 코감기 등 여러 종류가 있습니다.

❸ _____ 。
목감기 약으로 주세요.

はい、のどでしたら、こちらが おすすめです。
네, 목감기라면, 이것을 추천해 드립니다.

❹ _____ 。
카드로 결제 가능한가요?

はい、大丈夫(だいじょうぶ)です。
네, 가능합니다.

 단어

いろいろ 여러 가지(+様々(さまざま)だ 다양하다)

부록

요일과 때를 나타내는 말
의문사+조사
가족 호칭
숫자 읽기
조수사 정리
시간 읽기
날짜 읽기

DAY 11 요일과 때를 나타내는 말

(1) 요일

월요일	화요일	수요일	목요일	금요일	토요일	일요일
げつようび 月曜日	かようび 火曜日	すいようび 水曜日	もくようび 木曜日	きんようび 金曜日	どようび 土曜日	にちようび 日曜日

(2) 때를 나타내는 말

	과거		현재		미래	
일	어제	きのう 昨日	오늘	きょう 今日	내일	あした 明日
주	지난주	せんしゅう 先週	이번 주	こんしゅう 今週	다음 주	らいしゅう 来週
월	지난달	せんげつ 先月	이번 달	こんげつ 今月	다음 달	らいげつ 来月
연	작년	きょねん さくねん 去年/昨年	올해	ことし 今年	내년	らいねん 来年

DAY 36 의문사+조사

의문사	いつ (언제)	どこ (어디)	なに (무엇)	だれ (누구)
의문사+が	いつが 언제가	どこが 어디가	なにが 무엇이	だれが 누가
의문사+か	いつか 언젠가	どこか 어딘가	なにか 무언가	だれか 누군가
의문사+も	いつも 언제나	どこも 어디에도	なにも 아무것도	だれも 아무도

DAY 37 가족 호칭

일본어에서는 자기 가족과 남의 가족을 말할 때 다른 단어를 써요. 나의 가족은 낮추고 남의 가족은 높여서 표현하기 때문이에요. 그리고, 내 가족이라도 대화 속에서 언급할 때와 직접 부를 때 다르게 표현하는데, 이것을 잘 이해하려면 먼저 '지칭'과 '호칭'이 무엇인지부터 알아두는 것이 좋아요.

'지칭'이란 누군가를 언급할 때 그 사람을 가리키는 말이고, '호칭'이란 누군가를 직접 부를 때 쓰는 말이에요. 풀어서 말하면 '가리키는 말'과 '부르는 말' 같은 거예요. 예를 들어, 누군가에게 '엄마는 회사에 계세요.'라고 할 때 '엄마'은 지칭이고, '엄마, 이것 좀 보세요.'라고 할 때 '엄마'는 호칭이에요. 지칭과 호칭을 알고 나서 아래의 표를 보면 쉽게 이해할 수 있을 거예요.

	나의 가족에 대해 이야기할 때 〈지칭〉	남의 가족에 대해 이야기할 때 〈지칭〉	나의 가족을 직접 부를 때 〈호칭〉
할아버지	祖父(そふ)	おじいさん	おじいちゃん
할머니	祖母(そぼ)	おばあさん	おばあちゃん
아버지	父(ちち)	お父(とう)さん	お父(とう)さん
어머니	母(はは)	お母(かあ)さん	お母(かあ)さん
형, 오빠	兄(あに)	お兄(にい)さん	お兄(にい)ちゃん
누나, 언니	姉(あね)	お姉(ねえ)さん	お姉(ねえ)ちゃん
남동생	弟(おとうと)	弟(おとうと)さん	이름
여동생	妹(いもうと)	妹(いもうと)さん	이름

DAY 39 숫자 읽기

사물의 수량이나 순서를 나타내는 명사를 수사라고 해요. 별색으로 표시해 놓은 발음을 주의해서 외우세요. 앞에 오는 숫자의 영향을 받아 변하는 발음이 있어요. 그리고, 10,000은 우리말과 달리 「まん」 앞에 「いち」를 붙여서 「いちまん」이라고 해요.

	1	10	100	1,000	10,000
1	いち	じゅう	ひゃく	せん	いちまん
2	に	にじゅう	にひゃく	にせん	にまん
3	さん	さんじゅう	さんびゃく	さんぜん	さんまん
4	し・よん	よんじゅう	よんひゃく	よんせん	よんまん
5	ご	ごじゅう	ごひゃく	ごせん	ごまん
6	ろく	ろくじゅう	ろっぴゃく	ろくせん	ろくまん
7	しち・なな	ななじゅう	ななひゃく	ななせん	ななまん
8	はち	はちじゅう	はっぴゃく	はっせん	はちまん
9	きゅう・く	きゅうじゅう	きゅうひゃく	きゅうせん	きゅうまん

DAY 40 조수사 정리

조수사는 수사 뒤에 붙어서 단위를 나타내는 말이에요. 사물에 따라 쓰는 조수사가 정해져 있어요. 우리말의 '～명, ～층, ～자루, ～개, ～마리, ～송이' 등등에 해당하는 말이에요.

(1) 고유 수사

하나, 한 개	둘, 두 개	셋, 세 개	넷, 네 개	다섯, 다섯 개
ひとつ	ふたつ	みっつ	よっつ	いつつ
여섯, 여섯 개	일곱, 일곱 개	여덟, 여덟 개	아홉, 아홉 개	열, 열 개
むっつ	ななつ	やっつ	ここのつ	とお

※ '몇 개'는 「いくつ」라고 해요.

(2) 개수

1個	2個	3個	4個	5個
いっこ	にこ	さんこ	よんこ	ごこ
6個	7個	8個	9個	10個
ろっこ	ななこ	はっこ	きゅうこ	じゅっこ

※ '몇 개'는 「いくつ」라고 해요.

(3) 사람

1人	2人	3人	4人	5人
ひとり	ふたり	さんにん	よにん	ごにん
6人	7人	8人	9人	10人
ろくにん	ななにん しちにん	はちにん	きゅうにん くにん	じゅうにん

※ '몇 명'은 「何人(なんにん)」이라고 해요.

(4) 층

1階	2階	3階	4階	5階
いっかい	にかい	さんがい / さんかい	よんかい	ごかい
6階	7階	8階	9階	10階
ろっかい	ななかい	はっかい	きゅうかい	じゅっかい

※ '몇 층'은 「何階(なんがい)」 또는 「何階(なんかい)」라고 해요.

(5) 횟수

1回	2回	3回	4回	5回
いっかい	にかい	さんかい	よんかい	ごかい
6回	7回	8回	9回	10回
ろっかい	ななかい	はっかい	きゅうかい	じゅっかい

※ '몇 회, 몇 번'은 「何回(なんかい)」라고 해요.

(6) 나이

1歳	2歳	3歳	4歳	5歳
いっさい	にさい	さんさい	よんさい	ごさい
6歳	7歳	8歳	9歳	10歳
ろくさい	ななさい	はっさい	きゅうさい	じゅっさい

※ '몇 살'은 「いくつ」라고 해요. 나이를 물어보는 것은 실례지만 정중하게 물어볼 때는 「おいくつですか」라고 해요.

(7) 가늘고 긴 물건(펜, 병, 우산 등)

1本	2本	3本	4本	5本
いっぽん	にほん	さんぼん	よんほん	ごほん
6本	7本	8本	9本	10本
ろっぽん	ななほん	はっぽん	きゅうほん	じゅっぽん

※ '몇 자루, 몇 개'는 「何本(なんぼん)」이라고 해요.

(8) 돈

1円	2円	3円	4円	5円
いちえん	にえん	さんえん	よえん	ごえん
6円	7円	8円	9円	10円
ろくえん	ななえん	はちえん	きゅうえん	じゅうえん
100円	1,000円	10,000円	50,000円	100,000円
ひゃくえん	せんえん	いちまんえん	ごまんえん	じゅうまんえん

※ '얼마'는 「いくら」라고 해요.

(9) 점

1点	2点	3点	4点	5点
いってん	にてん	さんてん	よんてん	ごてん
6点	7点	8点	9点	10点
ろくてん	ななてん	はってん	きゅうてん	じゅってん

※ 점수를 말할 때도 쓸 수 있고, 상품이나 짐의 개수를 셀 때도 쓸 수 있어요.
※ '몇 점, 몇 개'는 「何点(なんてん)」이라고 해요.

(10) 얇은 물건(종이, 셔츠, 접시 등)

1枚	2枚	3枚	4枚	5枚
いちまい	にまい	さんまい	よんまい	ごまい
6枚	7枚	8枚	9枚	10枚
ろくまい	ななまい	はちまい	きゅうまい	じゅうまい

※ '몇 장'은 「何枚(なんまい)」라고 해요.

(11) 번

1番	2番	3番	4番	5番
いちばん	にばん	さんばん	よんばん	ごばん
6番	7番	8番	9番	10番
ろくばん	ななばん	はちばん	きゅうばん	じゅうばん

※ '몇 번'은 「何番(なんばん)」이라고 해요.

(12) 잔

1杯	2杯	3杯	4杯	5杯
いっぱい	にはい	さんばい	よんはい	ごはい
6杯	7杯	8杯	9杯	10杯
ろっぱい	ななはい	はっぱい	きゅうはい	じゅっぱい

※ '몇 잔'은 「何杯(なんばい)」라고 해요.

DAY 42 시간 읽기

(1) 시 (時)

「時」를 「じ」라고 읽는 것은 변하지 않지만, 별색으로 표시된 부분을 주의해서 외워 두세요.

1時	2時	3時	4時	5時	6時
いちじ	にじ	さんじ	よじ	ごじ	ろくじ
7時	8時	9時	10時	11時	12時
しちじ	はちじ	くじ	じゅうじ	じゅういちじ	じゅうにじ

※ '몇 시'는 「何時」라고 해요.

(2) 분 (分)

「分」은 앞에 오는 숫자에 따라 발음이 달라져요. 별색으로 표시된 부분을 주의해서 외워 두세요.

1分	2分	3分	4分	5分	6分
いっぷん	にふん	さんぷん	よんぷん	ごふん	ろっぷん
7分	8分	9分	10分	15分	30分
ななふん	はっぷん	きゅうふん	じゅっぷん	じゅうごふん	さんじゅっぷん

※ '몇 분'은 「何分」이라고 해요.
※ '30분'은 우리말처럼 「半 (반)」이라고도 해요.

(3) 초 (秒)

1秒	2秒	3秒	4秒	5秒
いちびょう	にびょう	さんびょう	よんびょう	ごびょう
6秒	7秒	8秒	9秒	10秒
ろくびょう	ななびょう	はちびょう	きゅうびょう	じゅうびょう

※ '몇 초'는 「何秒」라고 해요.

DAY 55 날짜 읽기

(1) 月(がつ)

1月	2月	3月	4月	5月	6月
いちがつ	にがつ	さんがつ	しがつ	ごがつ	ろくがつ
7月	8月	9月	10月	11月	12月
しちがつ	はちがつ	くがつ	じゅうがつ	じゅういちがつ	じゅうにがつ

※ '몇 월'은 「何月(なんがつ)」라고 해요.

(2) 日(にち)

日	月	火	水	木	金	土
	1 ついたち	2 ふつか	3 みっか	4 よっか	5 いつか	6 むいか
7 なのか	8 ようか	9 ここのか	10 とおか	11 じゅういちにち	12 じゅうににち	13 じゅうさんにち
14 じゅうよっか	15 じゅうごにち	16 じゅうろくにち	17 じゅうしちにち	18 じゅうはちにち	19 じゅうくにち	20 はつか
21 にじゅういちにち	22 にじゅうににち	23 にじゅうさんにち	24 にじゅうよっか	25 にじゅうごにち	26 にじゅうろくにち	27 にじゅうしちにち
28 にじゅうはちにち	29 にじゅうくにち	30 さんじゅうにち	31 さんじゅういちにち			

※ '며칠'은 「何日(なんにち)」라고 해요.

※ 1일부터 10일까지의 고유 단어는 우리말의 '초하루, 초이틀, 초사흘' 같은 느낌이라고 생각하면 돼요. 1일부터 10일까지는 고유 단어, 나머지는 일반적인 숫자 읽기인데, 몇 가지 특별하게 읽는 날짜가 있어요. 색으로 표시된 날짜의 읽는 법에 주의하세요!

(3) 개월

1カ月	2カ月	3カ月	4カ月	5カ月
いっかげつ	にかげつ	さんかげつ	よんかげつ	ごかげつ
6カ月	7カ月	8カ月	9カ月	10カ月
ろっかげつ	ななかげつ	はっかげつ	きゅうかげつ	じゅっかげつ

※ '몇 개월'은 「何カ月」라고 해요.
※ 숫자 뒤에 있는 글자는 가타카나 「カ」인데, 이 글자 대신 가타카나 「ケ」를 쓰기도 해요. 발음은 똑같이 「か」로 발음해요.

(4) 주간(~주일 동안)

1週間	2週間	3週間	4週間	5週間
いっしゅうかん	にしゅうかん	さんしゅうかん	よんしゅうかん	ごしゅうかん
6週間	7週間	8週間	9週間	10週間
ろくしゅうかん	ななしゅうかん	はっしゅうかん	きゅうしゅうかん	じゅっしゅうかん

※ '몇 주간, 몇 주'는 「何週間」이라고 해요.

(5) 일간(~일 동안)

1日	2日間	3日間	4日間	5日間
いちにち	ふつかかん	みっかかん	よっかかん	いつかかん
6日間	7日間	8日間	9日間	10日間
むいかかん	なのかかん	ようかかん	ここのかかん	とおかかん
11日間	12日間	13日間	14日間	15日間
じゅういちにちかん	じゅうににちかん	じゅうさんにちかん	じゅうよっかかん	じゅうごにちかん

※ '며칠간, 며칠 동안'은 「何日間」이라고 해요., 「間」은 생략하는 경우도 있어요.
※ 「1日」은 매월 첫날인 '1일'이라는 의미로 쓸 때는 「ついたち」라고 읽고, '하루'라는 의미로 쓸 때는 「いちにち」라고 읽어요.